JN224305

新しい古代史へ 2

文字文化のひろがり

——東国・甲斐からよむ

平川 南

HIRAKAWA Minami

吉川弘文館

はじめに

本書は、山梨県の山梨日日新聞社『山梨日日新聞』の文化欄に「古代史の窓」と題して、二〇〇九年七月から二〇一八年三月まで九年間、一八七回にわたり連載したものを、今回、若干加筆しテーマ別に編集したものです。

二〇一八年三月三十一日最終回の末尾に次のように執筆の動機と目的を記しました。

山梨県立博物館の館長職は国立歴史民俗博物館長、人間文化研究機構理事との兼務で非常勤でしたので、県民の皆様に館長としての地域への想いを十分にご理解いただきたい、また、研究者として山梨の豊かな歴史文化を掘り起こし、お伝えしたいという想いから執筆してまいりました。

元来、山梨県では武田氏関係の中世史研究が盛んであり市民の方々の関心も高い中、甲斐国・山梨県の原像ともいうべき〝古代史の窓〟を開き、眺めると、甲斐・山梨が、さまざまな困難な状況を乗り越え、発展してきたことが明らかとなってくるのではないか。

本欄のもう一つの動機は、新しい地域史の叙述の試みを山梨県で実践し、これをケーススタディ(事例研究)として、日本列島における各地域から日本の歴史像を見直し、新しい歴史・文化像を構築できないか、との考えからでした。

また、最近想うことは、列島各地で編纂されている自治体史が、それぞれの地域社会や市民に生かされているだろうかということです。

阪神淡路大震災・東日本大震災・熊本地震など列島各地で災害が頻発しましたが、被災地の復興に自治体史、地域の歴史・文化研究がどれほどの意義を有したか、改めて問わなければなりません。自治体史が地域社会に生かされ、地域の人びとから新たな自治体史の刊行の要請が湧き上がるような動きを、私たち研究者が引き出せるか、その姿勢が問われています。

本書の甲斐国に関わるいくつかの事項については、筆者も分担執筆した『山梨県史』の『通史編1　原始・古代』（二〇〇四年）の記述に新たな見解と図版も加えて、できるだけ幅広い市民に理解していただけるよう努めました。

今、激動の現代社会において、列島のそれぞれの地域史から国家史・世界史を読み解く意義も大きいと言えるのではないでしょうか。

目次

第二部 人びとの祈り

第三部 文字文化のひろがり

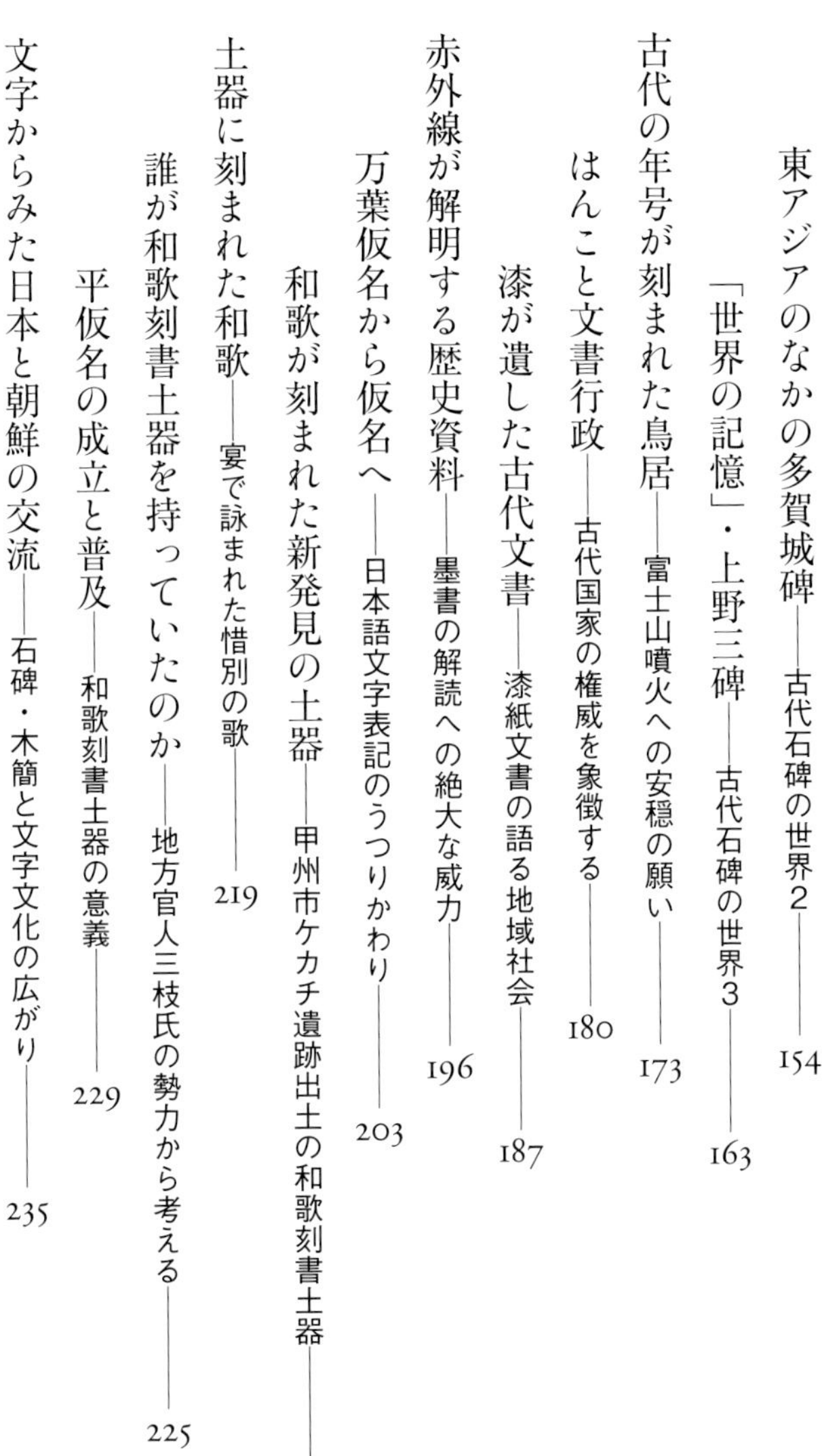

第一部

文字を書く

役人の文字の習熟度

誤字・脱字にみる階層差

戸籍を作成した役人たち

古代社会において、どんな人が文字を書いたのか、文字の習熟度は、どの程度であったのか。

現代における役所の文書行政の原点は、律（刑法）と令（行政法）に基づく文書による支配方式をとった古代国家にある。文字を書くことを専門としたのが、書生（書記官）である。その書生により作成された文書の代表的なものが戸籍・計帳類である。

戸籍は人民支配の原簿として六年ごとに作成され、計帳は課税のために毎年作られた住民台

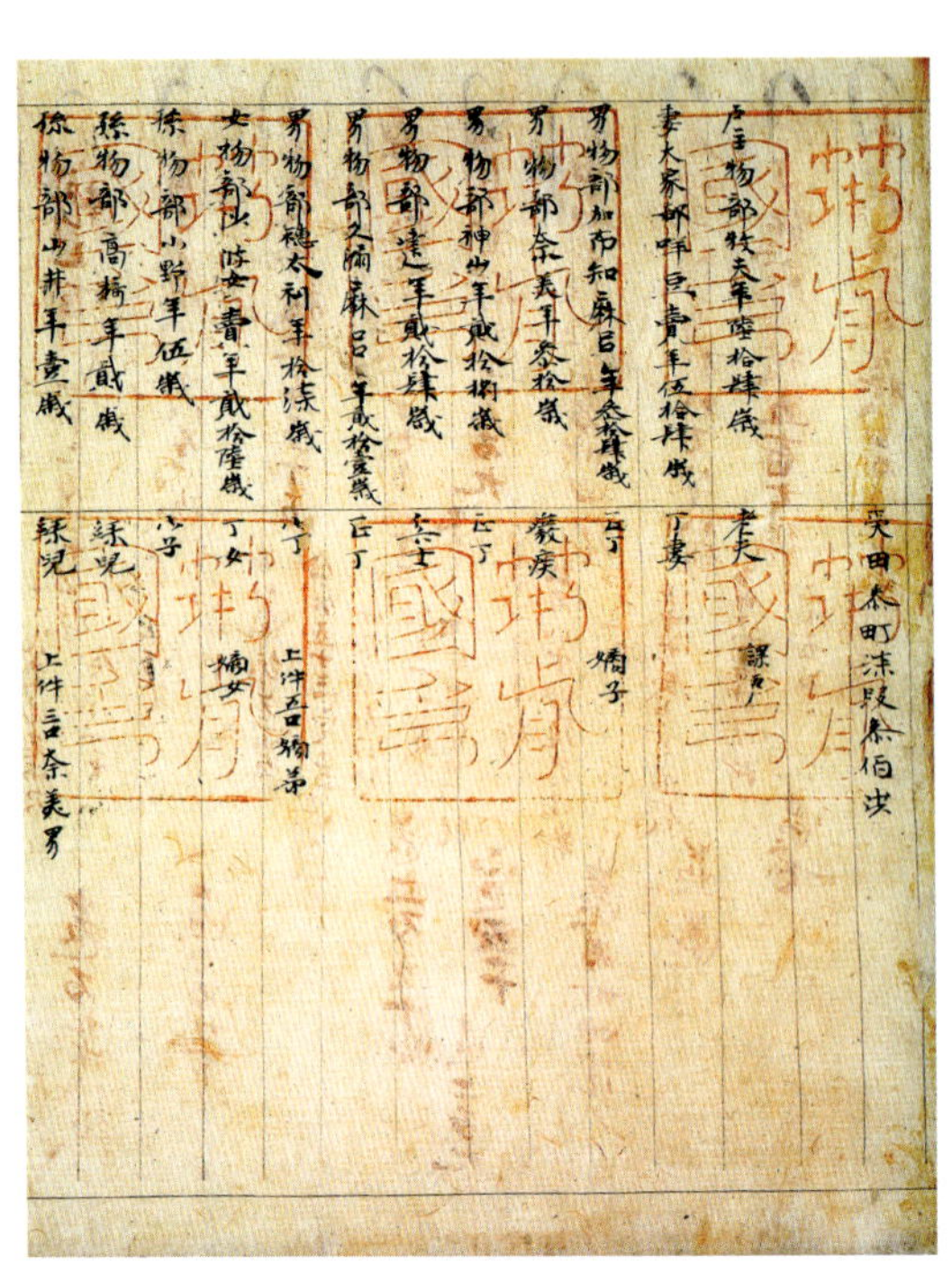

筑前国から中央に提出された大宝2年（702）の戸籍
「筑前国印」が押されている（正倉院宝庫外文書、奈良国立博物館蔵）

帳である。郡役所（郡家）において戸籍は里（郷）ごとに三巻作成され、国府に集められ、国印が捺されたのち、国府に一巻留めおかれ、中央官庁に二巻、全国約四〇〇〇里（郷）分の約八〇〇〇巻が提出された。

ここで戸籍・計帳など膨大な公文書を作成する郡家の役人の組織をみてみたい。郡司の構成は大領（長官）・少領（次官）と主政・主帳の四等官制である。主政・主帳の職務は、授受した公文書を記録し、公文書草案（したがき）を作成することである。簡単にいえば書記官であるが、文書を作成することは古代地方社会においてはきわめて限られた知識層にのみ成し得た仕事である。彼らが作成した郡司から国司への上申文書や郡司から里長などへの下達（命令）文書は、誤字・脱字はほとんど見られない。

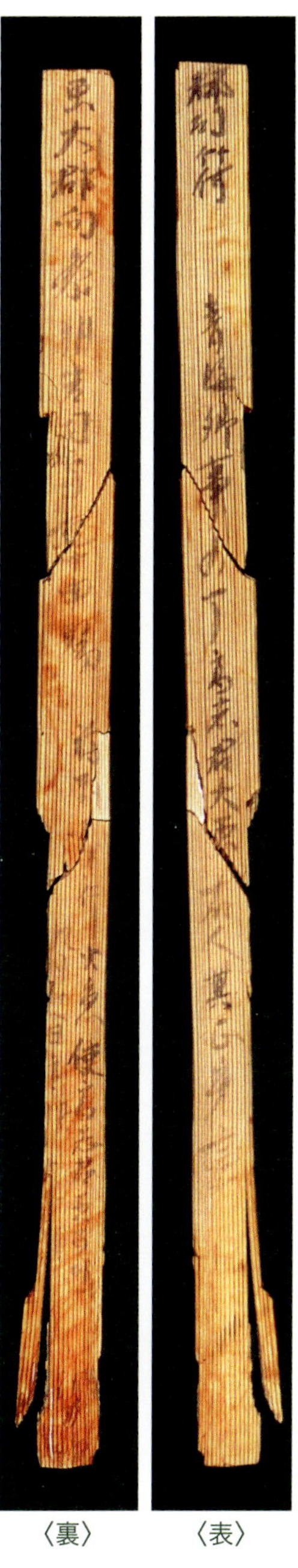

・「郡司符　青海郷事少丁高志君大虫　右人其正身率」

・「虫大郡向参朔告司□（身）率申賜　符到奉行　火急使高志君五百嶋　九月廿八日主帳丈部□□」

（長さ五八・五×幅三・四×厚さ〇・五㌢）

〈裏〉　〈表〉

郡司の主帳が作成した郡符木簡

越後国蒲原郡司が青海郷の高志君大虫に、国府での告朔の儀（月初めの行政報告の儀式）に出席するよう命じたもの（新潟県八幡林遺跡出土、長岡市立科学博物館蔵）

下級役人の活動

一方、郡家の多岐にわたる政務を支えたのが、郡雑任と総称される多数の下級役人である。郡雑任としては、郡書生をはじめ、税長・田領などがおり、彼らは村落に住み、郡家に出仕し、税の収納や農業管理などに従事した。なかでも、郡書生については九世紀の記録によると、郡の規模（里の数）により、大郡（二〇～一六里）八人、上郡（一五～一二里）六人、中郡（一一～八里）四人、下郡（七～四里）三人と定員が決められていた。甲斐国においては次の通りである。

山梨郡（一〇里）―中郡　書生四人
八代郡（五里）　―下郡　書生三人
巨麻郡（九里）　―中郡　書生四人
都留郡（七里）　―下郡　書生三人

郡の書生の活動についての当時の史料をみると、都周辺の河内国の場合、人びとが計帳提出の日までに手実（申告書）を進上しないので、各戸主に代わり郡書生が計帳を作成したが、誤りが目立ったという。こうした都およびその周辺国はともかく、郡司は里長を郡家に呼び寄せ、里のなかの住民一人一人の異動を口頭で申告させ、年度ごとの担当の郡書生が筆記したのであろう。その膨大かつ単純な書写作業は、郡書生の役割であった。

誤字が生まれる過程

正倉院文書の中に神亀元年（七二四）〜天平十四年（七四二）のうち九年間分の、大友但波史族吉備麻呂という人物にかかわる計帳が遺されている。

これを見ると、「三上部粳賣」の表記が変化しているのは、楷書体の天平元年帳を翌年は速筆の行書体で書いたために、おそらく次の天平三年帳を担当した書記官が、「粳」のくずしを十分に理解できないまま怪しげな文字で転写し、そののち別の書記官が「牧」と

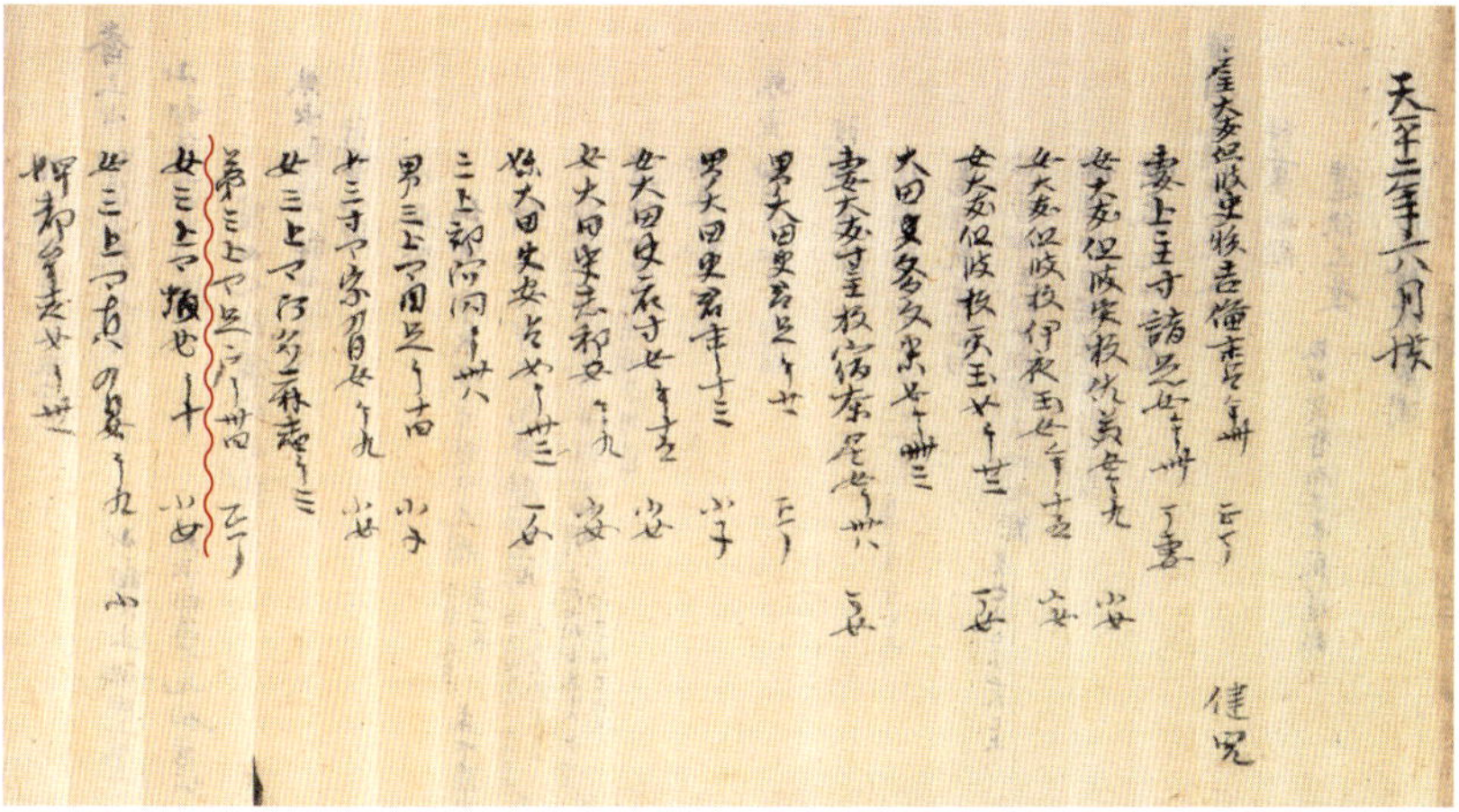

天平3年（731）の近江国志何郡古市郷計帳手実（正倉院文書）

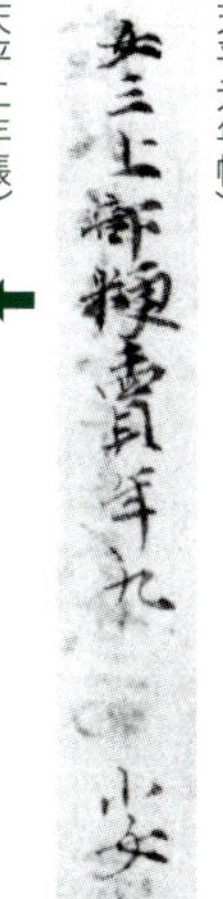

（天平元年帳）　←　（天平二年帳）　←　（天平三年帳）　←　（天平六年帳）

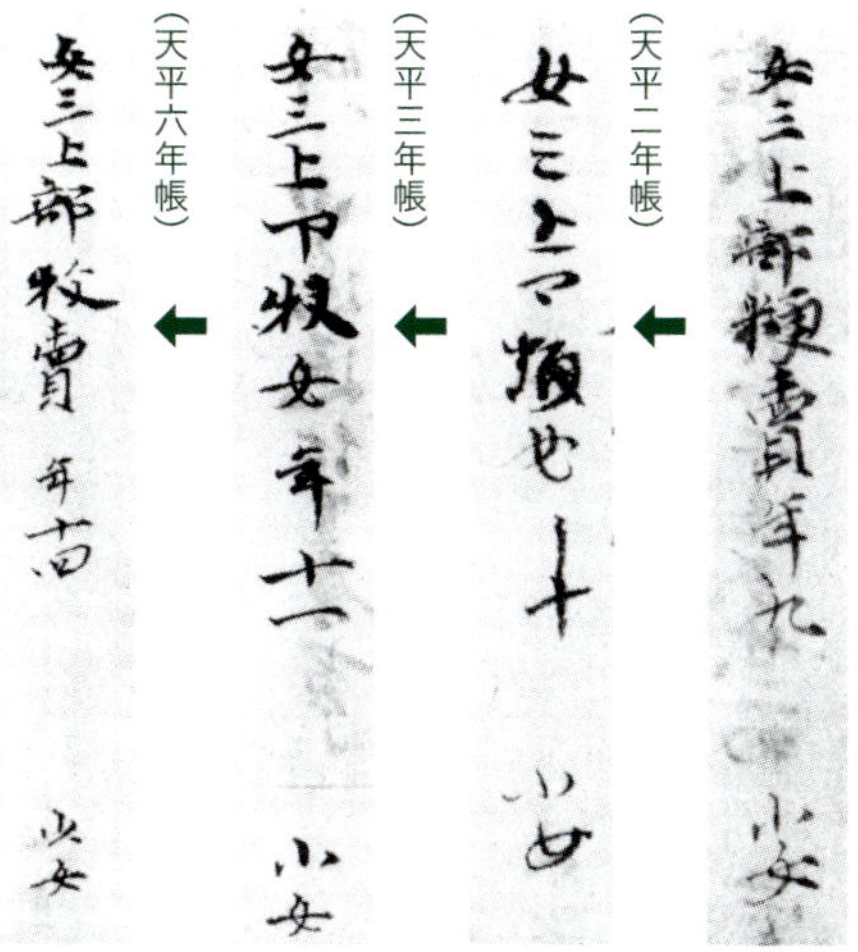

三上部粳賣（元年）←[illegible]女（二年）←[illegible]女（三年）←牧賣（六年……四・五年欠損）

近江国志何郡古市郷計帳手実（正倉院文書）の「三上部粳賣」の部分
表記が変化している。

記載してしまったのであろう。役所で年度ごとに担当書記が代わり、転写の段階で三上部「粳賣」という人物の名が「牧賣」にかわってしまった例である。

このように、毎年の計帳作成の際、地方においては、新たに各戸から申告させるのではなく、前年の申告書を形式的に転写するため、その過程で誤字・脱字を多く生じてしまうのであろう。

常陸国計帳が常陸国府の付属工房である茨城県石岡市鹿の子C遺跡から漆紙文書として出土した。この計帳は、人名を列記したものである。この文書も誤字・脱字が目立っている。古代の公文書に用いる数字は〝大字〟とよび、一・二・三などの代わりに壱・弐・参・肆・伍・陸・漆（柒）・捌・玖・拾と記す。この計帳の数字の大字「捌」（八）は四ヵ所ともすべて「例」、「柒」（七）は「陎」

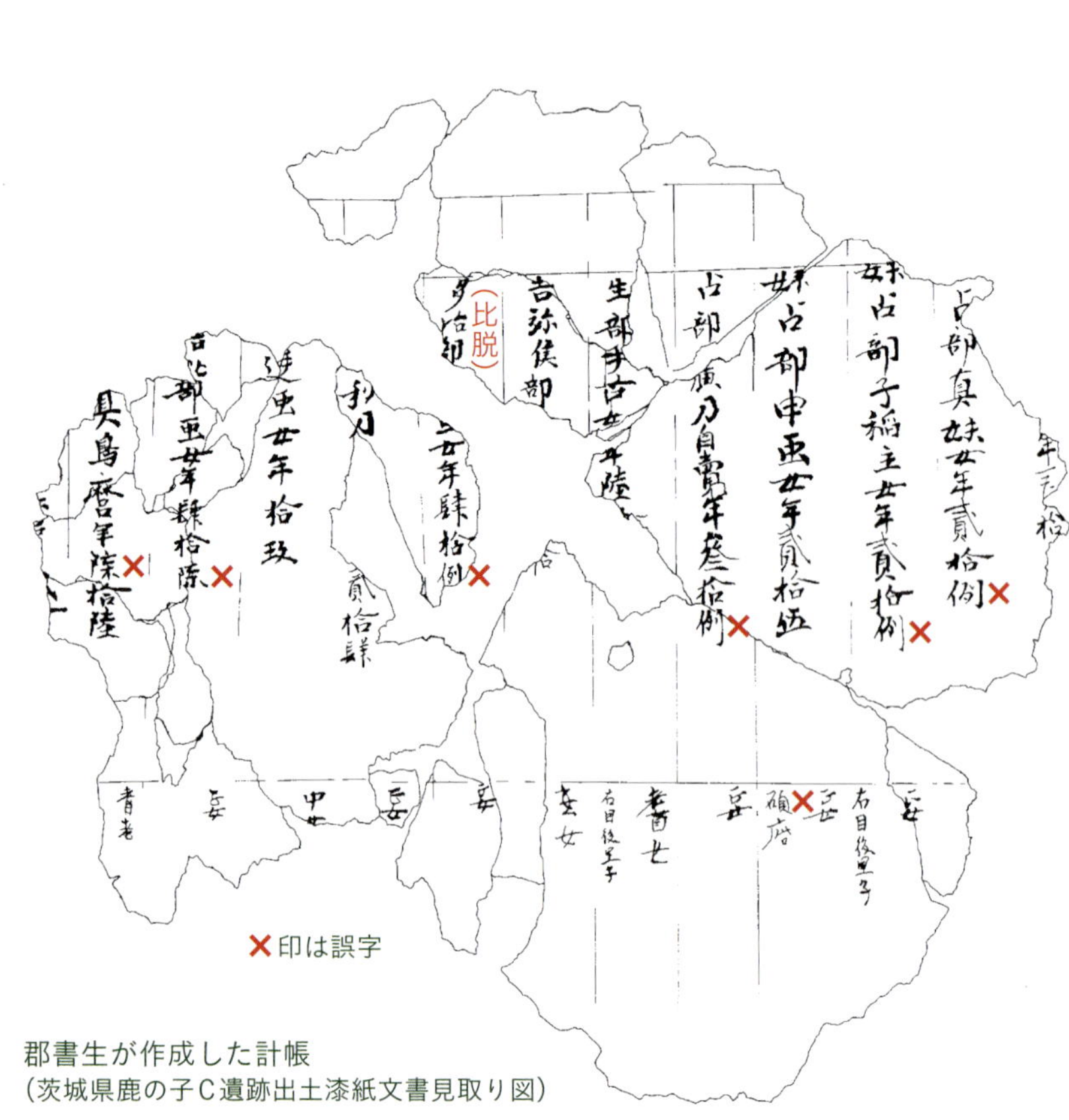

郡書生が作成した計帳
（茨城県鹿の子C遺跡出土漆紙文書見取り図）

と記されており、身体的特徴を記した「額」は「碩」と、いずれも誤字、人名の多治比部は「多治部」と「比」を脱している。一〇行足らずの断簡に、このように多くの誤字・脱字が認められる。

実は、この出土した計帳は郡家で作成された計帳を反故紙として漆桶の〝ふた紙〟に使われ、そのまま国府の工房に持ち込まれたものである。

郡書生作成と思われる鹿の子C遺跡の計帳のように、律令文書行政の象徴ともいうべき大字の誤字は律令官人としてはありえないことである。同じ書記官といっても、郡司の主政・主帳と郡雑任の書生とでは、歴然とした階層差が、その文字の習熟度において明確な差を示しているのではないだろうか。

写経生の仕事の実態

ところで、古代国家は、奈良時代には国家安寧のための仏教を広めるために大量の経典が必要であった。そのため国立の写経機関が都に設けられ、国家による写経事業がさかんに行われた。そのため熟練の経師だけではなく、全国から写経生を集めて実施された。

写経生のうちの経文を書写する者は、「経師」とよばれた。経師は白紙の写経用紙を受け取り、筆・墨・硯などの書写用具を使用して、もとになる経典（底本）を正確に書写した。一行は一七字詰め、一枚に二四行記す。「校生」は底本と比較しながら校正し、誤字・脱字・脱行などを検討する。再校・三校におよぶ場合もある。

この経師・校生などは、全国各地から集められた。経師として適否を判定するための答案用紙（試字）

が奈良の正倉院宝庫に多数の宝物とともに、正倉院文書として遺されているが、現代の私たちの眼には合格者と不合格者の区別ができないくらいの出来ばえにみえる。それは写経専用の書体（写経体）、今ふうにいえばレタリングに近い書体ゆえか。

地方には郡司の子弟の教育を目的として国学が諸国に一校ずつ設けられた。国の等級は、大・上・中・

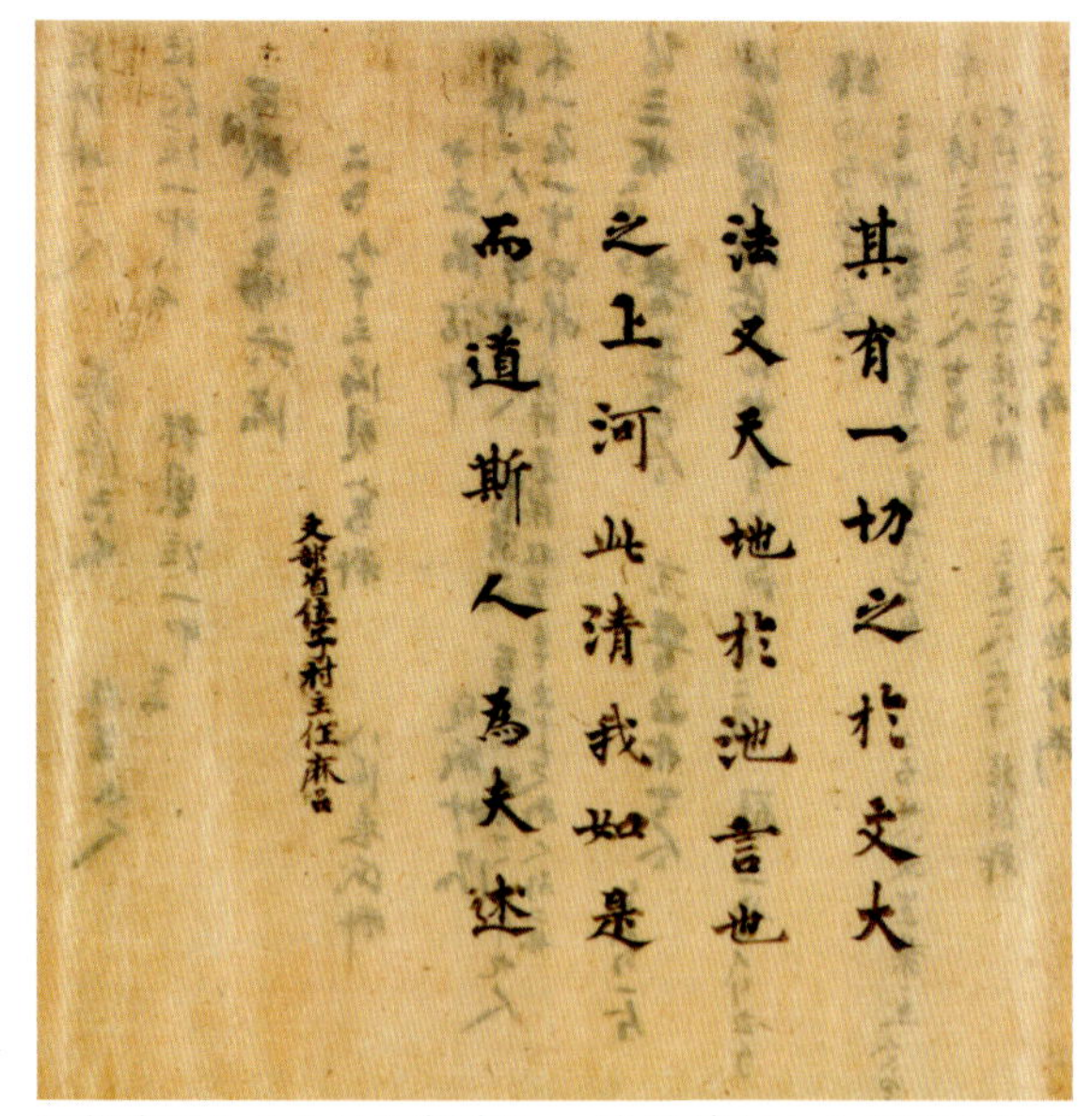

其有一切之於文大
法又天地於池言也
之上河此清我如是
而道斯人為夫述
文部省位子村主作麻呂

写経生になるために経文2～4行を書写した試験の答案用紙（試字、正倉院文書）
文部省（式部省）位子（六～八位の者の嫡子）である村主（すぐり）作麻呂という人物は写経事業にその名が見えないので、不合格だったらしい。

写経の様子（国立歴史民俗博物館展示図録『古代日本 文字のある風景』朝日新聞社、2002年より）

下の四等に区分されるが、国学の学生の定員は国の等級で定められ、上国である甲斐国の場合は四〇人であった。郡司の子弟のうち一三〜一六歳の聡明(そうめい)な人物を入学させるのが原則である。その国学で学んだ郡司の子弟などが中央の写経事業に従事することもあったであろう。

ところで写経生の賃金は、経典の書写一枚につき五文、一日七枚、二八五六字（一枚二四行・一行一七字詰め）、一日の賃金は五文×七枚＝三五文。当時、一日の土木作業員が約九文であったのと比べれば、文字を書くことがいかに高収入かわかるであろう。

しかし、経典書写の際は、なかなか厳しい査定をうけなければならず、誤字五字につき一文、脱字一字につき一文を差し引かれ、一行脱行のときは二〇文も差し引かれたのである。熟練の経師以外の多くは、一行脱行でも明らかなように、経典を理解しているわけではなく、もとになる経典を正確に書写することのみに専念したのであろう。

厳格な査定で一日がただ働きになってしまうこともあっただろう。いつの世も仕事は厳しい。

村人と文字

豊穣・延命への祈り

古代人の識字と墨書土器

古代国家は中国にならい律令制に基づく法治国家をめざした。その国家は文書による行政を基本とした。中央からの命令書と地方からの上申書が都と地方の間を往き来した。その文書行政を地方で支えたのが国府や郡家（郡役所）の役人たちであった。

一方、文書の形で命令を下された村人たちはどのように受け止めたのであろうか。その点を最も象徴的に物語っているのが、二〇〇〇年に発見された石川県津幡町加茂遺跡出土の牓示札（最古のお触書）である。

農民は朝四時ごろに農作業にでかけ、夜は八時ごろに家に帰ることを命じている。また、牓示札は漢字漢文で書かれたため、命令内容を郡の下級役人が村人たちに口頭で伝えるよう指示している。村人たちは漢字

加賀郡牓示札の掲示状況（蓬生雄司氏画、『全集 日本の歴史2 日本の原像』2008年、小学館より）

を読み理解することはできなかったのである。

その村人たちが、もしかしたら私たちの予想以上に文字を習得していたかもしれないと思わせたのは、日本列島各地において、古代の村人の住まいの竪穴住居跡から文字が書かれた土器が多量に出土したからである。出土地は北海道から鹿児島（沖縄では現在まで未発見）におよぶ。土器の文字は筆で書いたものが圧倒的だが、なかには竹ベラや刀子の先端で刻んだものもある。これらの土器を墨書・刻書土器とよぶ。

次に示す二遺跡は、古代の信濃国と陸奥国という遠く離れた地域にもかかわらず、その墨書土器に書かれていた文字はほぼ共通している。

○長野県塩尻市吉田川西遺跡墨書土器

南、加、珎（珍）、安、真、千、万、吉、

墨書土器の共通した文字群

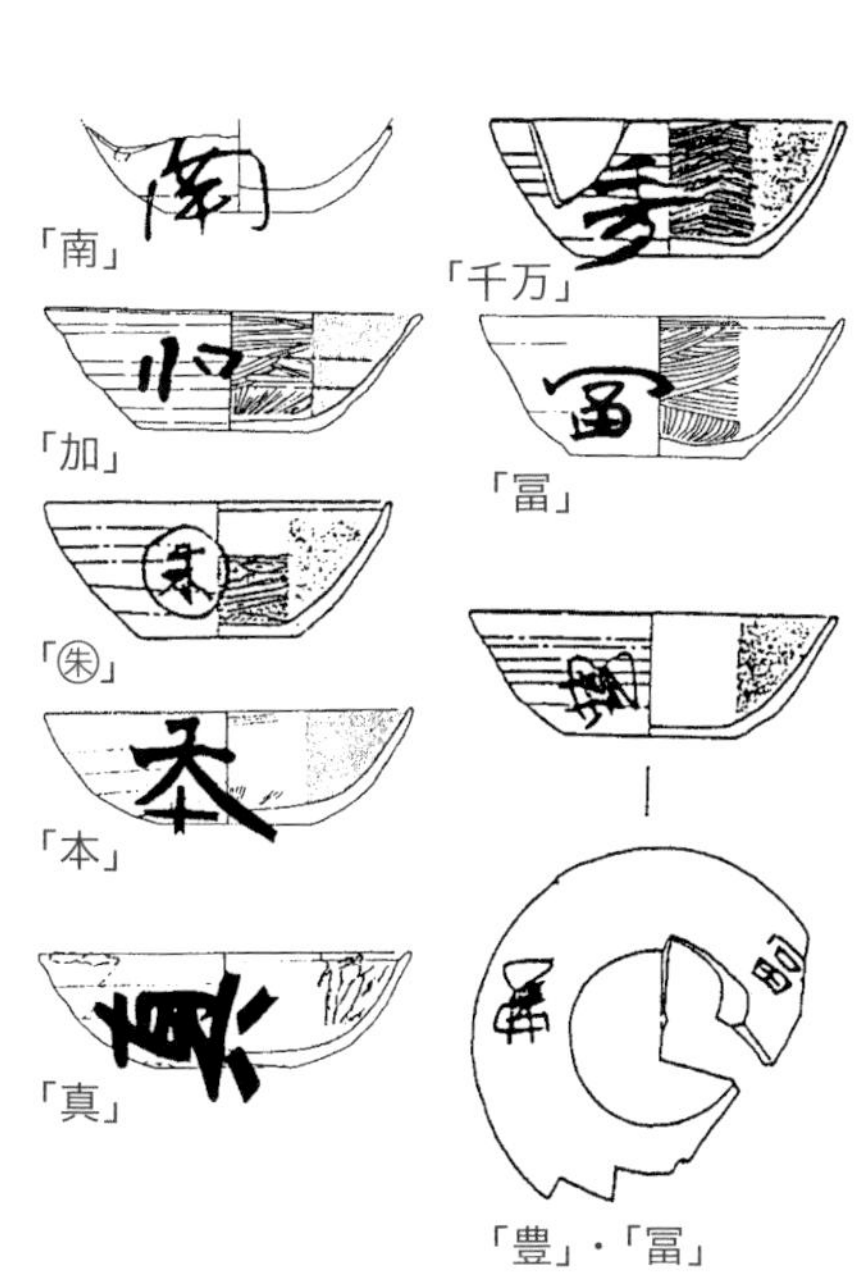

「南」 「千万」 「加」 「冨」 「㊖」 「本」 「真」 「豊」・「冨」

福島県石川町達中久保遺跡

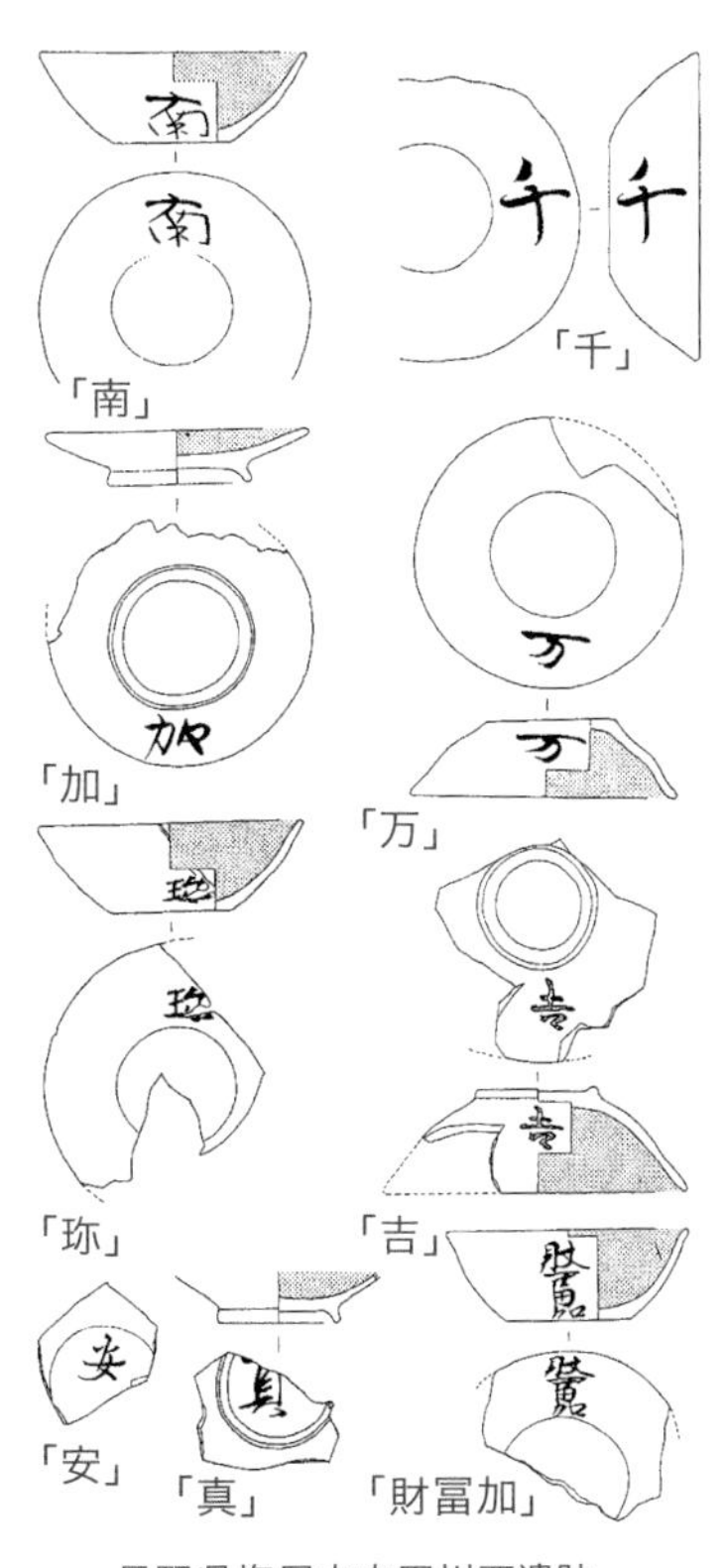

「南」 「千」 「加」 「万」 「珎」 「吉」 「安」 「真」 「財冨加」

長野県塩尻市吉田川西遺跡

財冨加

○福島県石川町達中久保遺跡墨書土器

南、加、朱、本、真、千万、冨、冨・豊

また、石川県小松市の浄水寺跡の大溝から、大量投棄された一二二二点もの墨書土器が出土している。浄水寺は、平安期に地域のあつい信仰を集めた寺院だった。その主体をなす墨書の内容は、「天冨」「冨来」「集冨」「冨集」「冨加」「弥来」「重弥」「吉加」「大吉」「田吉」「集」「冨」「吉」などである。「冨」「弥」（寶の略字）「吉」を中心に豊穣祈願などの行為にともなう土器の文字と理解できる。

これらの遺跡と共通する内容の土器群は、山梨県北杜市高根町東久保遺跡でも確認でき、「吉」「丈」「有」「六万」「家吉」などと書かれている。

一般には墨書土器は一、二文字で記されるが、古代の下総国（千葉県北部）の印旛沼・手賀沼など「香取の海」一帯では多文字の墨書土器が出土している。

○千葉県芝山町庄作遺跡出土墨書土器

墨書土器の共通した文字群

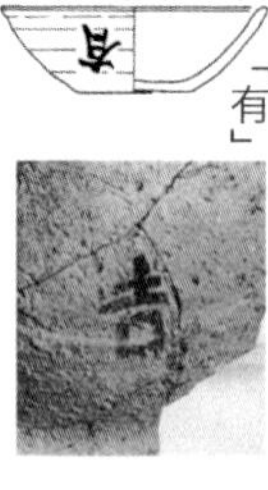
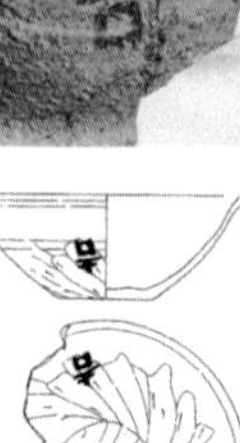
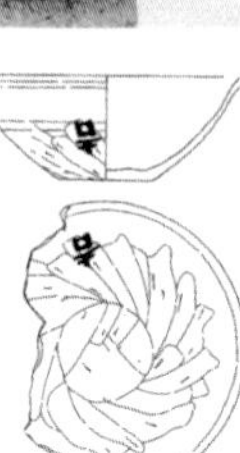
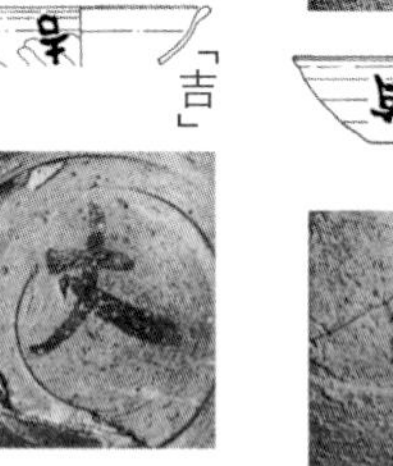
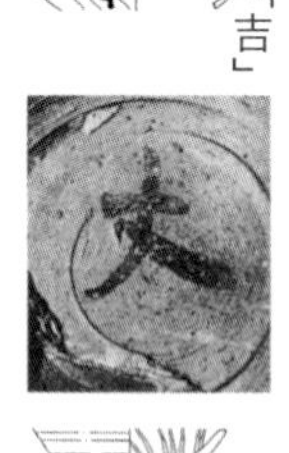

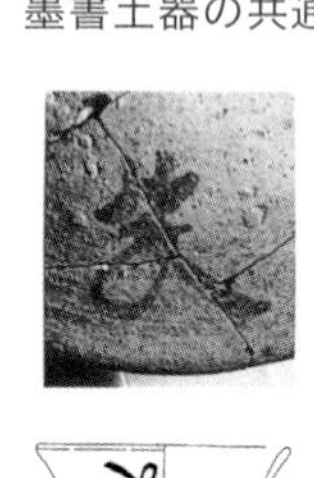

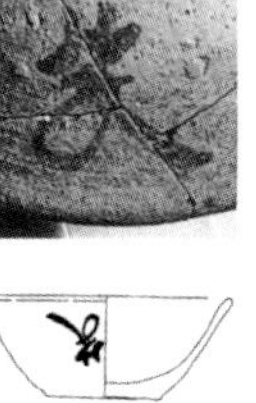

山梨県北杜市高根町東久保遺跡

（内面）「国玉神奉」

（外面）人面、「手」

○千葉県八千代市井戸向遺跡出土墨書土器

（体部外面）「盛此家」「神奉」

（底部外面）「加」

土器にごちそうを盛り、国玉神（土着の神）に捧げる。また、この家が盛るようになどと願った。井戸向遺跡の例を参考にすれば、東久保遺跡墨書土器「家吉」も家の安穏・豊穣祈願などと理解できよう。

墨書土器にみられるさまざまな字形

列島各地の墨書土器はその文字の種類が類似し、しかも本来の文字が変形したままの字形が広く分布しているものもある。

千葉県芝山町庄作遺跡出土の墨書土器
内面（上）に「国玉神奉」の文字が、外面（下）に人面が描かれている（複製、国立歴史民俗博物館蔵）

「得」の字形

アルファベットの「B」あるいは、ベータカロテンやベータ線の「β」に類似した墨書土器が列島の各地で数多く出土している〔図1―①〕。山梨県でも笛吹市一宮町松原遺跡で次の二例がある〔図1―②〕。このように「β」字形が単独で出土した場合、その変化の過程をたどることができず、これのみでは解読困難である。ところが、千葉県成田市公津原(こうづはら)遺跡や福島県会津若松市上吉田(かみよしだ)遺跡では明らかに楷書(かいしょ)・行書(ぎょうしょ)体「得」「私得」と、「得」の草書(そうしょ)体が一緒に出土しているのでその変遷を知ることができる〔図1―③〕。

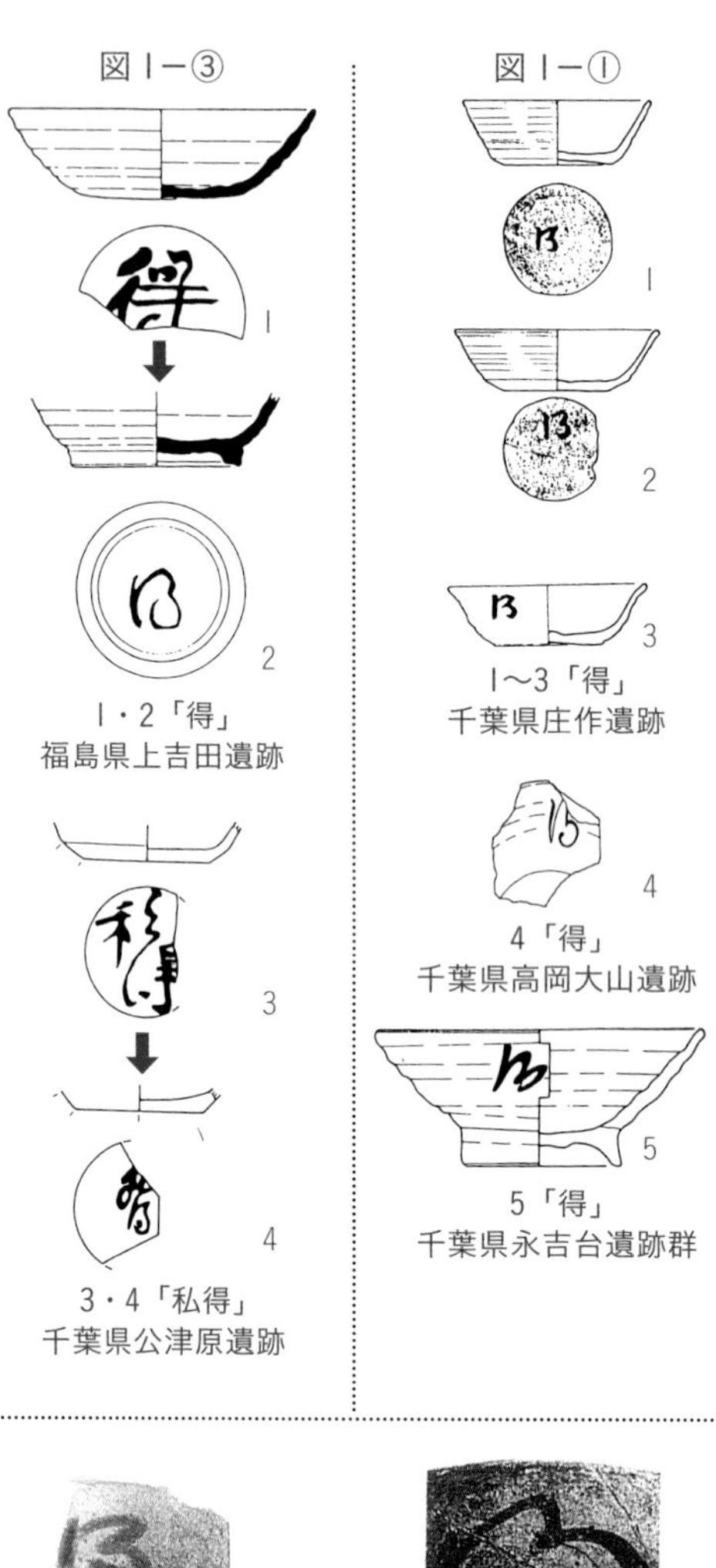

図1―①

1〜3「得」
千葉県庄作遺跡

4「得」
千葉県高岡大山遺跡

5「得」
千葉県永吉台遺跡群

図1―③

1・2「得」
福島県上吉田遺跡

3・4「私得」
千葉県公津原遺跡

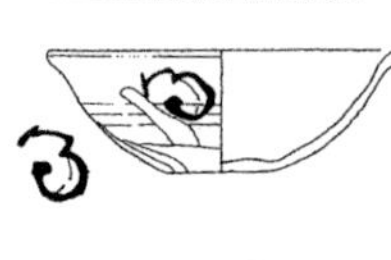

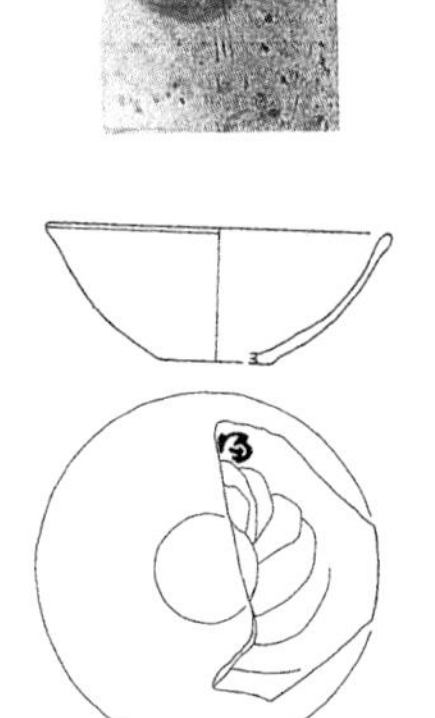

図1―②
山梨県一宮町松原遺跡

「得」の字形

列島各地の数多くの集落遺跡では「乃」の字形としてのみ使用されている。数多くの集落においては「得」の文字が他の文字とともに受容されたが、楷書、行書、草書の各書体の訓練を経たとは言いがたく、変形した字形「乃」のみの伝播であったようである。

土器にごちそうを盛り神仏に願い事をする行為と、その土器に「乃」（得）のような文字というより一種の記号を記すことがセットで列島各地に広まったのではないか。

「合」の字形

千葉県東金市久我台遺跡出土の六点の土器の文字を列記すると、図2のようになる。この六点の資料は、通常ならば①・②・③は「立合」、⑥は「立人」、④と⑤は解読不可とみてしまう。しかしこれらが久我台遺跡から一括して出土した資料であるので、その関連を明らかにできるかもしれない。

ここで仮に三人の人物を想定してみたい。まず、最初にある人物が「立合」という文字を楷書①②および行書③で書く。その行書体をみた別の人がその文字を十分に理解しないままにその字形をまねて怪しげな楷書④、⑤で記したために、⑥「立人」のように書く者が現れてしまったというわけである。まるで〝伝言ゲーム〟のよう。

筆順の違い

前章（「役人の文字の習熟度」）で紹介したように、郡家（郡役所）で毎年作成する住民台帳

① ② ③ ④ ⑤ ⑥

図2 「立合」から「立人」への文字変化（千葉県東金市久我台遺跡墨書土器にみる）

（計帳）を「郡書生」（書記係）の担当が年ごとに交代した時に、前年の行書・草書体を十分に理解しないまま引き継いでいるうちに、一人の人物が別の人名になってしまった例のように、村に住み郡役所に出仕する下級役人（郡書生）と村人とは若干の差はあるが、文字の習熟度はどちらも未熟であったといえる。

もう一つ、文字の習熟度を確認できるのが筆順である。その一例が松江市蛇喰遺跡のヘラ書き土器である。〝ヘラ書き〟とは、土器や瓦などが生乾きの状態の時に、竹箆や刀子などで文字・記号などを刻み、そののち焼成したもの。蛇喰遺跡は奈良・平安時代の玉造工房で、この遺跡の土坑跡から須恵器の坏・蓋類が多量に出土した。それらの土器のうち約三〇〇点は、ヘラ書きゆえに筆順を確認できる。画数の比較的明瞭な「田」または「由」の筆順を模式的に表したのが図3である。これほど画数の少なく使用頻度の高いと考えられる漢字「田」または「由」の文字でさえ、一群の中に少なくとも四種類の筆順が想定される。いうまでもなく、通常、同一人物が数種類の筆順で文字を記すことはないであろう。

この事実は古代地方社会における文字の習熟の問題を象徴的に示しているといってよい。しかもこの時期は、一般的には文書行政が末端まで浸透し、文字が村落まで普及したとされている。墨書土器が広範囲かつ多量に分布しはじめた時期である。それにもかかわらず、須恵器工人の文字の習熟度は、「田」の筆順さえ十分に習得しえない状況であったのである。

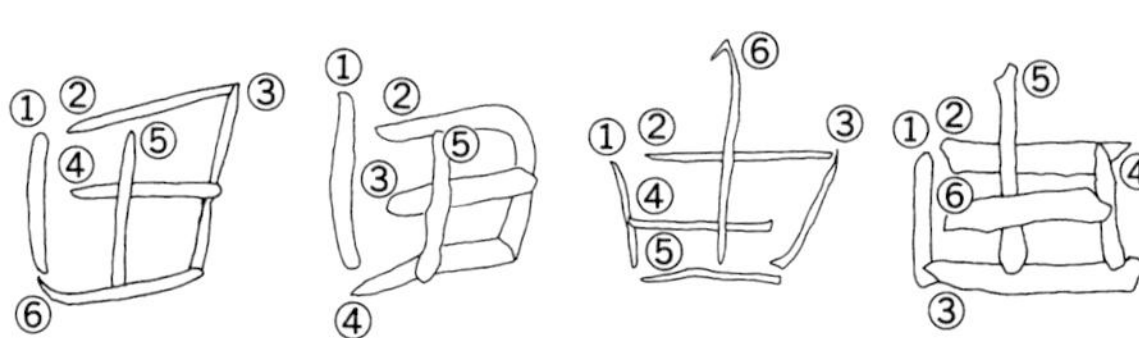

図3　「田」または「由」の筆順模式図（松江市蛇喰遺跡ヘラ書き須恵器にみる）

記号としての文字

以上のように、墨書・刻書土器の文字は、その種類はきわめて限定され、各地の遺跡で共通して記されている。その字形も各地で類似し、しかも本来の文字が変形したままの字形で広く分布している。この傾向はおそらく一定の祭祀（さいし）や儀礼行為などの際に、土器になかば記号として意識された文字を記したことによるのであろう。

古代社会において村人は、国家あるいは地方豪族から牓示札（お触書）などにより、はじめて文字で命令され、「文字」の権威を知らされた。そして村人は土器にごちそうを盛り、豊穣や延命などを神仏に願う時、はじめて文字あるいは記号を記した。いいかえれば、文書行政が定着し、文字を目にするようになった村人が神仏に文字あるいは記号をもって伝えるという方法を用いたといえよう。

文書と口頭伝達
読み上げることの意味

古代国家の文書行政

奈良の東大寺大仏殿の北に、正倉院宝庫がある。宝庫には光明皇后が大仏に寄進した、聖武天皇の遺品六〇〇点あまりをはじめ、多数の宝物が納められている。

この宝物とともに、一万数千通にもおよぶ文書類がある。これを正倉院文書とよぶ。その中には、大宝二年（七〇二）の美濃国（岐阜県）などの戸籍をはじめ、奈良時代に諸国から中央官庁に上申された文書類や官庁間の往復文書などがある。

古代、中央政府の行政上の命令や報告は、各種の文書によって行われていた。政府からの命令は、東海道であれば、伊賀（三重県）…遠江→駿河→伊豆→甲斐→相模→武蔵…常陸の順に伝達された。地方から中央には定期的な使者によって、戸籍（六年ごと）・計帳（毎年作成した住民台帳）・正税帳（毎年の決算報告書）など各種の報告がもたらされた。

正倉院に遺る天平六年（七三四）作成の出雲国（島根県）の計会帳（一年間の文書授受の帳簿）の、十月のある一日を見てみると、出雲国内の政務報告書が全部で四五巻六紙にのぼっている。その報告書のなかに、馬関係に限っても、駅馬帳一巻・伝馬(てんま)帳一巻・種馬帳一巻・伯姓(ひゃくせい)＝百姓（私有）牛馬帳一巻・兵馬帳一巻などがあり、古代国家が馬の管理を厳重に実施していたことを十分にうかがい知ることができる。なお、伝馬とは、駅馬とは別に各郡に五頭ずつ置かれ、中央が派遣する使者専用である。当時、甲斐国など諸国が、いかに詳細に国ごとの行政内容を中央に報告していたかがわかる。

このようにみてくると、古代国家が確立された七世紀以降、文書行政は日本列島各地に浸透していったとみられる。しかし、その実態は複雑である。

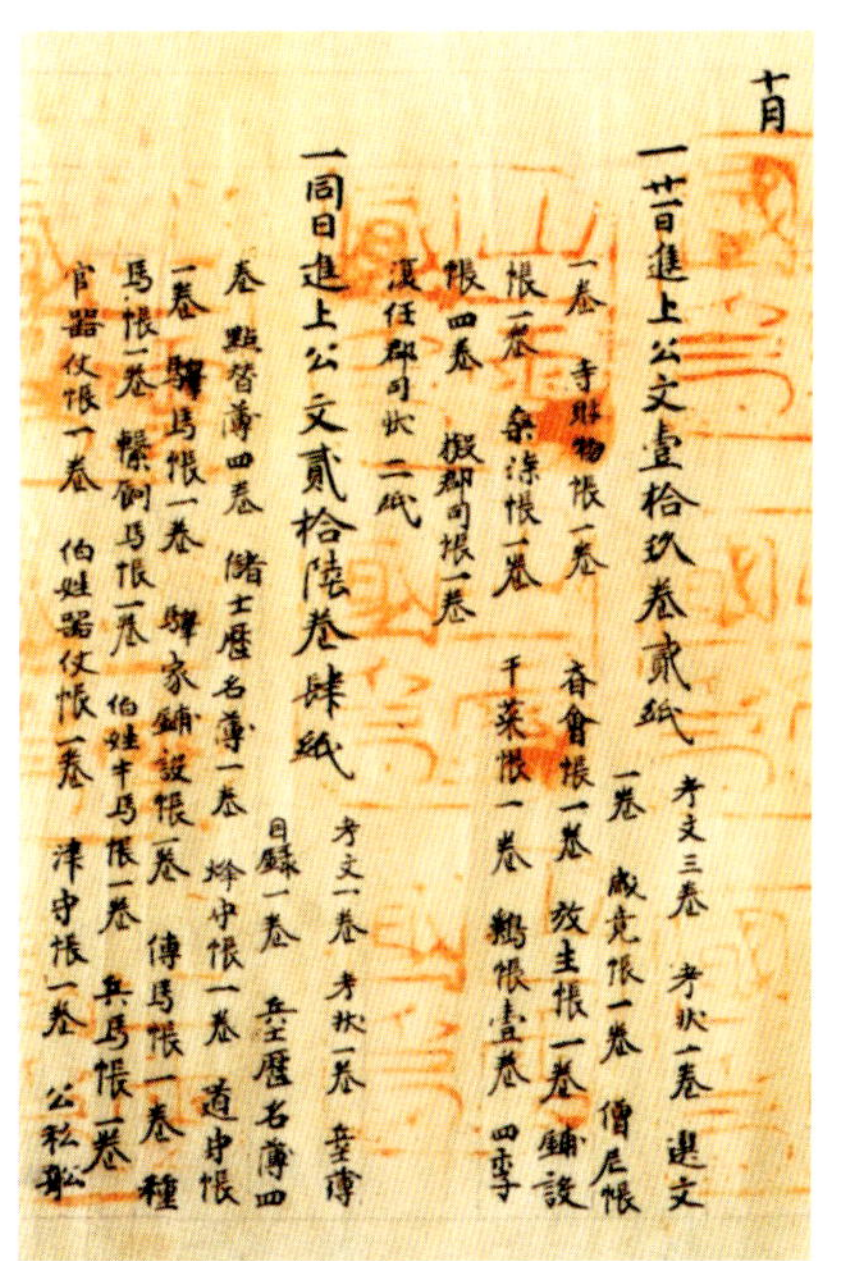
十月
一廿一日進上公文壹拾玖巻貳紙
一同日進上公文貳拾陸巻肆紙

10月21日に都へ進上した公文書45巻6紙
（右：19巻2紙、左：26巻4紙、出雲国計会帳、正倉院文書）

日本語の語順で書く

中央と地方でやりとりされた紙に書かれた文書による行政とは別に、古代の人びとの日常生活で取り交わされた文書を記した木簡(もっかん)は、異なる一面を示している。

その典型例が長屋王(ながやおう)家の木簡にある。長屋王は持統(じとう)朝の太政大臣(だいじょうだいじん)高市皇子(たけちのみこ)の子で、天武(てんむ)天皇の孫に当たる。神亀元年（七二四）には正二位・左大臣となり、天皇の親族（皇親）の代表として政界の主導者となった。しかし天平元年（七二九）に皇位をうかがっていると密告され、その妻吉備内親王とともに自害させられた。

その長屋王の邸宅跡から出土した次の木簡に注目したい。

（表）当月廿一日御田苅竟大御飯米倉古稲

（裏）移依而不得収故卿等急下坐宜

〔読み下し文〕

当月廿一日、御田苅り竟る。大御飯の米は、倉に古き稲を移すに依りて、収め得ず。故、卿ら急ぎ下り坐す宜し。

〔文意〕

今月二十一日に御田の稲を刈り終えましたが、米倉の古稲を移したために収めることができなくなってしまいました。急ぎおいでください。

現地機関から長尾王家に宛てた上申文書である。漢字で書かれているが、「不得」を除いて文字は日本

日本語の語順通り書かれた文書木簡
（平城京長屋王邸跡出土、奈良文化財研究所蔵）

語の語順で記されている。

また、貴族の邸宅ではなく、武蔵国の丘陵に営まれた須恵器窯跡から出土した須恵器（八世紀）の底に次のような文字が確認された。

「此壺使人者
　億万富貴曰
　　事在　」

〔読み下し文〕

此の壺を使う人は億万富貴と曰う事なり。

漢字の順序に読めばそのまま日本語になる。都の貴族に仕える書記官と同様に、日常食器にこのような文章がおそらく須恵器作りの工人によって書かれていることに注目したい。漢文で書くのではなく、話す言葉のままに漢字を当てはめて記している。

日本語の語順通り願い事が記された土器
（埼玉県鳩山町広町遺跡出土、鳩山町教育委員会蔵）

口頭による伝達

前章（「村人と文字」）でも紹介した牓示札が発見された石川県津幡町加茂遺跡から、注目すべき短冊形の木簡（九世紀）が出土している。

（表）「謹啓　丈部置万呂□□　献上人給雑魚十五隻　无礼状具注以解」
〔伯姓カ〕
□□消息後日参向而語奉

（裏）「　『勘了』　七月十日　潟嶋造□主」

（長さ四八・〇×幅三・三×厚さ〇・五センチ）

「謹啓」の書き出しで始まり、ウジ名「潟嶋造」でもわかるように河北潟の水上交通と漁業で富を得た地元の有力者、潟嶋造□主が丈部置万呂に宛てて出した上申文書である。その内容は種々の行事の時に参加者に配る雑魚一五隻（匹）の献上と、伯姓（百姓）消息（動向）を後日参向して、語奉（口頭で報告する）ことが記されている。

国司は年に一度、国内の状況と郡司の実情を査察するために国内を巡行したのであるが、そのなかに百姓（村人）の消息を問う任務があった。この木簡は文書で物品の献上を行い、後日、参向して口頭で百姓の動向を報告するという、文字で示すことと、口頭伝達をするという二つのことが記されている。

つぎに文書行政が郡以下の里（郷）にまで浸透していたことを物語る典型例とされている郡符木簡をと

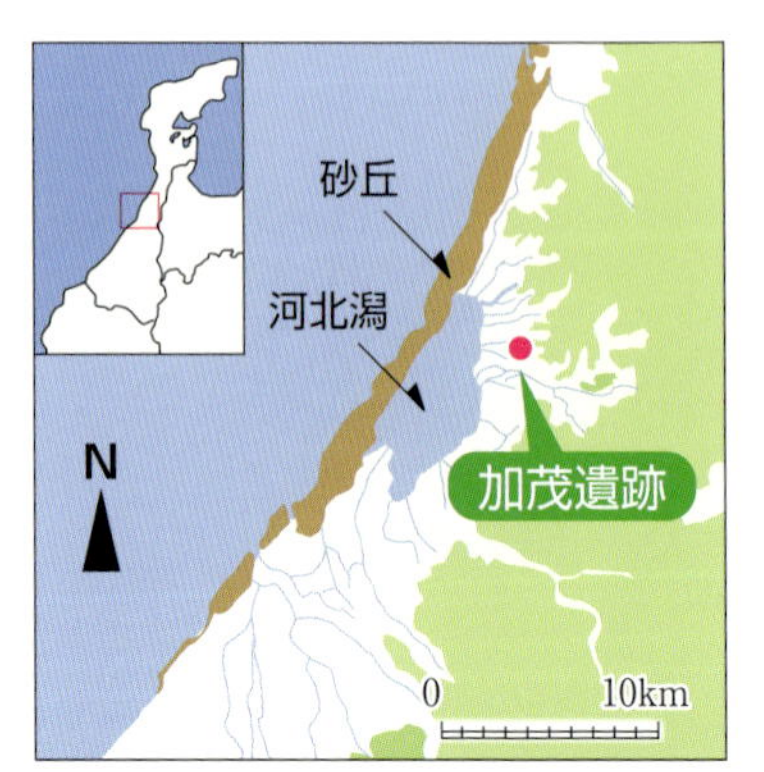

石川県津幡町加茂遺跡と河北潟

りあげてみたい。郡符とは、郡司（郡の役人）からその支配下の里などの責任者に宛てて出された命令書である。兵庫県丹波市山垣遺跡、滋賀県野洲市西河原遺跡、新潟県長岡市八幡林官衙遺跡、福島県いわき市荒田目条里遺跡、長野県千曲市屋代遺跡群など、全国各地で出土している。郡符木簡はすべて大型であることを特色とする。

通常の木簡は長さ二〇～三〇センチ程度であるが、郡符は完型のものでみると、約六〇センチ近くある。古代の寸法でいえば約二尺（一尺は約二九・八センチ）に相当する。最古の仏教説話集『日本霊異記』に次の話がある。ある国に鳥の卵を常食していた男がいた。その国の役人（国司）がその男を殺生の罪で罰しようとして、召し出すため、使いの者に持たせたのが「四尺の札」であったという。通常、国司が札（木簡）を用いて人を直接召喚することはあまり考えられない。おそらく常用されていた「郡符二尺」に対し、その倍の長さの四尺は国司と郡司の格の違いを象徴した架空のものと思える。

また文字の大きさも、例えば山垣遺跡出土の郡符木簡でみてみると、正倉院文書の正税帳などの帳簿の文字と比べると五倍近い。郡符木簡を長大かつ大きな文字で記すことは、郡司の権威づけであるとみてよい。しかし、その権威をどのように村人たちに示すのか。郡司は広場に村人を集め、長大な木簡を掲げ、口頭で木簡に書かれた命令内

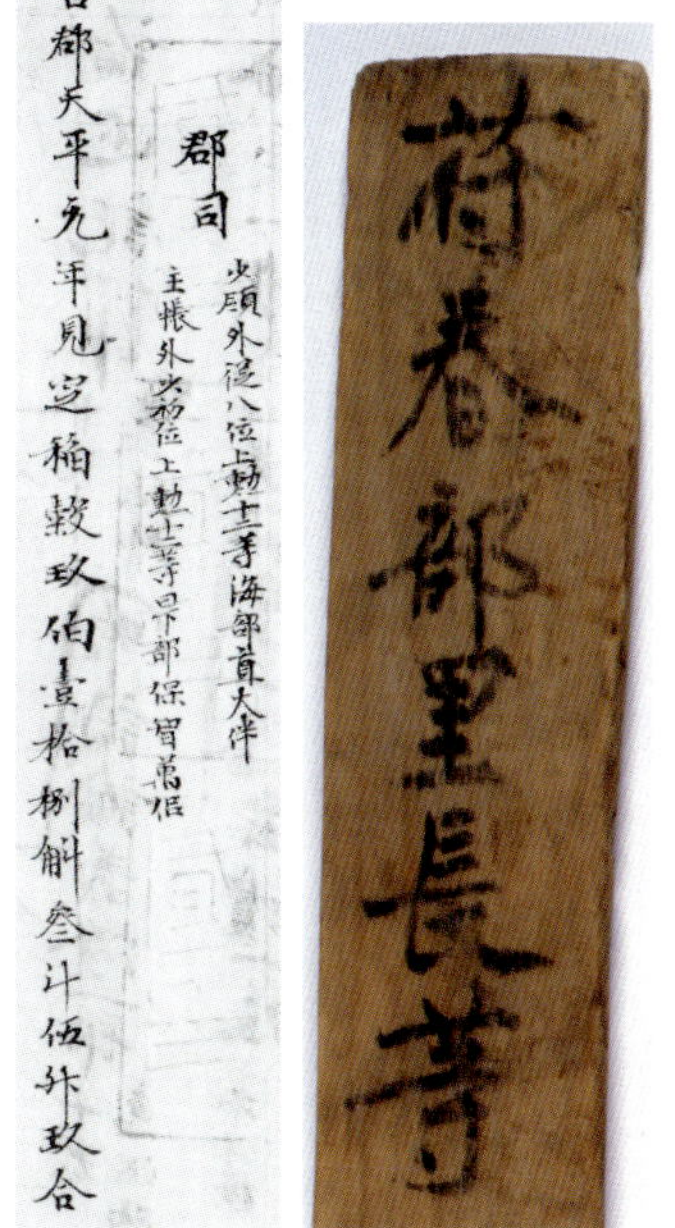

兵庫県丹波市山垣遺跡出土郡符木簡（右、兵庫県立考古博物館提供）と隠岐国正税帳（左、正倉院文書）それぞれ同じ比率で縮小。文字の大きさの違いが見て取れる。

容を伝えたのではないか。古墳時代であれば、古墳造営の際に広場に村人を集め、文字は用いず、直接口頭のみで命令を下したであろう。

呪句を読み上げる

神仏に願う信仰世界においても、土器に呪句を記し、ごちそうを土器に盛り、神に奉るとともに呪句を読み上げる作法が存在した。その一例が東北地方の行政・軍事の中心、多賀城の城下の遺跡から出土している。

須恵器の内面に「此鬼名中六鬼知　申日病人〔符籙＝呪文の記号〕急々如律令　寅年人印土里色〔黒カ〕鬼神知也　即顕腹取□〔老〕」、体部外面に「口上」と記したものがあり、病気平癒を願ったものとみられる。土器にごちそうを盛り、病気平癒のための祈願の呪句「この鬼の名は〝中六鬼〟と知れ

呪句が記された須恵器坏（宮城県多賀城市山王遺跡出土、東北歴史博物館提供）
内面に病気平癒を祈願する呪句、外面に「口上」と記してある。

申日病人……」などと記し、さらに土器の外面に「口上」と記してあるので、呪句を読み上げたのであろう。

七世紀以降、本格的な文書による国家の支配は、中央から地方へ、国から郡、郡から里（郷）へと浸透していったが、村々では牓示札のように、漢字・漢文で書かれたお触れ書の内容を郡の下級役人が口頭で要約して村人に伝えた。古代社会の朝廷から村々まで文書と口頭伝達が併用された世界であることを、列島各地の出土文字資料が語りはじめている。

木簡の大きさと格付け

長さにみる権威

古代中国の木簡

現在、私たちが日常使っている書簡・便箋・帳簿・戸籍など、文筆に関わる言葉には〝竹かんむり〟がついている。それは、中国で竹や木を用いて文字を書いたことによる。文字を書くための竹や木を材料にした札を、中国では「簡」「牘」、日本では「木簡」とよぶ。「簡」は札のこと。「牘」は片偏に属する。木は象形文字で「朩」と記し、それを半分にしたのが「片=片」である。「牘」は木を加工して作った「版」の中で、特に文字を書くために作ったものである。

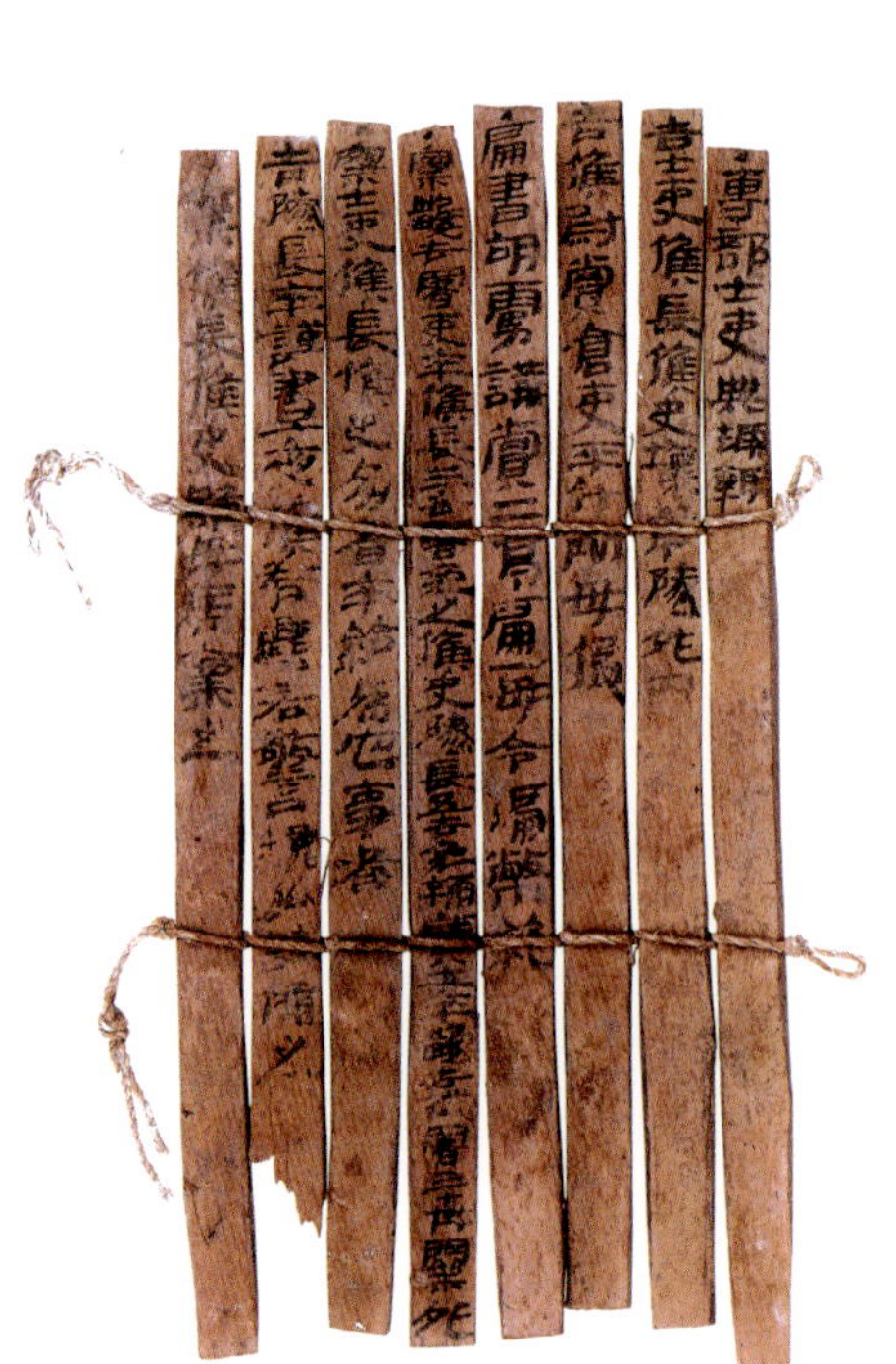

中国内蒙古エチナ地域から出土した漢簡
横に連なり、ひもで結ばれている（『墨』2008年3・4月号、芸術新聞社より）

日本の古代遺跡からは木簡が三〇万点を超える点数発見されているが、すべて木の札で、現在まで〝竹の札〟は一点も出土していない。

中国古代の漢王朝（前漢〈紀元前二〇二年〜紀元後八年〉および後漢〈二五年〜二二〇年〉）の木簡を漢簡と総称する。漢簡の最も標準的なものは長さ約二三センチ、幅約一センチ、厚さ〇・二〜〇・三センチの木または竹の札である。この二三センチという長さは漢尺の一尺の長さに当たる。したがって長さ一尺、幅五分、厚さ一分くらいの札といえる。長さ一尺の「牘」、すなわち「尺牘」が、のちに手紙、書状を意味するようになる。

一本の漢簡は幅約一センチなので、それ以上の文章を記すためには、何本も横に連ねる。二本以上の場合は、それをひもで編んで簀の子状にした。その形を象形した文字が「册（冊）」であり、書物の場合は、簀の子を巻いた状態で一巻、二巻と数えた。現在の書物は巻いた状態ではないのに、第一巻、第二巻とするのも、一冊、二冊と数えるのも、いずれも中国の漢簡を踏襲した呼称である。

一方、「簡」の幅を変えずに、長さを伸ばすこともあるが、その場合は文書の性格や格付けに関わってくるのである。例えば、長さを倍の二尺にすると、〝二尺の書〟「檄」となる。この「檄」は〝檄を飛ばす〟などと使われ、戦いのとき、味方を激励したり、敵に降伏をすすめたりする内容、いわゆる〝軍書〟のことで、激しい表現をとる。

また漢王朝では、普通の文書が一尺であるのに対して、皇帝の命令書（詔）は一尺一寸とされ、「尺一」

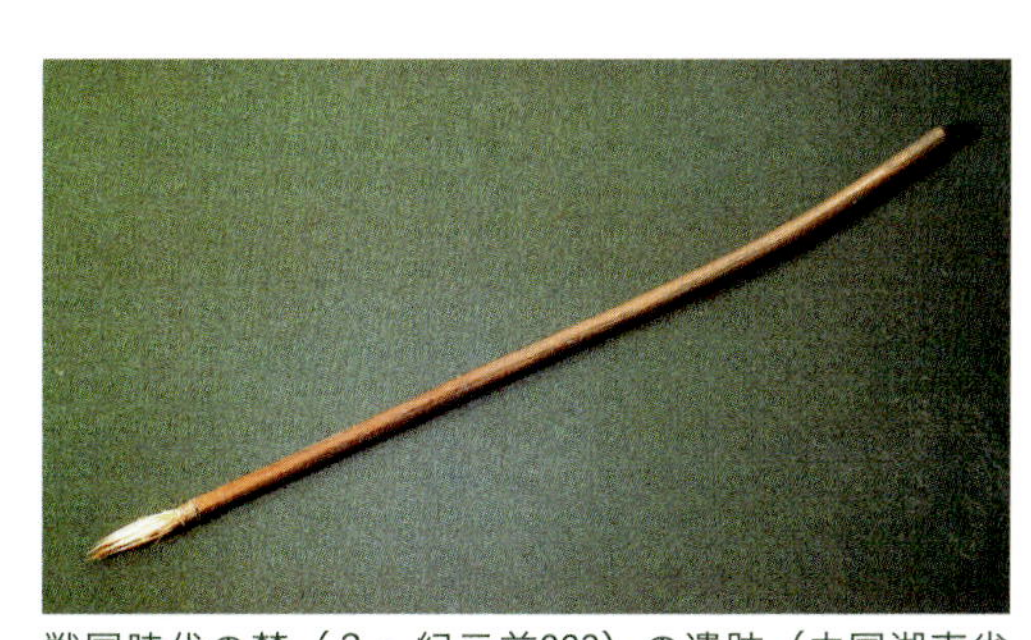

戦国時代の楚（？〜紀元前223）の遺跡（中国湖南省長沙郊外）から出土した中国最古の筆（阿辻哲次『図説 漢字の歴史』1989年、大修館書店より）

詔」とよばれた。漢代の歴史書『史記』（紀元前九一年ごろ完成）によると、漢の皇帝が北方の遊牧民族・匈奴の首長（単于）に与える書が一尺一寸のものであったので、当時、軍事的に優位であった匈奴は一尺二寸の簡を返書として送ったという。木簡の長さが政治的優劣を示したことがわかる。また木簡の長さが書物の格付けにもなっている。儒教の基本的経典の一つである『春秋』は二尺四寸に対して、日本でよく知られた『孝経』は一尺二寸、『論語』は八寸という格下の簡に書くということになっていた。

古代日本の郡符木簡とは

これまで古代日本の木簡には、長さの意識はまったくないとされてきた。その点で近年、全国各地で相ついで発見されている、郡符木簡とよばれる郡司（郡の役人）の命令書が注目される。

その郡符木簡が一九九四年に長野県更埴市（現千曲市）屋代遺跡群から出土した。屋代遺跡群の地は善光寺平の南半に位置する。文字通り大きく蛇行する千曲川は、この付近で北東へ屈曲し、流れのゆるやかになる地点に屋代遺跡群が立地している。

郡符木簡とは、〝符〟という書式に基づき、郡司がその管轄下の郷などに命令を下す際に用いたものである。文書木簡はふつう約三〇チセン前後、すなわち古代日本の一尺（いわゆる天平尺）に相

南の上空から見た長野盆地と屋代遺跡群
（長野県立歴史館提供）

当するが、この郡符木簡はその倍の六〇チセン前後、二尺になる。人が携帯する木の札としては、最も大きな札の部類である。

（表）符　屋代郷長里正等　　敷席二枚　鱒□一升　芹□
　　　　　　　　　　　　　　匠丁粮代布五段勘［ママ］夫一人馬十二疋
　　　　　　　　　　　　　　［神］□宮室造人夫又殿造人十人

（裏）□持令火急召□□者罪科
　　　　　　　　　　　　　　少領

（長さ三九・二〈下端欠損〉×幅五・五×厚さ〇・四チセン）

この木簡は埴科（はにしな）郡の郡司から「屋代郷長里正等」に宛てた命令書である。木簡の年代は、郷里制下（郷の下に二〜三里を置く。里正はその里の責任者）の七一七年から七四〇年の間に限定される。命令内容をみると、ほかの郡符木簡がすべて人の召喚を内容としているのに対し、屋代遺跡群の郡符木簡は、人物（神社の造営のための労働力など）の召喚のほ

郡司からの命令が記された木簡（長野県千曲市屋代遺跡群出土、複製、国立歴史民俗博物館蔵）
差し出しである「符」と宛先である「屋代郷長」の部分が切断されている。「勘」は「堪」の誤りか。

かに、物品（神事用の席=蓆・鱒・芹、神社造営の労賃の布など）の調達をも命じている。

郡符木簡は、宛先（郷長など）で廃棄されたのではなく、差し出し側（郡家およびその関連施設）に戻り、廃棄されたのであろう。

この木簡で差し出し（符）と宛先（屋代郷長）の部分を丁寧に切断し、廃棄しているのは、悪用を防止するための郡司側の所作と考えられる。郡司の発行した郡符は郡内で最高の権威があるもので、下部の文字を削ってしまえば、再利用も可能である。そこで郡符の悪用を防ぐために、差し出しと宛先の肝心な部分のみ丁寧に切断したのであろう。古代版シュレッダー方式である。

つまり、郡符木簡の重要な特徴は、命令を受けた責任者（宛先）は木簡を携行して召喚人を引きつれて召喚先におもむく。郡司は点検を行ったあと木簡を廃棄する、という点にある。この点から郡符木簡の出土地点は、郡家またはその関連施設とみなすことができるのである。屋代遺跡群もそのような施設の一部であろう。

最古の仏教説話集『日本霊異記』に、ある国に鳥の卵を常食していた男がおり、国司がその男を殺生の罪で罰しようとして召し出すため使者に持たせたのが「四尺の札」であったという話がある。（前章と重複）

古代の地方社会では、中央から任命・派遣された国司と、従来から各地域を支配していた郡司とが対立していた。しかし法の規定では、国司に出会った郡司は馬から下りて〝下馬の礼〟を尽くさなければならなかった。おそらく、この説話の中で国司の命令である国符が、郡符（二尺）の倍の四尺というのは、国司と郡司の格の違いを象徴した架空のものではないか。

出土が待たれる古代木簡

一九九四年度の長野県埋蔵文化財センターによる屋代遺跡群の発掘調査において、一一二〇点の木簡を含む四万点を超える木製品が出土した。それらの木簡の中には、現在においても日本最古の年号を記載した木簡が含まれている。

（表）乙丑年十二月十日酒人

（裏）『他田舎人』古麻呂

（長さ一三・二〈下端欠損〉×幅三・六〈側面欠損〉×厚さ〇・四チセン）

最古の年号とは、「乙丑年（いっちゅう）」という干支（かんし）年で記されていたが、わが国では八世紀以前は年号を十干（かん）十二支（し）で記載していた。この乙丑年は天智天皇四年（六六五）、大化改新からわずか二〇年後の木簡である。その後、奈良県飛鳥村石神（いしがみ）遺跡出土木簡でも、三野国（みの）（美濃国の古い表記）から送られた荷札に、同じ「乙丑年」の年号が記されていた。

長野県では一九九四年までは古代の木簡の出土例がゼロであった。それが突然日本で一番古い年号の書かれている木簡が出土したのをはじめ、古代史に新たな知見を加える数々の木簡が出土したのである。

現在、古代木簡の出土していない地域は山梨県を含めてまだ全国の五分の一ほどあるが、いつ地下から大量の木簡が出土するかはまったく予測がつかない。山梨県内からの〝古代木簡発見〟のニュースを待ちたい。

第一部
文字を書く

墨書土器は何を伝えてくれるのか

神仏への願いと文献にない地名

神仏への願いを込めて

一九七〇年代、日本列島改造計画のもと、新幹線・高速道路・団地造成などの大規模な開発事業にともない、各地で発掘調査が実施された。その調査で古代の農民の一般的な住まいである竪穴（たてあな）住居跡から墨で文字が書かれている土器いわゆる墨書土器（ぼくしょどき）が膨大な数出土した。それらの墨書土器の出現によって、古代の農民はわれわれが想定する以上に識字率が高かったのではなかったかと思われた。

しかし、各地の墨書土器を比べてみると、青森、山梨、鹿児島など地域による差異はなく、数多くの墨書土器には共通した文字が記されており、しかも近似した字形である。記された多くの文字は、「福」「富」「万」などの吉祥（めでたいもの）を示すものであり、古代の村落内の神仏に対する祭りの際に、なかば記号化された文字が記されたと判断できる。したがって、必ずしも古代の村落から出土する墨書土器は識字率のバロメーターとはならない。

列島各地の墨書土器は、ふつうは一文字または二文字である。しかし、千葉県北部の〝香取の海〟とよばれる内海一帯で、長文の墨書土器が数多く出土している。

○千葉県八千代市上谷遺跡出土墨書土器

「下総国印旛郡村神郷
丈部□刀自咩召代進上　　（墨書人面あり）
延暦十年十月廿二日　」

〔要旨〕
下総国印旛郡村神郷（現千葉県八千代市村上）に住む丈部家刀自咩が冥界（あの世）に召される代わりにこの器にごちそうを盛って進上（たてまつる）。延暦十年（七九一）十月二十二日。

○千葉県印西市西根遺跡出土墨書土器

「丈部春女罪代立奉大神」

〔要旨〕
丈部春女、罪の代わりにこの器にごちそうを盛って大神に立奉（たてまつる）。

成田空港に近い千葉県芝山町の庄作遺跡は、東国ではごく一般的にみられる古代の集落遺跡である。しかし、この遺跡はなんとも奇妙な資料にあふれている。たとえば、墨書土器に登場する神も「竈神」、「国玉神」（国神）、さらに「歳神」と、さまざまである。「歳神」の墨書土器には、土師器杯の体部外面に一周するように連続して次のように記されている。

「×秋人歳神奉進　上総×」

断片ではあるが、「……奉進」の次の部分が約一字分空白となっていることから、この文は「上総」から始まり、郡郷名が続くのであろう。

（復原案）

上総国□□郡□□郷□□□秋人歳神
奉進

歳神（年神）は歳徳神（としとくじん）のことであり、その年の福徳をつかさどる神である。この神のいる方角を恵方（えほう）といい、年によって異なる。江戸時代の書物には、毎年正月には、歳神を家に招き入れるために、恵方に向けて棚を作り、酒肴（しゅこう）をささげる習慣が記され、各地の民俗事例で数多く認められる。最近では、節分の日に太巻ずしを恵方に向かって食べることが、年中行事の一つになりつつある。

この墨書土器は次のように解釈するこ

ご馳走を盛り、神仏にささげた人面墨書土器
人面は神仏の顔か（千葉県庄作遺跡出土、9世紀前半の平安時代、芝山町教育委員会蔵）

とができる。上総国の秋人という人物が、正月に福をもたらす歳神を招き入れるために、その年の恵方に向かって、この土器にごちそうを盛り、「奉進」（たてまつる）したのであろう。

ところで、なぜ神仏にささげるような墨書土器に「下総国印旛郡村神郷」や「上総国□□郡□□郷」などと仰々しく行政区画まで書くのだろうか。この疑問に対する答えは、古代の仏教説話集『日本霊異記』（中巻―第二十五）のなかの次のような話から読み取ることができそうである。

「讃岐国の山田郡の布敷臣衣女という女性が急に病気になったために、家の門口に疫神（はやり病の神）のためのごちそうを備えたところ、衣女を召しに来た閻魔王の使者である鬼がそれをつい食べてしまった。鬼は恩義を感じて、別の人、つまり同じ讃岐国の鵜足郡に住む同名の衣女を召して閻魔王に差し出したが、閻魔王は即座にそれを見破ってしまった」

この話から、もてなしを受けてしまった鬼は、もてなしてくれた人を救わなければならないことがわかる。竪穴住居に住む農民が、土器にごちそうを盛って供えることは、実は病気や罪・死などを免れようとして行った必死の願いだったのではないか。地獄絵に描かれた帳簿に照らして首実検す

閻魔王と司命神が描かれた絵図
（「地蔵菩薩及び十王図」より、川崎市・明長寺蔵、川崎市教育委員会提供）

る閻魔王と、その両脇でメモをとっている記録係（司命神・司録神）を見たことがあるであろう。司命神は冥府の戸籍を管理し、戸籍に記載した年齢に達した者を冥府に召喚する神、司禄神は娑婆（この世）にいる人びとの善業悪業をすべて記録する神である。それゆえに神仏に対して願い事をする人は、自らの本貫地（本籍地）を明らかにしておかなければならなかったのである。

こうした長文の墨書土器が物語る内容は、ほかの地域の一、二文字のものに共通すると理解できる。例えば山梨県内の北杜市高根町の東久保遺跡の墨書土器は「吉」「丈」「六万」「家」「家吉」なども、人びとが必死に家内安全などの願いを込めたであろうことを物語っている。

埋れた地名を記す

私たちの住んでいる地域の地名は、いったい、いつごろまでさかのぼることができるだろうか。古代国家は、各国ごとに国—郡—里（郷）という三段階の行政組織を設けた。この国・郡・里制は、奈良県の平城宮跡出土木簡「甲斐国山梨郡加美郷丈部宇万呂六百文」のように、各地から都へ送られた税の付札などから、その実施の様子を知ることができる。しかし、こうした行政上の目的をもって記載された資料に基づいて古代の地方社会をみてきた結果、郡・里（郷）という行政区画以外の地名が見落とされてきたともいえる。近年、全国各地の遺跡で発見される出土文字資料には、郡郷名とそれ以外の地名と思われるものが数多くある。山梨県内の二例をとりあげてみよう。

『甲斐国志』（一八一四年）以来、山梨郡「表門」郷が変化して「和戸」となり、甲府市和戸町をその遺称とするとの説が唱えられてきた。一九八二年に、和戸町に隣接する同市横根町に所在する大坪遺跡から出土した土師器皿の底部内面に竹ベラで記した文字が注目された。その文字は「甲斐国山梨郡表門」と記され『甲斐国志』の和戸説の正しかったことが証明された。古代では、港（ミナト）は「水門」と表記し、トはセト（瀬戸）・カハト（川門・川津）と同じである。したがって、表門は表戸また表津に通じる。山梨郡西部の山際を流れる笛吹川が表門（戸・津）の近くで大きく屈曲し、南下したとされていることから、表門は、おそらく河川と山際を走る陸路に接する川の港（川津）の置かれたところであり、交通の要衝の地であったであろう。

韮崎市中田小学校遺跡は、韮崎市内の七里岩と塩川に挟まれた通称〝藤井

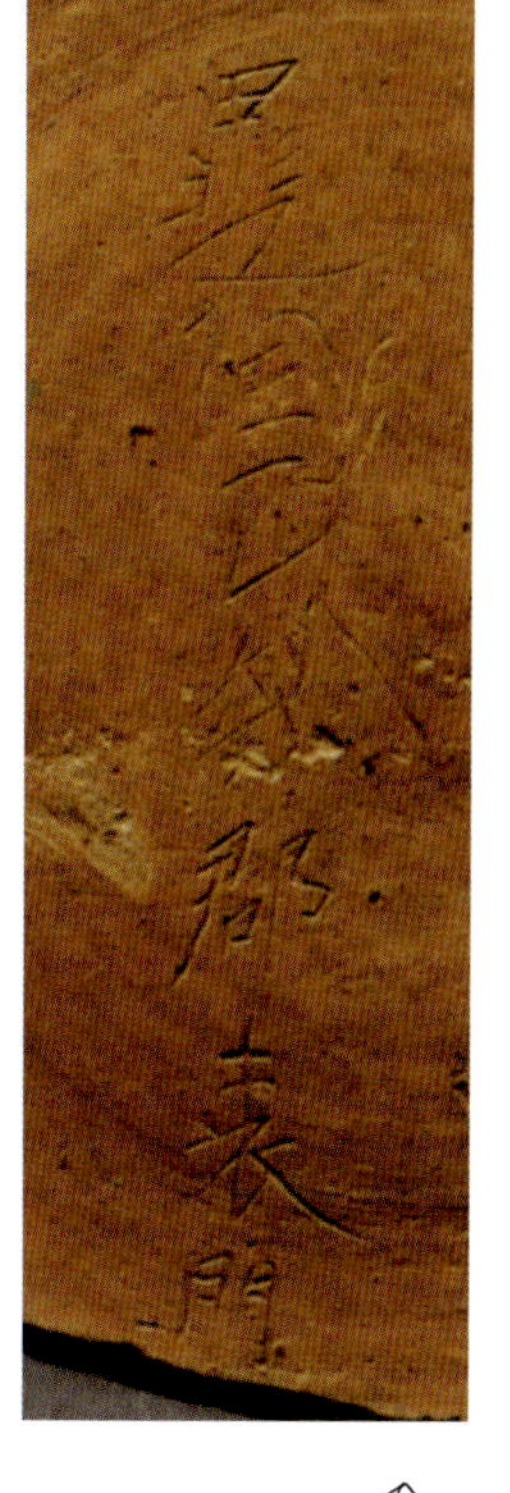

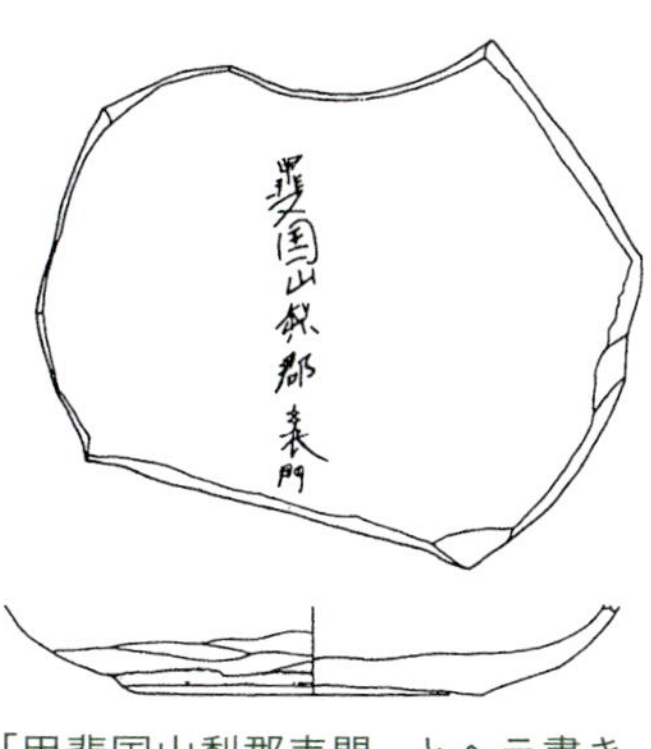

「甲斐国山梨郡表門」とヘラ書きされた刻書土器の部分拡大
（甲府市教育委員会蔵）下は実測図

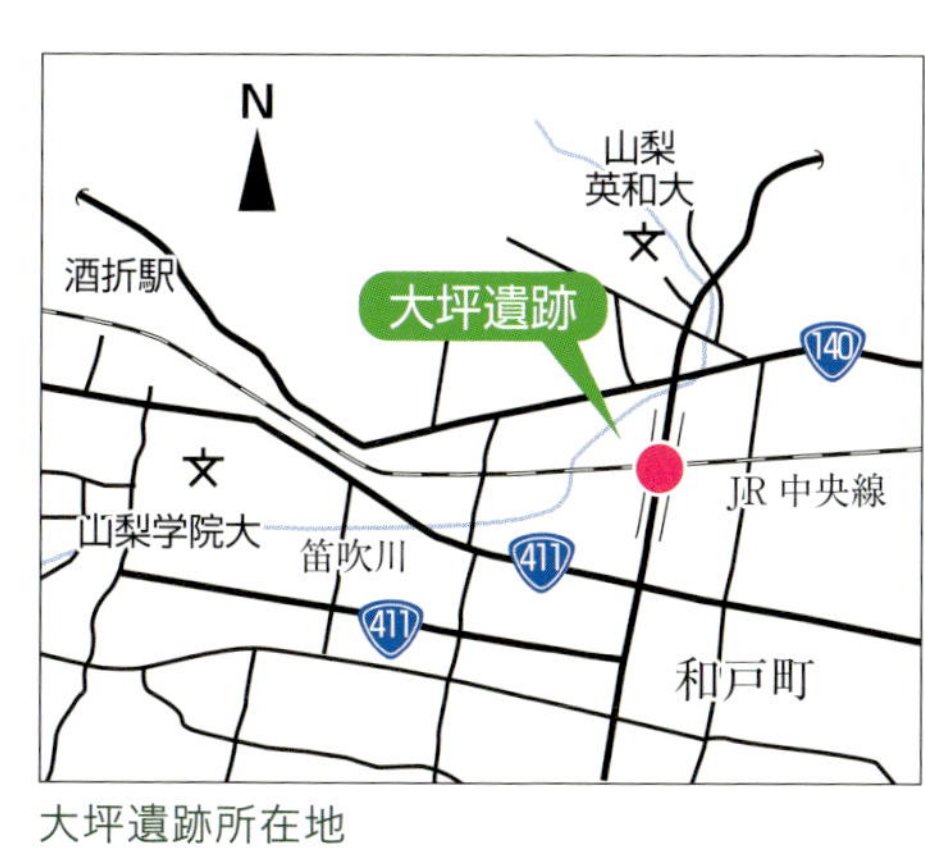

大坪遺跡所在地

平〟とよばれる沖積平地に立地している。藤井平は肥沃な土地で、中世には「藤井五千石」と称された穀倉地帯である。奈良時代（八世紀）の竪穴住居跡の一つから「葛井」と記された墨書土器が発見された。歴史書『続日本紀』神護景雲元年（七六七）八月戊子（十一日）条に「葛井連河守」という人物は、平城宮木簡に「藤井川守」と記載されている。このことから墨書土器「葛井」は〝フジイ〟と読み、現在の韮崎市藤井に通ずることがわかる。韮崎市「藤井」は、一二〇〇年以上前から存在したことが一点の墨書土器で証明されたのである。

古代史を豊かに語る出土文字資料

ところで、山梨県立博物館では二〇一〇年に開館五周年記念の特別展として、「甲斐源氏―列島を駆ける武士団―」を開催した。その甲斐源氏の祖とされる源義光は、常陸に進出し、その子義清らを要地に配置し勢力拡張を図ったため、地元の有力者の反発を受けた。特に義清は那珂郡武田郷（現茨城県ひたちなか市）に拠点を構えたが、ここを本拠とする常陸国司から激しい抵抗を受け、その子清光は乱行を理由に国司から朝廷に訴えられた。この事件によって義清・清光父子は甲斐に移され、清光は甲斐国で勢力を次第に伸長していった。

武田氏は、義清が常陸国那珂郡武田郷に住して〝武田冠者〟を称したことに始まるという。二〇〇八年、ひたちなか市教育委員会は、古代の『和名類聚抄』（一〇世紀前半成立）に記された「常陸国那賀（珂）郡武田郷」の遺称地、ひたちなか市武田の地を発掘調査した。武田石高遺跡・武田西塙遺跡という二地点から「武田」「武」などと記された墨書土器が出土した。土器の年代は八世紀代のものも含まれることから、この一帯が八世紀から「武田」の地であったことが明らかになった（特別展では、ひたちなか市〝武田の地〟の紹介とともにこれらの墨書土器を展示した）。

一片の墨書土器は、現在に伝わる歳神・冥界信仰の民俗事例が八世紀までさかのぼり、東国の農民にあつく信じられていたことを伝えてくれた。また私たちの身近にある大字（おおあざ）・小字（こあざ）地名が一二〇〇年前にまでさかのぼることができる。これらの事実がたった一点の墨書土器によって証明できるというのは、実に驚くべきことである。

古代社会を伝えるものとして現代に残されている文献史料は、当時の社会全体を物語る一部分にすぎない。近年の全国各地の遺跡から発見される膨大な考古資料は、多様な情報をわれわれに提供してくれる。なかでも、墨書土器などの文字を記した資料は、日本古代史を豊かに物語る地下からのメッセージである。

「武田」「武」と記された墨書土器
（武田石高遺跡出土、ひたちなか市教育委員会蔵）

権威をしめす則天文字

古代社会に広まった特殊文字

権力を象徴するための独特な文字

茶の間で絶対的な人気を誇った水戸黄門漫遊記の水戸黄門は、常陸国（茨城県）水戸二代藩主徳川光圀（一六二八〜一七〇〇）のことである。光圀は学問を好み、中国・明が滅亡した後の旧臣朱舜水を招いて師事し、中国の歴史・文化に通じていた。古代中国、唐時代に中納言を〝黄門〟と称したので、中納言であった徳川光圀は水戸黄門の名で親しまれた。「光圀」は〝光国〟ではない。通常の漢字ではない「圀」とは、どのような文字であろうか。

ここで簡単に中国の古代文字の変遷を紹介しておきたい。

漢字の始まりはもちろん中国である。紀元前一三〇〇〜前一〇〇〇年、殷の時代、亀の甲羅や獣骨などに刻まれた中国最古の文字、いわゆる「甲骨文字」は、神との対話、神の意向を聴くための記号であった。一例を挙げれば、

「癸丑卜永貞旬亡禍」

みずのとうし（癸丑）に占い（卜）をして、占い役（永という貞人）が問うた。これから十日間（旬）

に王に禍はありません（亡）か。

という意味である。なお、「貞」は、卜いを行い、文字を甲骨に刻みつけた人（貞人）のことをいう。「神に問いかける」行為をはじめて文字で記したのである。

殷の時代から周の時代（紀元前一一〇〇年ごろ～前二五六年）に移ると、金属器に文字を記した。その内容の多くは次のようなものである。ある人物がどのように王に忠誠を尽くしたか、あるいはどのような功労・功績を挙げたか、その褒美として地金や貨幣の貝を賜り、それを元にしてこの記念の器を作ったという由来などを、未来永劫に伝えていくために、祭りの道具・青銅器に文字を刻み込んだ。

やがて、秦の始皇帝が中国を統一した時（紀元前二二一年）、法令・課税のための度量衡の統一、行政・交通の整備、そして皇帝の命令を中国全土に波及させるために文字の統一を行った。

文字は殷の時代には神の意向を伺うため、王が独占的に使用したが、やがて周代の青銅器に各地の豪族が王との結びつきを文字によって記したために、書体も不統一となり、使用範囲も広がった。しかし、本来、文字は権力を掌握している王が独占すべきものであり、権力の象徴・統治の道具だったのである。

そこで始皇帝は、皇帝用の文字＝篆書体、臣下用の文字＝隷書体を定めたのである。このように中国の文字文化は、時代の流れのなかでその性格を変えていった。始皇帝以降においても、中国の皇帝の中には、自らの権力を誇示するために特定の漢字や独特な文字を強制的に使用させることがあった。なかでも、唐の高宗の后であった則天武后（六二四～七〇五）はやがて皇帝となると、国を周と号し、載初・天授元年（六九〇）に独特の文字を全国に発布した。この文字を則天文字とよぶ。

則天文字は、主として則天武后が使用した年号（「載初・天授年」）や皇帝に関する用語（「國」「君」「臣」）、万物の根源ともいうべき「天」「地」「人」「日」「月」「星」などである。

則天武后の本名は武照であった。漢字学で著名な阿辻哲次氏（京都大学名誉教授）によれば、武照の〝照〟の字として作られた則天文字「曌」は、皇帝の実名だから他人が使うことは許されない。「明」と「空」の文字の構成の背景は、自分が天空に明るく輝く太陽のように地上を永遠に〝照〟らしたいという思いがこめられているという。

七〇五年の武后の没後、当然のようにその使用が禁じられたため、中国ではそののちほとんど用いられなかった。わが国へ則天文字がもたらされたのは、奈良・正倉院にある慶雲四年（七〇七）書写の『王勃詩序』（王勃は初唐の詩人）ですでに使われているので、大宝年間（七〇一～七〇四年）の遣唐使（七〇四年帰国）によるのであろう。

徳川光圀の〝圀〟は則天文字の一文字である。圀は囗（くにがまえ）と〝八方〟（あらゆる方角）から構成されていることから、国土が八方に広がることへの願望から作られた文字である。

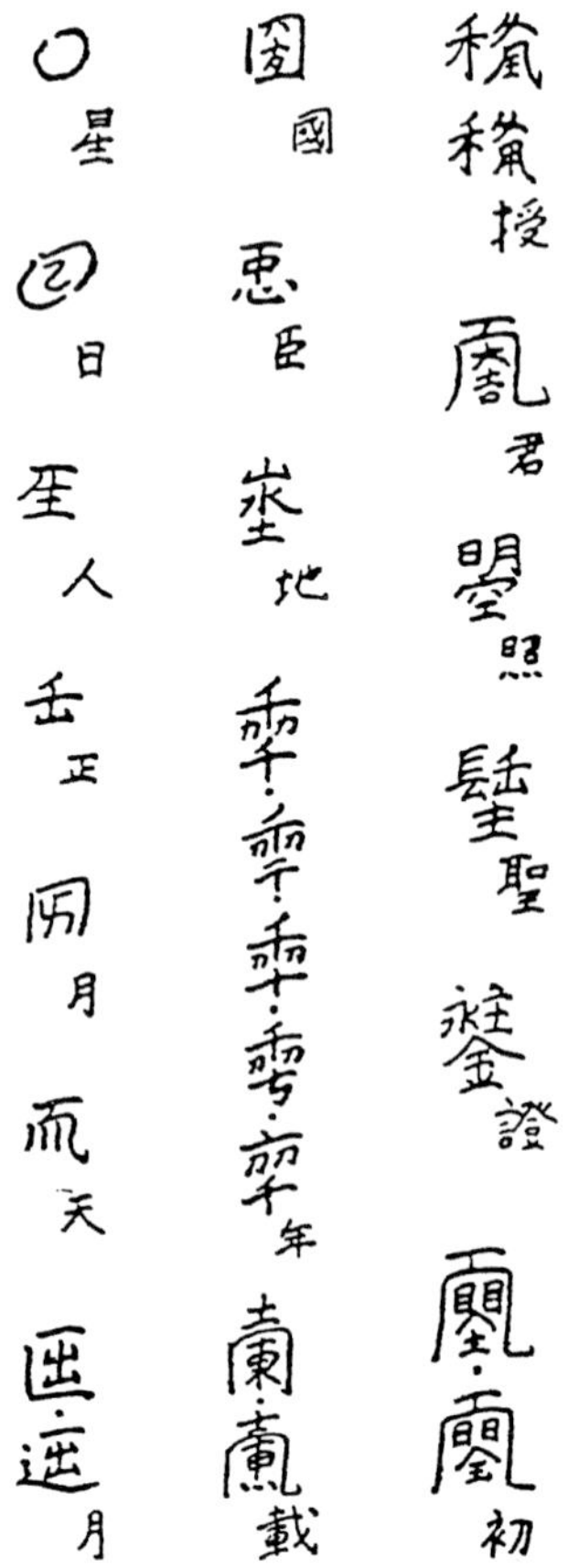

則天文字（太田晶二郎「異体字一隅」『郷土研究講座』7、角川書店、1957年）

則天文字の広がり

こうした特殊な文字が日本の古代社会にどのように広まっていったのであろうか。それを探る格好な素材は、膨大な出土量を誇る墨書土器である。栃木市下野国府跡には「𠙺」と書かれた墨書土器がある。「千山」ではなく、「正」の則天文字とみることができる。これとまったく同じ字形のものが、千葉県の南、九十九里沿岸に近い東金市作畑遺跡からも出土している。国府のような役所ではなく、東国の一般集落遺跡からの則天文字の出土であることに注目したい。

山梨県内の古代遺跡から出土した墨書土器のなかにも、則天文字と判断できるものがいくつか確認されている。下野国府跡・作畑遺跡と同じ則天文字「𠙺」が北杜市豆生田第3遺跡でも出土している。また北杜市柳坪遺跡から墨書土器が六〇点ほど出土しているが、なかでも目を引いたのは、底部に「𤯔」と墨書された土器である。二字ならば〝一生〟であろうが、一文字と判断できる。これが「人」という則天文字である。一生という語意から考案されたのであろう。これと同様のものが、島根県松江市出雲国庁跡・宮城県多賀城市市川橋遺跡から出土した「埊」で、山・水・土を合成し、「地」を表す則天文字である。

唐から伝えられた先の『王勃詩序』などの書物のほかにも、

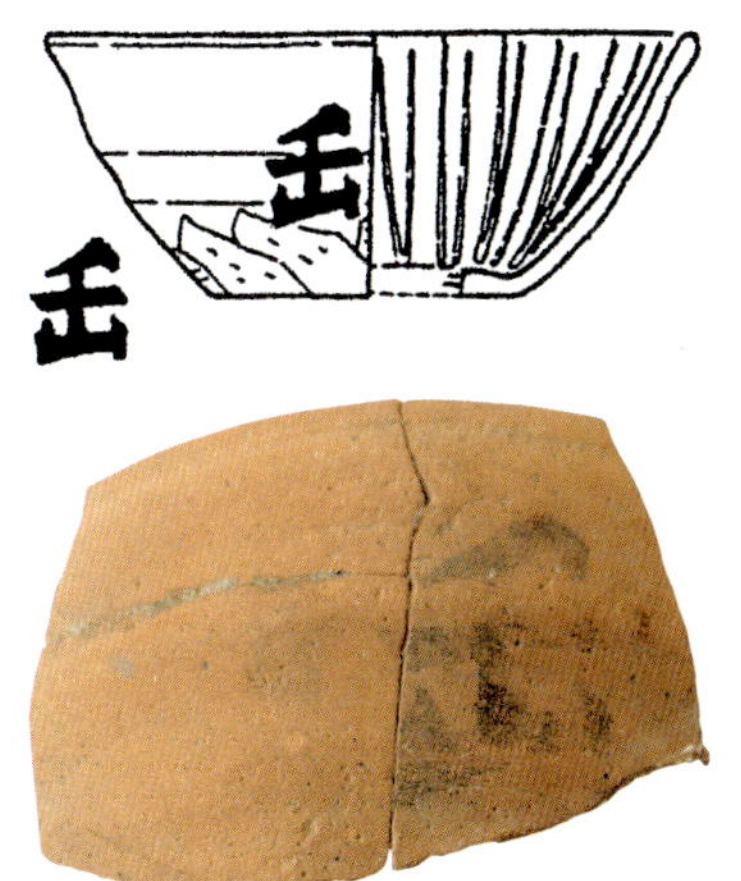

「正」の則天文字「𠙺」が記された墨書土器（山梨県北杜市豆生田第3遺跡出土、北杜市教育委員会蔵）

経典には数多くの則天文字が使用されている。その経典を底本（手本）として書写をくり返すなかで、則天文字は地方にまで広まったのであろう。八世紀初めにわが国にもたらされた則天文字は、甲斐国内各地にまでも伝えられているのである。

わが国でこうした則天文字をなぜ土器に記したのか。しかも、都ではなく地方の役所や村で、土器にこうした特殊な文字を記すことにどのような意味があったのであろうか。おそらくは、古代地方社会では、漢字が熟知されていたとはいいがたく、漢字に一定の魔力または権威があったのではないか。そのような地方社会において特異な字形の則天文字は、より一層効果的であり、その文字を記すだけで一種の優越性の象徴であったともいえるであろう。

「人」の則天文字「𤯔」が記された墨書土器（金沢市三小牛ハバ遺跡出土、金沢市教育委員会蔵）

「地」の則天文字「埊」が記された墨書土器（島根県松江市出雲国庁跡出土、島根県古代文化センター提供）

第一部 文字を書く

ヤマト王権と「海の道」

人面土器の受容と道教的世界の広がり

東国とヤマト王権を結ぶ海上交通路

ヤマトタケルノミコトの東征の道は、『古事記』と『日本書紀』で若干異なる。

○ヤマトタケルの東征ルート

『古事記』

相模→上総→蝦夷の地→相模・足柄坂→甲斐・酒折宮→信濃・科野坂→尾張

『日本書紀』

駿河→相模→上総→陸奥→日高見→常陸→甲斐・酒折宮→武蔵→上野・碓日坂→信濃→尾張

（駿河→）相模→上総を経て海路を北上するルート

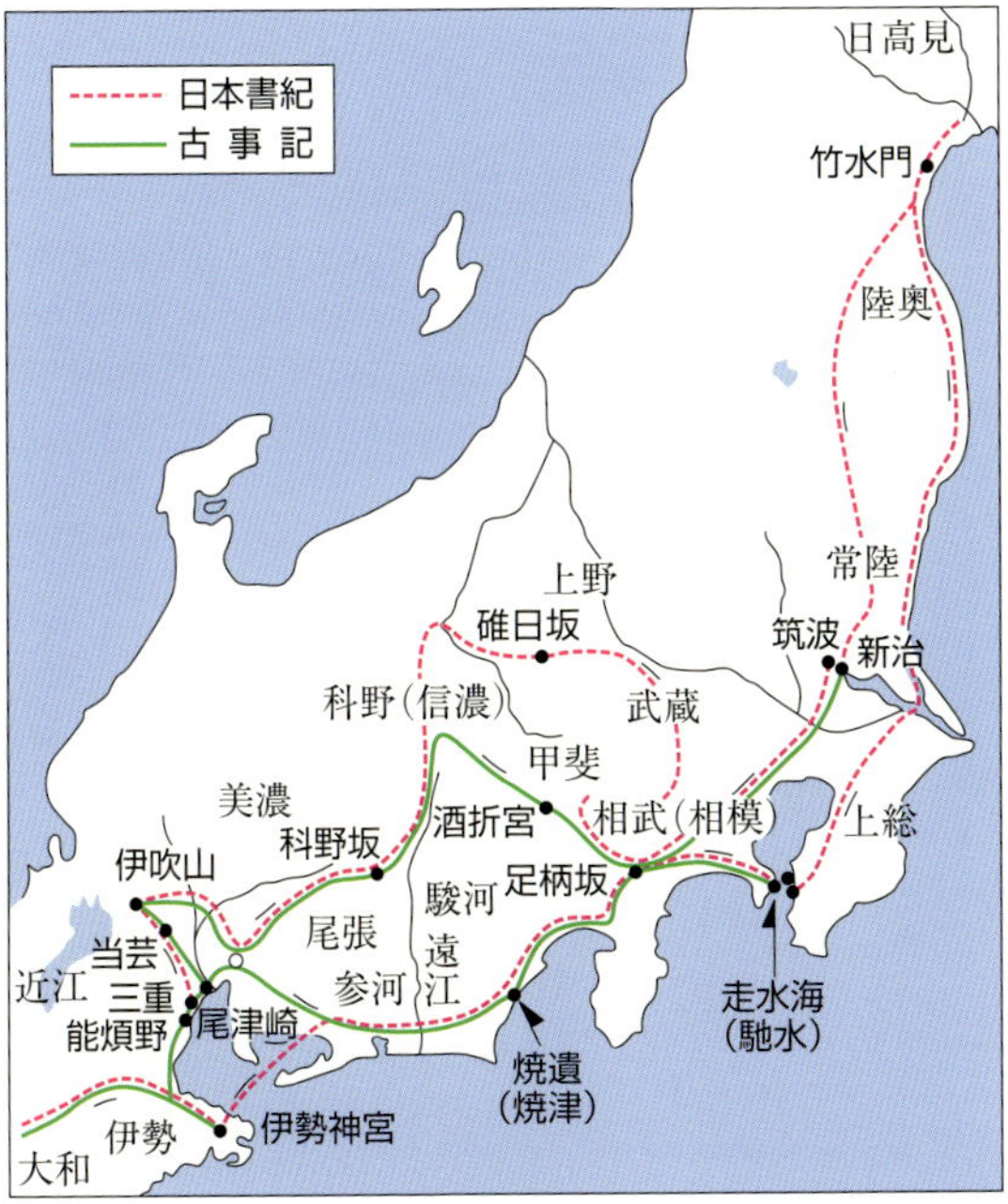

ヤマトタケルノミコト東征経路

が両書共通する点が重要である。このルート上の地域は東海道とよばれ、現在の伊勢湾沿岸から中部・関東地方の太平洋岸に沿う伊賀国から常陸国までが所属する行政区画であり、甲斐国も東海道の一国である。また、これらの諸国を結ぶ交通路も東海道と称し、「海の道」ともよばれた。東海道の海路は、二ヵ所想定されている。その一つは、伊勢湾を渡り三河（参河）へ至るコース、もう一つは、相模から上総へ渡る所である。

一九九九年に、三浦半島の付け根、神奈川県逗子市と葉山町境の丘陵上で大規模な前方後円墳二基が発見され、「長柄・桜山古墳」と名付けられた。一号墳（四世紀後半）は約九〇メートル、二号墳（四世紀中頃）は約八八メートルで、ともに大型の前方後円墳であり、東日本型の壺形埴輪と西日本型の円筒埴輪・朝顔形埴輪が一緒に置かれていた。

こうした埴輪のあり方は、静岡県磐田市松林山古墳（全長一一〇メートル）、そして山梨県甲府市銚子塚古墳（全長一六九メートル）など、東日本各地の初期の大型前方後円墳によく見られる現象であり、ヤマトの勢力との堅固な関係が成立していたことを物語っている。

ヤマトタケルの東征ルートは、この三浦半島を経て走水（馳水）を渡り上総に至る。この走水を渡る際、よく知られている、弟橘比売命が海に身を投じた話が『古事記』『日本書紀』に記されている。

〔古事記の訳文〕

走水海を渡ったときに、その海峡の神が波を起し、船をぐるぐる廻らせるので、渡ることができなかった。その時、その后、名は弟橘比売命が申して、「私が、御子の代りとなって、海の中に入りましょう。御子は、遣わされた任務を果して、復命申してください」と言った。后が海に入ろうとするとき、菅の敷物や皮の敷物・絹の敷物を何枚も波の上に敷いて、その上に下りていらっしゃった。すると、その荒波は自然と静かになって、御船は先に進むことができた。

弟橘比売命が海峡の神への人身御供（いけにえ）となってヤマトタケルの航路を確保したという話である。走水は、従来の神奈川県横須賀市走水の比定地より北の東京湾の三浦半島と房総半島の最も至近距離の海上と考えられる。現在でも、富津岬が突き出た付近は潮の流れが速く、複雑にうねる難所である。

房総半島の東京湾岸には、千葉県富津市の五世紀中ごろの大型前方後円墳である内裏塚古墳（全長一四四メートル）、市原市の姉崎天神山古墳（同一二〇メートル）、規模も大きく、また副葬品の質、量ともに関東随一である木更津市金鈴塚古墳など、すぐれた副葬品をもつ有力な古墳が多数造営されている。

また、一九八七年に発見された市原市稲荷台一号墳（直径約二七メートルの中程度の円墳）出土の五世紀後半の「王賜」銘鉄剣は、中国などからもたらされたものを除くと、日本列島内で記されたものとしては最古の銘文である。それは、ヤマト王権から房

〔銘文〕（表面）王賜□□敬□（安カ）
（裏面）此廷□□□□

日本最古の銘文が記された「王賜」銘鉄剣（千葉県市原市稲荷台古墳出土、市原市埋蔵文化財調査センター蔵）　王から鉄剣を授けられたことを表す。

総地域の中小豪族に下賜された鉄剣であり、海上交通路がこの地域とヤマト王権を結んでいたことの表れであろう。

人面土器が穢れや病を祓う

平城京や長岡京などの都城をはじめ、東国の遺跡では墨書された人面土器が数多く出土している。都城では「大祓」神事が六月と十二月に、親王以下在京の百官を朱雀門前の広場に集めて、万人の罪や穢れを祓うために行われた。人面を描いた甕型土器は、その中に息を吹き込むことで自らの穢れや病気を封じ込め、甕ごと川に流す行事に用いられたと考えられている。

なぜ土器に人面を墨書したのか。人面と称しているが、実は祈願する神仏の顔を描いている。古来、西域（中国の西方諸国）との交通の要衝とされた中国、甘粛省の敦煌発見の符籙を記した書物に日本の墨書人面土器と類似の人面が描かれている。符籙とは、中国の道教修行者が身につけていた秘密の文書のことで、呪文を記して守り札

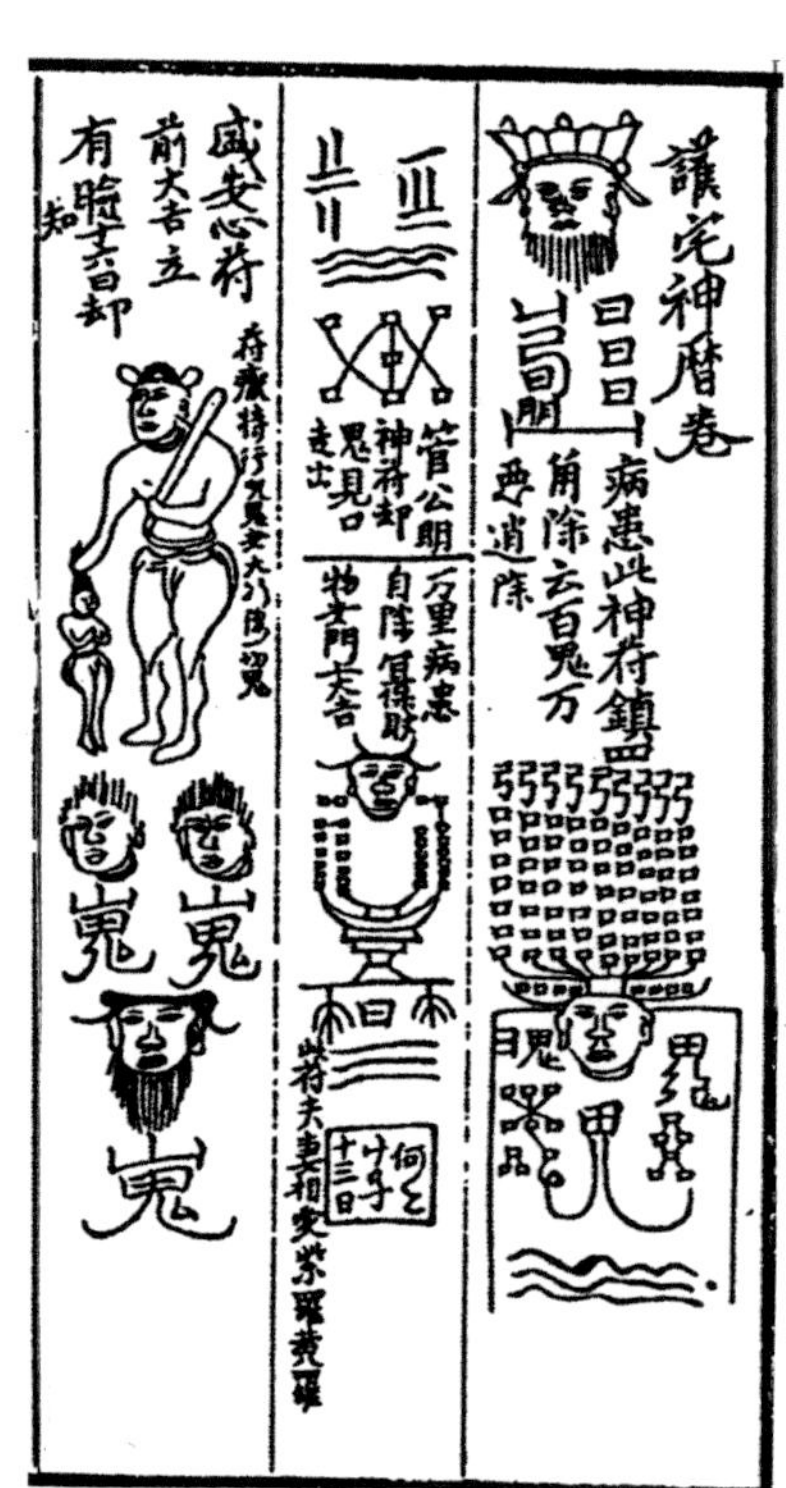

墨書人面土器の源流とされる道教の符籙の例（中国・敦煌発見「護宅神暦巻」）

としていた。符籙を身につけていると、邪を祓い、病を治すのに効能があるとされている。

中国からもたらされた道教的信仰は、もとは漢民族の伝統宗教であったが、のちに道教の泰山府君（山東省・泰山の山神）と仏教の閻魔王とが習合し、人間の寿命と福禄を支配する神として、民衆に定着したのであろう。人びとは招福、除災そして現世利益におけるもう一面として〝延命〟も強く願った。

東国の墨書人面土器の分布をみると、伊豆半島の付け根にあたる静岡県三島市箱根田遺跡で多数出土している。三島市は古代、伊豆国府が置かれた地である。箱根田遺跡は三島市南域の低地にあり、河川跡から八～一〇世紀初めごろの、土師器の甕・鉢・坏などの異なる器種に描かれた人面土器が一二点出土している。東国社会においても、国府の正式行事のほかに、地方豪族などが人面土器祭祀を受容し、甕型土器だけでなく、鉢型や坏型土器にも人面を墨書するようになったのであろう。

人面土器は、伊豆半島の箱根田遺跡、相模湾に通ずる相模川沿いの南鍛冶山遺跡などを経由して、房総半島に至る。上総から下総に入ると、古代には、霞ヶ浦・北浦から印旛沼・手賀沼にまで通ずるひと続きの大きな内海があり、下総国香取地方から西に

墨書人面土器
（静岡県三島市箱根田遺跡出土、三島市教育委員会蔵）

かけては「香取の海」とよばれていた。下総国香取神宮（千葉県佐原市）は、常陸国鹿島神宮（茨城県鹿嶋市）とともに、朝廷によって東国を鎮める神（天神―ヤマト朝廷系の高天原の神）として〝香取の海〟一体に勢力を誇った。印波（印旛）地方の豪族「丈部直」が中国からもたらされた道教色の強い人面土器を用いた異様な祭祀を積極的に受容し、特異な祭祀により、天神である香取神宮とその勢力に対する一つの対抗の姿として、ことさらに「国神」「国玉神」（土着の神・地方の神）に祈ったのかもしれない。

人面土器は〝香取の海〟から海路を北上し、陸奥国磐城地方（福島県いわき市）から最終地の陸奥国府が置かれた多賀城の城下から多量に出土している。まさに『日本書紀』ヤマトタケル東征伝承の往路の終着点と合致する。墨書人面土器は、先にふれたように、自らの穢れや病気を甕に封じ込め、川に流すのである。すなわち、六月と十二月の「大祓」神事において、『延喜式』によると、〝罪を祓う〟ということは、穢れが高山・短山（低い山）の麓から川を勢いよく流れ落ち（速川）そして大海原に運ばれ、最後に地の底にある根の国・底の国の神が持っていって

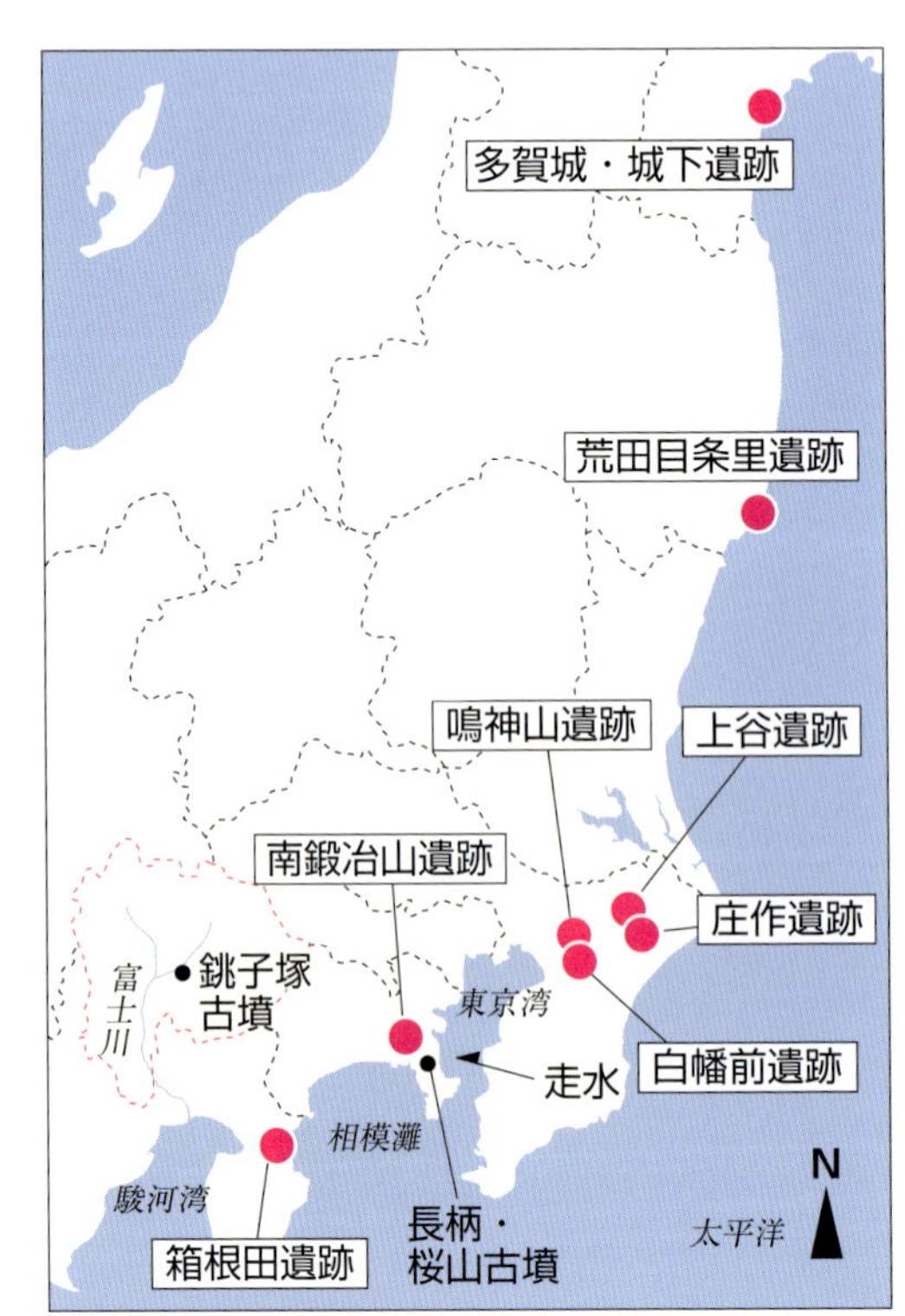

墨書人面土器伝播ルート

失われる構造であるという。この構造こそ、墨書人面土器が東海道から陸奥国の太平洋沿岸、すなわち〝海の道〟に分布が偏在するゆえんであろう。日本海側も同様の分布である。

甲斐国においては、四世紀後半に築造された東国最大の銚子塚古墳が、内陸とはいえ、富士川という大河を遡上（そじょう）する〝海の文化〟の表徴であり、東海道〝海の道〟の一地域としての存在を物語る。山梨県内においても、急流富士川（〝速川〟）から大海原に穢れを流す行為、墨書人面土器の発見も期待できる。

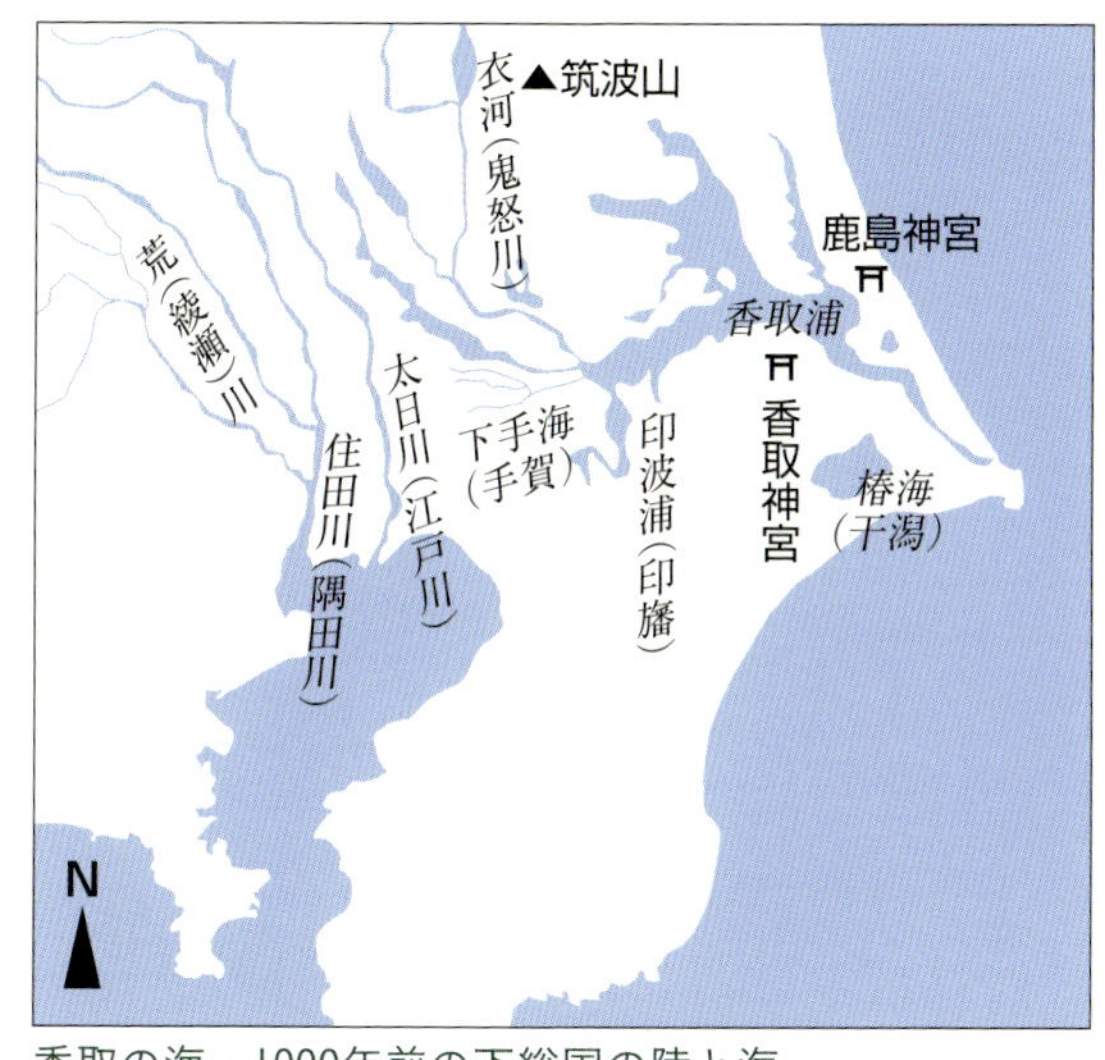

香取の海―1000年前の下総国の陸と海―

墨書人面土器
（宮城県多賀城市市川橋遺跡出土、東北学院大学博物館蔵）

第一部
文字を書く

筆・硯・墨の素材と製法
文房四宝1

文字を書くためには、筆・硯・墨・紙が必要である。文字を書き始めた中国では、この四つの筆記具を「文房四宝」とよぶ。

文房四宝その1　筆

「筆」を「ふで」とよむのは、「文（ふみ）」＋「手（て）」による。また筆の異体字は「笔」と書くように、筆は竹の軸と動物の毛を束ねた穂先からなる。

正倉院伝来の筆「天平宝物筆」（正倉院宝物）
筆の管長56.6㌢。752年の東大寺大仏開眼会に用いられた。

奈良・正倉院宝庫には古代の筆一八本が現存している。地下では穂先の毛が腐食するので遺存しない。ただし刷毛の場合の、漆塗りに使用したものに限り、付着した漆の力によって毛の部分も腐らずに遺る。

筆は兎・狸・鹿などの毛を使用し、写経事業の際には用途により使い分けている。兎毛筆は経典の書写用、書写した経典の題名を表紙に書く場合は狸毛筆、鹿毛筆は写経の料紙に界線（文字の行間などに引く罫線のこと）を引くのに用いられた。

その筆の作り方は、麻紙（麻皮で作った紙）と毛を交互に重ねて巻いた巻筆で、穂先を円錘形にまとめ、これを竹軸に挿し込んだもので、その形が雀の頭に似ているところから雀頭筆とよばれる。毛だけを束ねた現代の筆とは大分異なる。

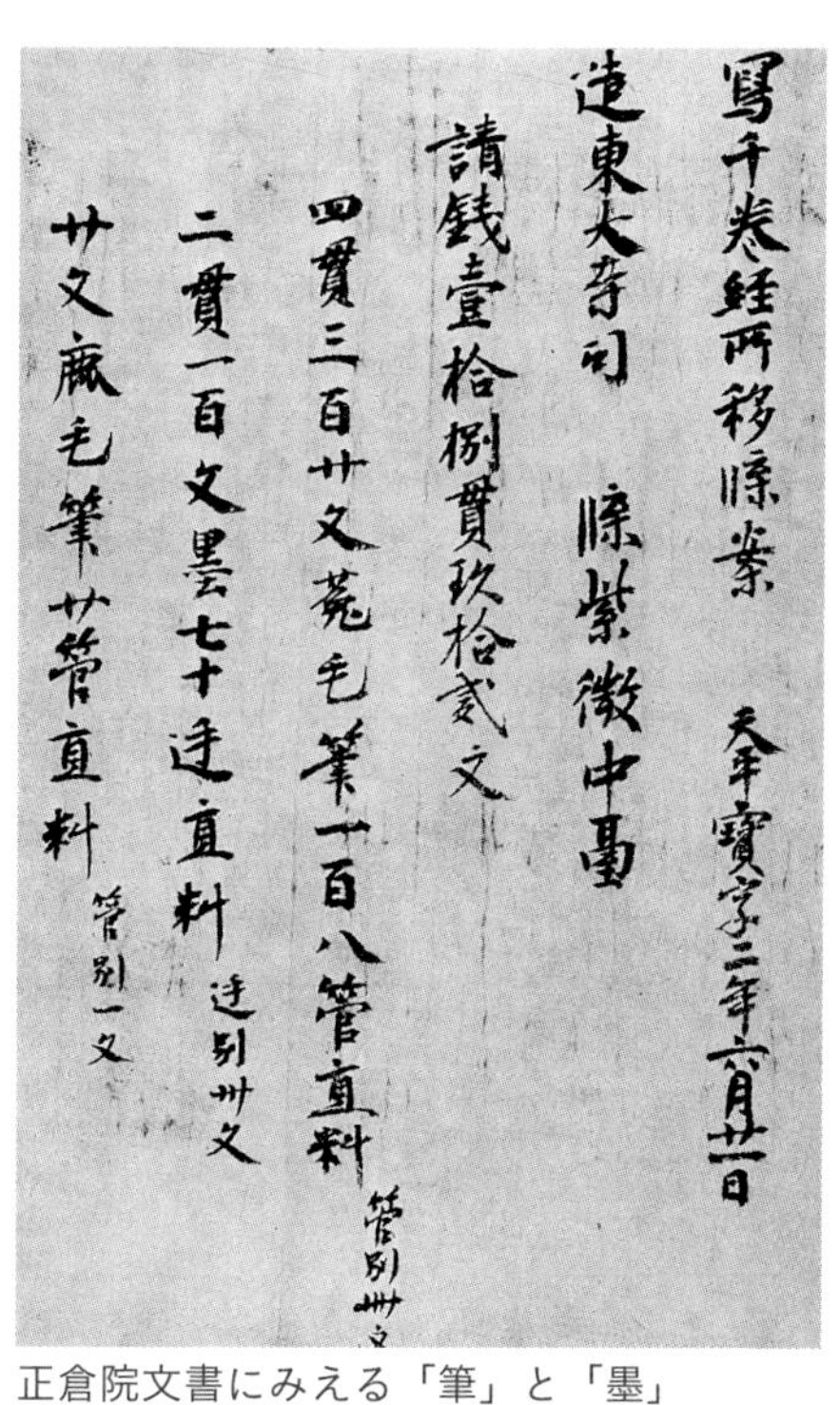
冩千巻経所移牒案　天平寳字二年六月廿日
造東大寺司　牒紫微中臺
請銭壹拾捌貫玖拾貳文
四貫三百廿文菟毛筆一百八管直料　管別卌文
二貫一百文墨七十廷直料　廷別卅文
廿文鹿毛筆廿管直料　管別一文

正倉院文書にみえる「筆」と「墨」
「菟（兎）毛筆一百八管」「墨七十廷（挺）」「鹿毛筆廾管」などと書かれている。

文房四宝その2　硯

古代中国の『書譜』という書物では、「硯は石を第一、瓦を第二」とされている。しかし古代日本においては、石を用いず、瓦・須恵器と同じ窯で、粘土で硯を成形し焼いたものである。

文房具の中で、地下に最も多く遺存するのは、焼物の硯である。平城宮跡などの都城をはじめ、全国各地の遺跡から出土している。その硯の種類としては、硯の平面が円形の円面硯や「風」の字形に似ている風字硯、鳥・亀・羊などをかたどった形象硯などがある。

正倉院には、「青斑石硯」一枚だけが伝来している。須恵器製の風字硯を中央に置き、周囲を正六角形の青斑石（蛇紋岩）で囲い、紫檀・象牙・鹿角などで象眼した木画で飾った台に据え付けられている。いかにも貴人用とおもえる豪華な品である。

しかし、硯として最も多く使われたのは、転用硯とよばれ、食器用につくった須恵器の坏や甕などを硯として使用したもので、特に坏の蓋が多く、食器として不用となったものを再利用したのである。須恵器の坏の上に蓋を逆に置き、その上で墨をすり、坏の身のほうは水をいれて筆洗いしたり、水の補充に使ったりし

さまざまな硯（東北歴史博物館提供）
手前2点が風字硯で、他は円面硯

たのであろう。

円面硯の原形は、中国大陸や朝鮮半島にあり、寒冷な地や冬期には、円面硯の脚部内に炭火を置くことにより、墨汁の凍結を防ぐことができるということをかつて仄聞したことがあるが、文献で確認はできていない。

羊形の硯

形象硯の出土例は少ないが、羊形硯が全国で七例確認されている。そのなかでも平城宮跡のものがよく知られているが、ここに紹介するのは、国重要文化財指定の三重県多気郡明和町の斎宮跡から出土した硯である。

斎宮とは伊勢神宮の祭祀に際し、宮中から派遣された未婚の内親王のことである。斎宮跡はその斎宮の居館で、神宮の事務諸般を司った斎王宮がおかれたところである。正確な所在地は長い間不明であったが、一九七三年以降の発掘調査により、場所とその範囲が一六〇ヘクタールにもおよぶことが明らかとなった。

参考までに、羊は当時、日本列島では飼育されていなかったが、『日本書紀』推古天皇七年（五九九）九月条によると、朝鮮半島の百済から「駱駝一頭」、「驢（ロバ）一頭」などとともに、「羊二頭」が送られてきている。古代社会では、大陸からの珍獣は、外来文化の象徴とし

羊形硯（三重県明和町・斎宮跡出土、斎宮歴史博物館蔵）

て受けとめられ、工芸品などのモチーフにさかんに使われたのである。

また、古代の「すずり」は、奈良時代（八世紀）においては「硯」ではなく、「研」という文字で表記している。「研」は、みがく・する（磨る）の意味、研墨すなわち〝墨をする〟。研の音は硯（ケン）に通ずる。ちなみに「研究」とは、よくみがき（調べ）本質を見きわめることである。なお、一〇世紀前半に編纂された漢和辞書『和名類聚抄』には、「文書具」として、筆・墨・紙とともに「硯」とあり、和訓（日本よみ）「須美須利」とよんでいる。

山梨県で出土した硯

山梨県内の遺跡からも、硯が数多く出土している。大半は転用硯であるが、円面硯数点が注目される。

一点は、現段階で瓦窯として県内最大規模を誇る甲斐市（旧中巨摩郡敷島町）の天狗沢瓦窯跡から発見された円面硯である。磨り面径一七・八センチ、脚部下半は欠損しているが、外面に筆立て用の六角柱状のもの

「多研」と記された円面硯
（東京都府中市宮町1丁目731次調査出土、府中市教育委員会提供）
武蔵国府の置かれた多磨郡の郡役所の備品で、「多（磨）研」＝多磨硯

が貼付されている全国的にも類例の少ない貴重な資料である。古代の巨麻（こま）郡の中核的な役所跡とされる韮崎市藤井町の宮ノ前遺跡からは円面硯三点が出土しているが、ともに断片で二点は磨り面径一〇・〇センチと一〇・八センチと確認できる。

さらに注目される硯は、笛吹市一宮町の北堀遺跡出土の平安時代の風字硯である。磨り面径九・〇センチ、器高二・七センチ。磨り面の中央は、摩滅しており、使用の痕跡がはっきり残る土師（はじ）製の硯である。ほかにも、笛吹市石和（いさわ）町松本のJR石和温泉駅南側のショッピングセンター建設にともない、調査された松本塚ノ越（まつもとつかのこし）遺跡から転用硯が出土している。須恵器四（し）耳壺（じこ）の胴部破片を使用した転用硯でほぼ円形に近い。

現代の山梨県伝統工芸品として高い評価を得ているのが雨畑硯（あまはたすずり）である。その起源は諸説あるが、江戸時

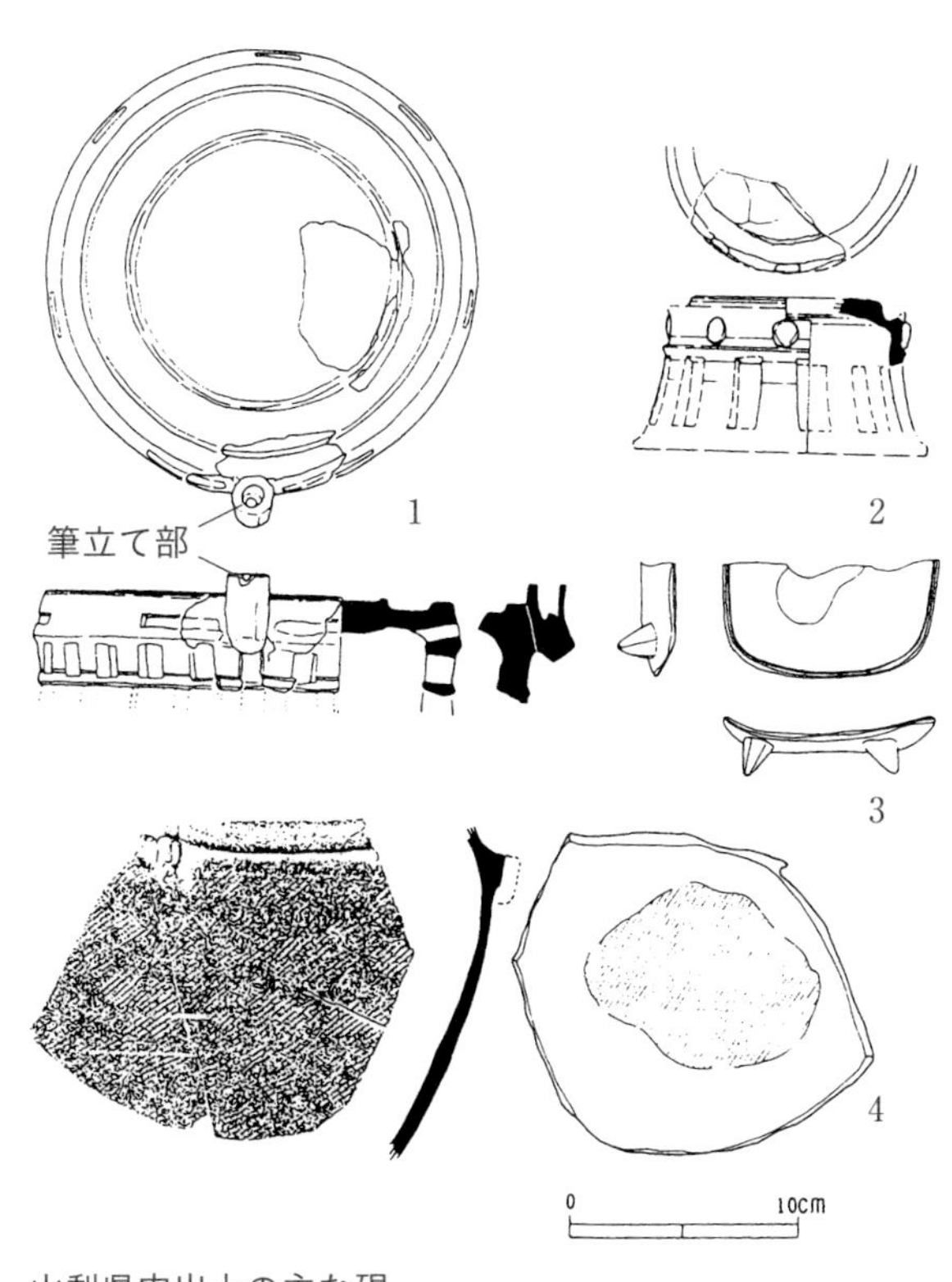

山梨県内出土の主な硯
1 円面硯―筆立て付き（甲斐市天狗沢瓦窯跡）
2 円面硯（韮崎市宮ノ前遺跡）
3 風字硯（笛吹市北堀遺跡）
4 転用硯（笛吹市松本塚ノ越遺跡）
（高野玄明「県内遺跡出土の硯について」『山梨県考古学資料集Ⅰ』1998年より）

代、元禄三年（一六九〇）に雨宮孫右衛門が身延山へ参拝した際に、富士川支流の早川河原で黒色の石を発見し、これを硯にしたことが始まりとされ、のちに、天明四年（一七八四）に徳川第一〇代将軍家治へ献上したことからその名が広く知られるようになったという。現在、雨畑硯は石発見の故地・南巨摩郡早川町雨畑地区と富士川町（旧鰍沢町域）で同じ岩石・製法で作られている。なお、雨畑硯は松本清張の長編推理小説『考える葉』に登場し、知名度がアップした。

文房四宝その3　墨

墨の起源も中国で、漢代（紀元前二〇六～後二二〇年）には丸薬のような形をした小粒の墨が使用されていたが、晋代（三世紀）になると硯に、〝陸〟（墨を磨る面）とその周囲のくぼみに墨汁をたくわえる〝海〟ができ、墨は長方形の大型なものとなり、直接硯で磨るようになった。

唐代（六一八～九〇七年）には松の煤煙（煤と煙）からとる製法が発達し、次の宋代（九六〇～一二七九年）には油煙墨が作られるようになった。油煙は桐の油の煤が上質とされ、墨の光沢は油煙のほうがすぐれているが、墨色は松煙墨に繊細な変化を求めることができるとされている。古代から

胞衣壺と唐墨、銭、筆（8世紀、奈良県平城京跡出土、奈良文化財研究所提供）

現在まで奈良が全国の中心生産地である。

製法は風のないところで、煤を集めて、膠を加えて練り上げる。膠は獣・魚類の骨・皮・腱（骨格筋を骨に結びつける組織）などを水で煮た液を乾かし固めた物質で、ゼラチンを主成分として、物を接着するのに用いられる。したがって膠で練り上げた墨は、地下で動物質の膠がしだいに劣化し、もとの炭素粒に分解するために特殊な条件下を除いて一般的には遺存しない。

古代社会において、新しい生命の誕生時、子供を出産したときの胞衣（胎児を包んだ膜と胎盤）を壺や蓋付きの盤などに入れて埋める。その壺などの容器には、地主の神（その土地の神）への土地代金としての銭や、子供が役人として立身出世することを願って筆や墨を入れる。その墨が壺の中で良好な状態であったため、奇跡的に遺存した例がある。なお、この胞衣壺は人に踏まれるほど子供がよく育つとして、人の往来がある道路の下や戸口などに埋納されていることが多い。

唐墨

その一例が、福岡県京都郡徳永川ノ上遺跡出土の胞衣壺である。皿で蓋

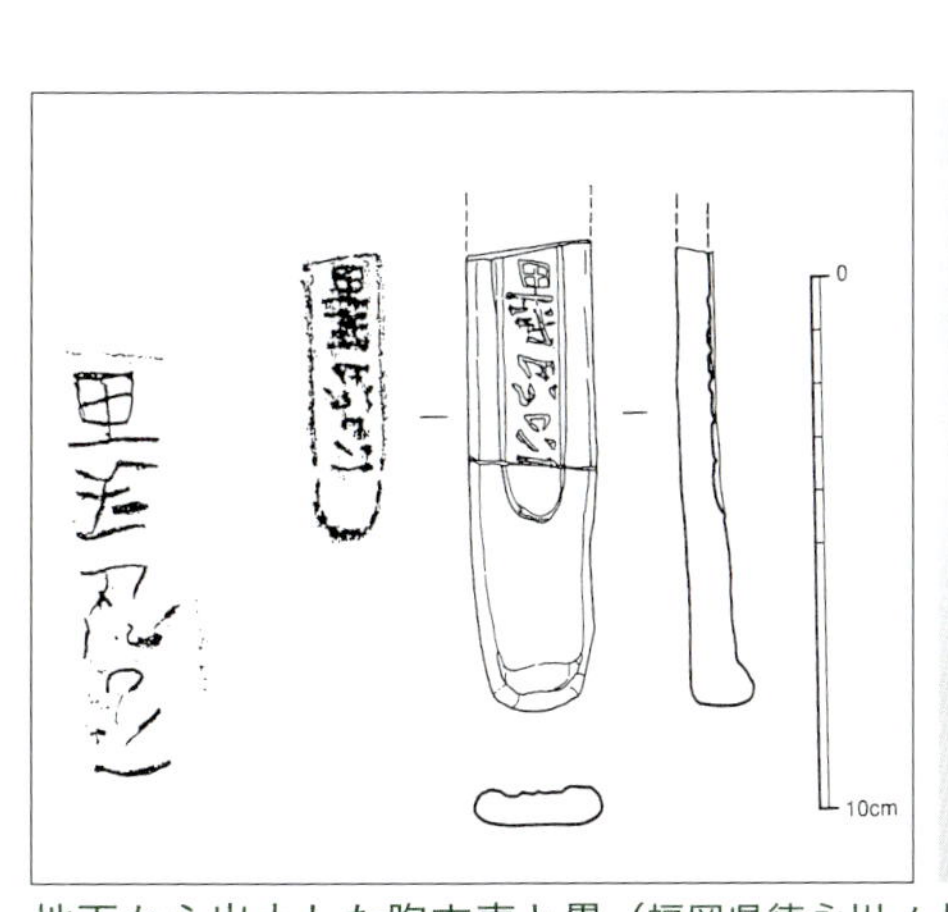

地下から出土した胞衣壺と墨（福岡県徳永川ノ上遺跡出土、福岡県教育庁蔵）

をした土師器の壺に墨が遺存していた。墨は唐墨（からすみ）とよばれる船形の墨で、一部が欠失している。現存部分は最大長八・八㌢、最大幅二・五㌢、最大厚〇・八㌢。八世紀後半に埋納されたと推定されている。型に文字も記され、「墨忍足（おしたり）」と読める。「忍足」は人名であろう。このほか、平城京跡および岩手県紫波（しわ）町上平沢新田遺跡でも墨が出土している。

奈良・正倉院宝庫にも、墨が伝来している。天平勝宝四年（七五二）の東大寺大仏開眼会（かいげんえ）に用いられた「天平宝物墨」のほか、一四挺（「てい」、「ちょう」とも読み、銃・ろうそくなども数えることば）の墨が伝来し、このうち、唐・新羅（しらぎ）製の外来品が三挺ある。二挺ともに型作りで棒状のものを圧縮して丸木船に似た形につくっている。その一つの表には「新羅楊家上墨」、もう一つには「新羅武家上墨」の銘を型押しで印している。銘にある「楊家」「武家」は墨工の家名かとされている。また「上墨」とは上質の墨の意味である。これらの舶来品の墨を「唐墨」と称した。長崎県の名産品であるボラの卵巣を塩漬けにし、圧搾

右：長さ一六・〇×幅三・三㌢　左：長さ一五・四×幅二・八㌢

正倉院伝来の墨「唐墨」2挺（複製、奈良国立博物館蔵）
明治時代に奈良の墨作りの老舗「古梅園」の手によって正倉院伝世の新羅墨をもとに模された。

乾燥したものを「カラスミ」とよぶようになったのも、この唐墨に形が似ていることから名付けられたのである。

和紙の種類と製法

文房四宝2

一〇〇〇年以上も保存される紙

二〇一四年十一月、「和紙・日本の手漉(てすき)和紙技術」が国連教育科学文化機関（ユネスコ）無形文化遺産に登録された。無形文化遺産としての和紙は、原料にコウゾ（楮）のみを用い、伝統的な製法である手漉和紙の製作技術によるものとされている。今回登録されたのは、「石州半紙(せきしゅうばんし)」（島根県浜田市）、「本美濃紙(ほんみのし)」（岐阜県美濃市）、「細川紙(ほそかわし)」（埼玉県小川町・東秩父村）の三つである。

約一三〇〇年前、美濃国（当時は「御野国」と表記）から大和の中央政府に提出した「本美濃紙」で作られた大宝二年（七〇二）の戸籍が、現在も奈良・正倉院宝庫にみごとに遺(のこ)っている。多湿な日本の気候のなかで、紙がこのように長年の間保存されているのは「世界の驚異」とされている。

正倉院には多数の宝物とともに、表裏あわせて一万数千通にも達する「正倉院文書(しょうそういんもんじょ)」とよばれる文書群があり、古代史研究上、欠くことのできない重要な史料となっている。正倉院文書は勅封(ちょくふう)（天皇の命令によって封印）の正倉院宝庫に大切に保管されてきたので、ほとんど虫喰(むしく)いもなく、保存状態はきわめてよい。その大部分を占めるのは、東大寺写経所という役所で作製された文書であるが、それらのなかには、中央官庁で廃棄された行政文書の紙背（紙のうら）を利用しているものが数多く含まれている。その諸官庁の廃棄文書は、大宝二年の美濃国の戸籍をはじめ、奈良時代に諸国から上申された書類、官庁間の往復文書などである。

一九六〇年、和紙研究者の寿岳文章氏・町田誠之氏らによる正倉院文書の紙の調査が行われ、その結果、最古の美濃・筑前（福岡県）・豊前（福岡県・大分県の一部）の戸籍のなかでは、美濃国の紙が、原料の処理・紙打ち・漉き方などにおいてきわめて優秀であり、製紙技術の水準が他の国にくらべて高いとされた。また原料はいずれもコウゾである。コウゾはクワ科に属し、コウゾで作ったものは楮紙、穀紙、梶紙ともいわれる。同じクワ科のアサ（麻）の皮で作った紙が麻紙である。

輝きを放つ和紙

国立歴史民俗博物館が正倉院文書約八〇〇巻の完全複製事業を創設（一九八一年）以来実施し、三〇年間で現在、約三五〇巻が完成している。この事業に私も携わり、幸いにも数多くの正倉院文書を実見することができた。なかでも美濃国戸籍の紙の輝きは今でも強く印象に残っている。その光沢は楮紙でありながら、斐紙のような輝きである。

「斐紙」といわれる紙は、ガンピ（雁皮）が主なもので、ジンチョウゲ科として分類され、このなかには今も日本紙幣に使用されているミツマタ（三椏）も含まれる。ジンチョウゲ科の植物は共通して粘質物の多い繊維を含んでいる。斐の繊維は紙打ちしやすく、精製してもなお粘性に富み、水に分散しやすく、均一な美しい紙が漉かれる。

楮紙や麻紙の輝きは、二つの文書の顕微鏡観察の繊維写真で知ることができる。その一つの、「四分律蔵」(天平十二年(七四〇))は光明皇后が父母のために発願した一切経のうちの一点であり、黄蘗で染めた黄麻紙を用いて書写している。もう一つの「備前国津高郡収税解」は宝亀七年(七七六)に作成された役所の文書である。紙の材料はコウゾ。

両者の拡大写真を比較すると、「四分律蔵」は紙の表面が平滑であるが、「収税解」の表面は繊維の凹凸が顕著に認められる。漉いた紙をそのまま使用する役所の文書とは異なり、写経料紙を調整する時には「打」といわれる工程がある。打つことにより紙を平滑にし、筆のすべりをよくするとともに、墨のにじみを防ぐのである。文字の輪郭も「四分律蔵」はシャープであるが、「収税解」は墨がにじんでいる状態が見て取れる。楮紙や麻紙の表面を打つ

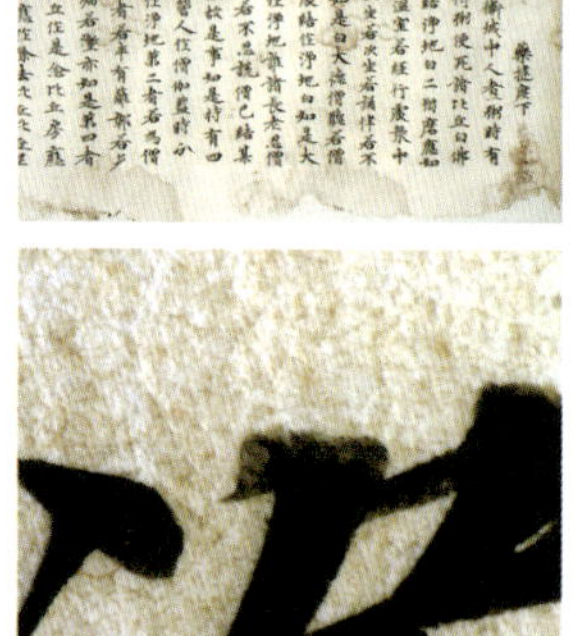

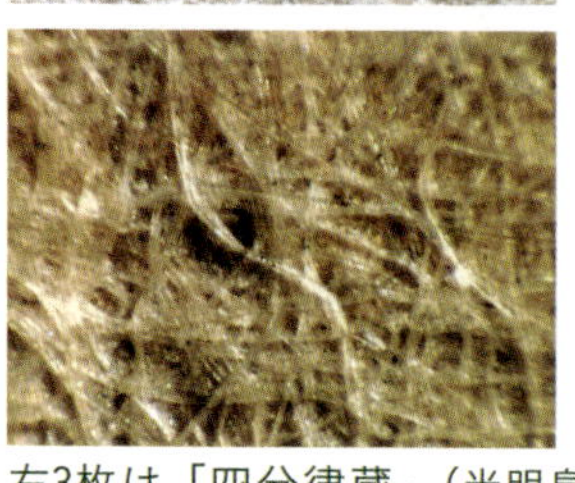

右3枚は「四分律蔵」(光明皇后一切経)、左3枚は「備前国津高郡収税解」(国立歴史民俗博物館蔵、『古代日本　文字のある風景』朝日新聞社、2002年より)
それぞれ下が紙の繊維を拡大したもので、中央が墨文字の拡大写真。四分律蔵の方が「打」の作業工程によって紙の表面が平滑で、墨がにじんでいないのがわかる。

ことにより、斐紙のような輝きを放つのである。

和紙の製造工程

和紙研究者の町田誠之氏の著書『和紙と日本人の二千年』（一九八三年）より和紙の製造工程を簡単に紹介しておきたい。

手漉きの和紙は千数百年ものあいだ、昔ながらのやり方で製造され続けている。原料となる植物は、コウゾ、ガンピ、ミツマタの三種である。コウゾとミツマタは初冬に枝を伐り採り、約一メートルの長さに揃えて束ね、火をたいて蒸す。柔らかくなった枝は、温かいうちに皮をはぎ取る。ガンピだけは生剥(なまはぎ)をするので初夏に採集する。これらのはぎ取った皮を黒皮(くろかわ)といい、紙の原料とする。

黒皮を水に浸して再び柔らかくし、石の上に置いて足で踏みつけると黒皮の黒い表皮が除かれる。残された内皮を白皮(しろかわ)という。白皮は主成分のセルロース（繊維素）のほかに多くの不純物を含んでいるので、これを精製するために鉄釜で木灰(きばい)から採った灰汁(あく)を加え煮て繊維をほぐす。灰汁抜きは、夏ならば半日、冬なら二昼夜ほど川に晒(さら)す。すっかりきれいになった繊維を、メロンくらいの大きさの塊として、湿ったまま板や平らな石の上に置き、木の棒で打ちこなす。これを紙打ちというが、こうすることによって繊維はほぐされ、細かく柔軟になり、紙に漉きやすい状態になる。

合四箇日
右為下飯万呂私伯父得二重病一
不レ便二立居一、依飯万呂正身退
見治上、件請暇如レ前、仍状具
注以解
天平宝字二年三月十五日

奈良時代の楮紙「新羅飯万呂請暇解」（正倉院宝庫外文書、国立歴史民俗博物館蔵、縦27.8×横17.8㌢）
新羅飯麻呂が758年（天平宝字2）3月15日に上司に提出した休暇願で、伯父の病が重くなり、看病のため4日間の休暇を申請している。ほぼ全面にわたって赤色顔料（丹）が付着していることから、この請暇願が不要となった後に丹の包み紙に再利用されたことがわかる。

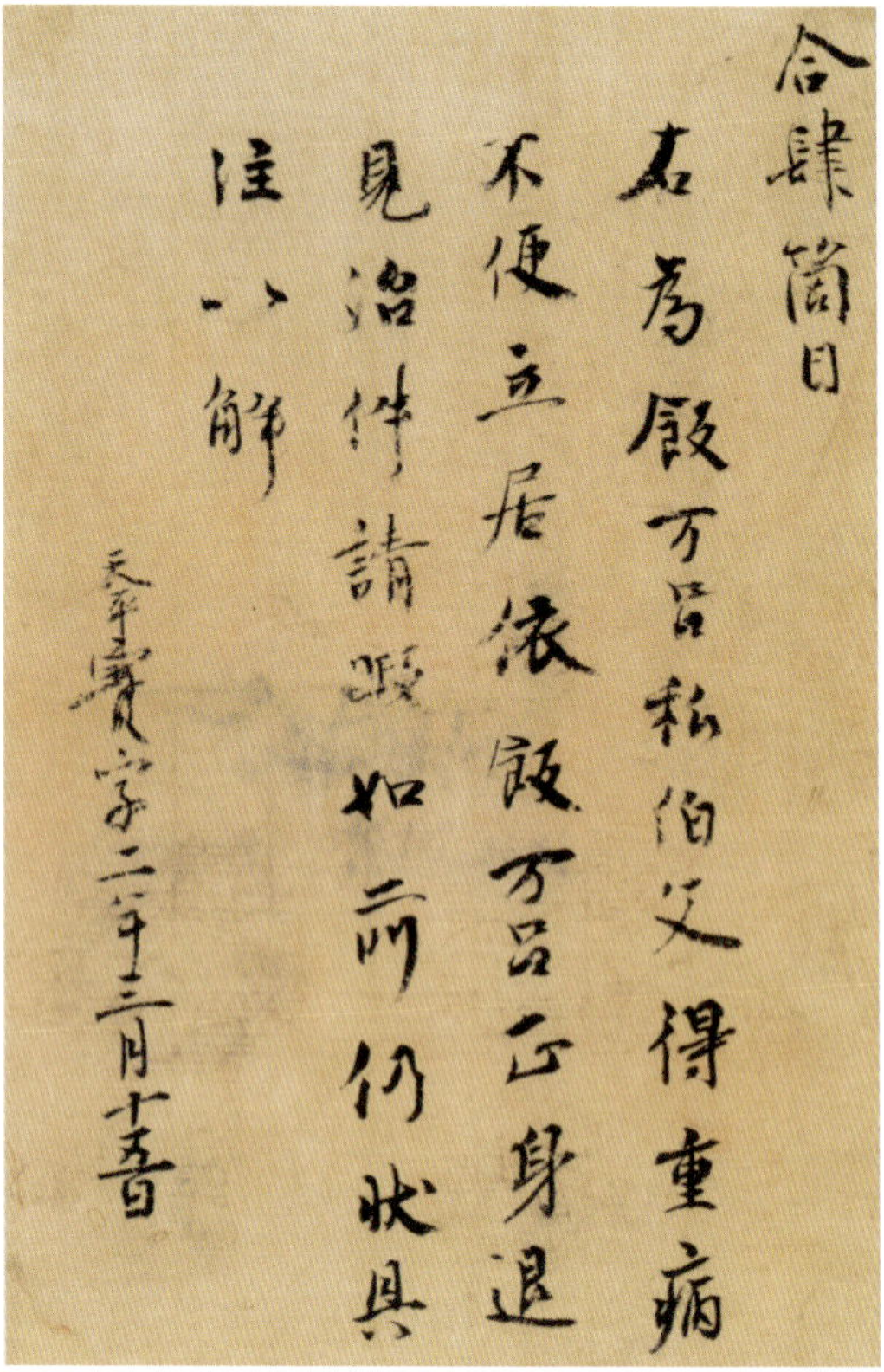

漉き方のちがい――溜漉きと流漉き

ここまでは溜漉き（ためずき）の場合も流漉き（ながしずき）の場合もほぼ同様であるが、溜漉きは、以上の処理を終えた繊維（「紙料（かみしろ）」という）を水中に分散させ、竹製の簀（す）ですくいあげた水だけを漉（こ）し、簀の上にできた繊維の薄い層を簀のまま乾かす。あるいは薄い布（紗（しゃ））の上に移して、その上に別の布を重ね、順次、布と紙とを交

互に重ねて上から重石を置き水を切り、一枚ずつ乾燥工程に移す。

流漉きの場合は、漉槽に水を満たし、「紙料」を入れ、馬鍬でかき混ぜ、ネリ（トロロアオイの根やノリウツギの内皮）を加えてさらによくかき混ぜる。つづいて、簀にはめた桁で乳状の液をくみ上げる。最初にすばやく簀一面に行き渡らせる。水を簀から濾し去ると、二回目のくみ上げはやや深くくみ上げて簀桁を前後に傾けてゆり動かす。このとき繊維が美しく流れて絡み合い紙層がつくられる。同様の調子の操作を数回繰り返すことによって、紙の厚さが決まる。何枚もの紙の載っている簀を桁からはずし、板の上に伏せて、簀だけを静かにはがす。その湿紙の上へ、さらに同様にして漉き上げた湿紙を重ねてゆき、上から板を載せて重石をかけ、一晩放置して脱水する。次にこれを逆に一枚ずつはぎ取って、木の板に貼り付け、日光で乾燥させる。溜漉きのように、湿紙と湿紙の間に薄い布を敷く必要はない。これはネリの作用で長い繊維が十分に絡み合っていることと、一晩の間にネリの粘度が急速に減退してしまうからである。

身延町西嶋の西嶋和紙の紙漉き作業（身延町なかとみ和紙の里提供）

さきの寿岳文章氏・町田誠之氏らの正倉院文書の調査では、大宝二年（七〇二）の戸籍はもとより、正倉院に遺るその後の戸籍・計帳（毎年の住民台帳）・正税帳（財政収支報告書）などはすべて溜漉きであったとされている。

一方、流漉きは実に合理的な手漉き法で、非常に長い（数センチにも及ぶ）繊維も巧みに均一に絡み合う。流漉きの和紙は八世紀末から九世紀初頭頃に登場し、現代までまったく同じやり方で漉き続けられて、今も世界で最も優れた紙として、このたび国連教育科学文化機関（ユネスコ）の無形文化遺産に登録されたのである。

清らかな湧き出る水と木々の恵みに囲まれた甲斐国においても、古代から和紙の生産が盛んに行われたことであろう。現在、山梨で和紙が盛んに作られているのは南巨摩郡身延町の西嶋である。西嶋和紙は戦国時代に西嶋の望月清兵衛が伊豆国でミツマタを原料とした「修善寺紙」の製法を学んで持ち帰ったことが始まりといわれている。現在の西嶋和紙の主原料はミツマタの故紙（一度紙として漉きあがったもの）に稲ワラなどを混ぜることにより、筆の当たりの柔らかさとにじみ具合が絶妙とされ、全国の書道家などに愛用されているという。

長さを測り、線を引く

物差しと定木

刀子と筆を持つ下級役人

古代中国では、役所のなかで記録を担当する下級役人のことを「刀筆の吏」とよんだ。古代の文房具で忘れてはならないのが小刀である。小刀は正倉院文書などに「刀子」と表記されるナイフである。竹簡や木簡に文字を書く場合、書き誤れば刀子で削り訂正する。再利用する時は文章全体を削り取り新しい面にする。これは便利なようであるが、木簡の本来の厚さは記録されていないことから、木簡の文書自体の信用度が低くなるという結果を生んだ。紙の場合も、正倉院文書や経典などの紙に書かれた文字も刀子などで削っているが、訂正箇所が薄くなるので透かして見ると明らかになる。いずれにしても、下級役人が「刀筆の吏」とよばれたのは木簡を削る刀子（中国では〝書刀〟という）と筆を持っていたからである。

物差しと定木（規）

物差しは物の長さを差しはかり、長さの単位の目盛りがつけてある道具である。奈良・正倉院には、紅牙撥鏤尺と緑牙撥鏤尺、各二枚をはじめ、白牙尺・木尺など一九枚の物差し（尺）が伝わっている。撥鏤というのは、中国唐代（六一八～九〇七年）に流行した象牙彫刻の技法の一つで、赤（紅）・緑に染めた象牙に毛彫りで文様を表したものである。紅牙・緑牙撥鏤尺は儀式用のものである。白牙尺は白生地のままの象牙の尺で、実用品として使用され、長さ二九・七センチあり、奈良時代の標準の一尺（二九・六～二九・七センチ）である。

一九七〇年、福岡県大宰府跡で七世紀後半の木製の物差しが出土した。長さは約一四・八センチで、ほぼ一寸（約三センチ）ごとに区分されている。一尺（二九・六センチ）で作られていたであろうが、出土品は長さ真半分で切られて廃棄されていた。

白牙尺（長さ29.7×幅3.6×厚さ1.1センチ、正倉院宝物）
象牙の尺であり、刻線で寸分の目盛りを入れている。

紅牙撥鏤尺（長さ29.7×幅2.3×厚さ0.8センチ、正倉院宝物）

木製の物差し
（平城宮出土、1尺＝約29.6センチ、複製、物差しの長さは33.0センチ。奈良文化財研究所蔵）

一方、定木(じょうぎ)は、直線・曲線・角などを正しく描いたり、物を裁ったりするのにあてがって用いる道具とされ、これは現在と同じであろう。文書や写経などの文字の行間などに引く線（罫(けい)）を古代では〝界線〟とよび、線引き用の定木が列島各地の役所や寺院などの遺跡から出土している。

列島内で最初に定木と報告されたのは一九八一年の仙台市の郡山(こおりやま)遺跡出土の木製品である。七世紀末から八世紀初頭に陸奥(むつ)国府が置かれ、神亀元年（七二四）ごろには多賀城(たがじょう)（遺跡は多賀城市）に国府が移された。その初期国府の付属寺院が郡山廃寺(はいじ)である。定木はその寺院の東端の井戸跡から出土した。長さは下端が若干欠損しているが、三一・四チセン、幅一・八チセン、厚さ〇・四チセンである。下端を羽子板の柄のように削り出している。

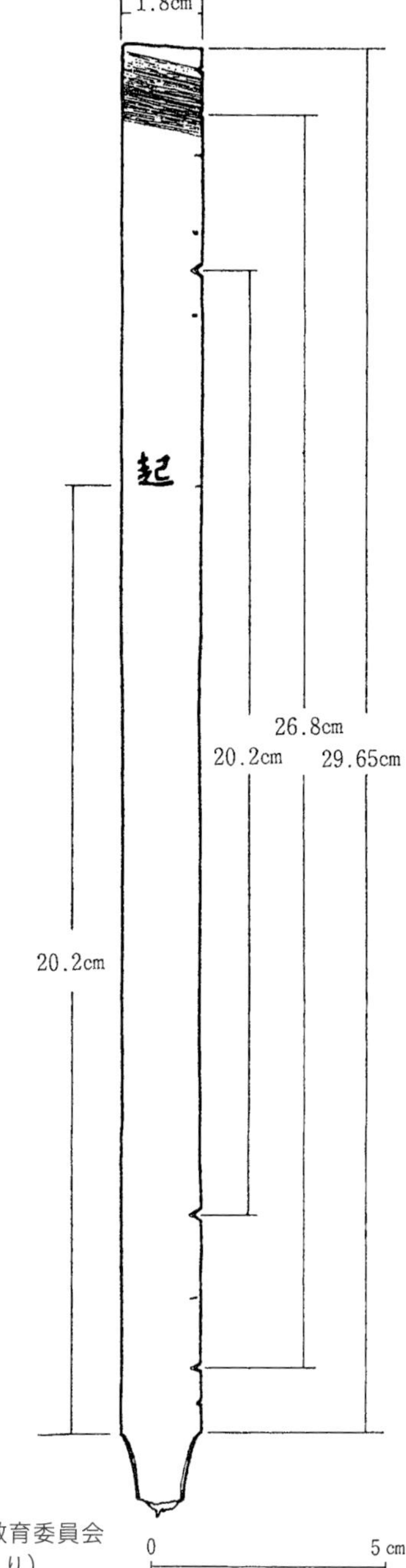

写経用定木計測図（仙台市郡山遺跡出土、仙台市教育委員会『郡山遺跡Ⅱ—昭和56年度発掘調査概報—』1982年より）

定木は何に用いられたのか

ここからは、この定木についての私の三八年前の推理プロセスである。

木簡は非常に良質な材を用いており、先端の削り出し部分を除くと、幅が一・八センチで一定しており、しかも表裏両面と側面が一分の狂いもないくらいに精巧に仕上げられている。さらにこの木簡はオモテに「起」一文字のみ丁寧に記され、通常の物差しのように、一寸刻みの均等な目盛りはなく、特定の箇所に片側だけ深い切りこみを入れ、その数値もきわめて特殊なことから考えると、特定の目的のために作られた一種の「定木」と判断される。そこで深い切りこみの計数値を示すと、内側二ヵ所間二〇・二五センチ、その外側二ヵ所間二六・九センチである。ところが内側二ヵ所間二〇・二五センチとまったく同数値のものが存在する。すなわち、先端の削り出し部分から「起」の文字が書かれた位置にわずかに記された刻み目までが二〇・二五センチである。

この二六・九センチ、二〇・二五センチの切りこみの数値および均一な幅（一・八センチ）の三つの数値は、現存する奈良時代の写経の一紙の縦・界高（上・下の界の長さ）および界幅（行間）に近似している。こうした数値を備えた定木は、写経の際に用いられたのではないか。

写経用定木の推定使用方法

では、この木簡が写経用の定木であるとした場合、「起」の文字の意味を含めて、いかにして切り込みをいれたか、その手順を想定しておきたい。これはあくまでも物差しを使わない簡単な方法である。

①　写経のためのもととなる経典（底本）から界高をとる場合、いきなり、中央の位置に目盛りを打てないので、ひとまず、下端の切り出し部分をゼロとしてそこから界高の位置（二〇・二五㌢）を決める。その位置が「起」の右側の刻目にあたる。

②　その点を起点として、その上部の余りをひも・紙などを用いて二等分し、二等分した長さ分を上げ、定木の中央に界高の長さ（二〇・二五㌢）分だけ平行移動する。「起」は最初に界高をとり、それを起点としたことの意であると解釈できる（図）。

このようにしてできあがった定木があれば、写経の際、貼り継いだ用紙にまず、一紙の縦を合わせ、界高の位置の切りこみの所で天地に刀子でアタリを付し、天地の横界線を引き終われば、この定木の

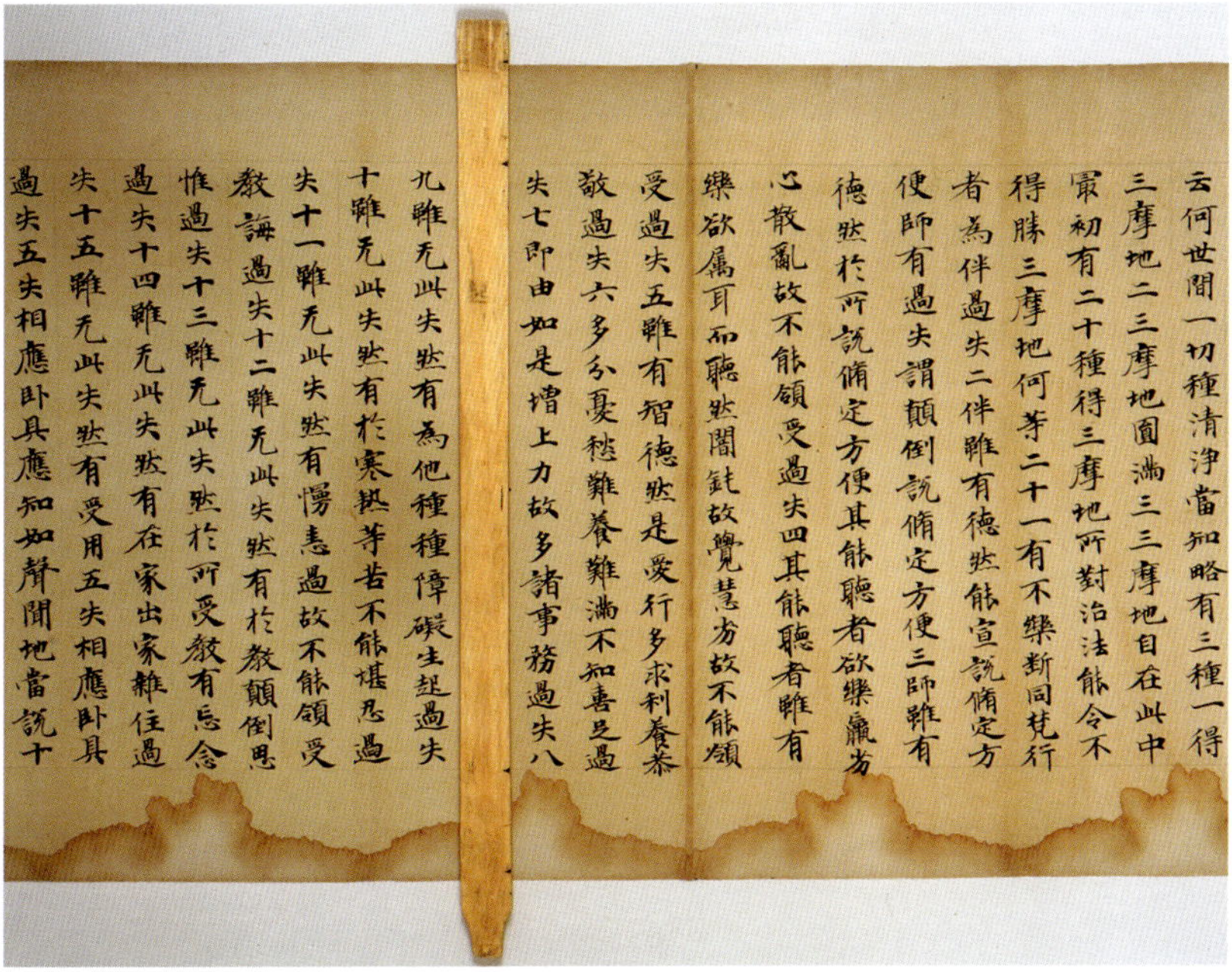

郡山遺跡出土定木の使用方法復元
経典の界高（約20㌢）、界幅（1.8㌢）で定木の切り込み幅に合致する。

一・八チセンの幅を利用して、切りこみのある側面の反対側で縦界線を引き、定木をずらしてゆけば、いとも簡単に縦界線を何本でも引くことができるのである。

しかしながら、このような定木が伝世品にも出土品にも知られていないだけに比較することができないが、上記の推測からこの木簡は写経用の定木であると私はみている。この郡山遺跡の定木発見以降、列島各地の遺跡で、文書や写経に関わるさまざまな定木が確認されてきている。そのなかの一例を紹介しておきたい。福島県いわき市荒田目（あったため）条里遺跡から出土した木簡は、下部が破損しており、現状は長さ一七・二チセン、幅一・三チセン、厚さ〇・七チセンである。

「我」「吾」の二文字の書体は、写経体（写経特有の書体）である。この丁寧な仕上げと写経体という特徴から推して、写経用の定木の一種と考えられる。写経する際に経典は通常一行一七文字であったので、写経のもとになる経典（底本（ていほん））をそのまま写すと、各行の末尾に余白が生じたり、下横界線（地界）をはみでたりしてしまうことがある。そこで、まず底本をおき、あらかじめ「我吾□」、の上・中・下の位置

我
吾
余
推定復元

写経用割り付け定木の使用法
（右は複製品、原品は福島県いわき市荒田目条里遺跡出土、国立歴史民俗博物館蔵）

に目印としての文字を記しておいて、残りの文字をその間で割り振って書けば、大きな破綻を防ぐことができるであろう。

このように当時、一定の目的のためのみに製作され使用された定木は、消耗品であるため今日まで伝世されるような文房具ではなかったのである。こうした地下から出土した無言の資料にも懸命な問いかけ・推理を行うことにより新たな歴史資料が次々に、まさに〝芋づる式〟に獲得できるのである。発掘現場に近いところで、これからも仕事を続けたい。

第二部

人びとの祈り

水の神・龍王への祈り

雨乞い・止雨祈願の木簡

雲雨を自在に支配する神

龍は、十二支の中で唯一の想像上の動物である。インド神話では、蛇を神格化した人面蛇身の半神で、大海や地底に棲み、雲雨を自在に支配する力を持つとされている。中国でも、常に深淵に棲み、雷雲や嵐

「龍王」呪符の１号木簡（右：実物写真、左：赤外線テレビ写真）（群馬県富岡市内匠日向周地遺跡出土、公益財団法人群馬県埋蔵文化財調査事業団提供）

を起こし、竜巻となって天空に昇り、雨をよぶといわれ、水神・農耕神とされた。

日本に伝来し、もともとあった蛇神信仰と融合し、のちに仏教の影響も受け八大龍王などともよばれ、水神、稲妻信仰による農耕神となった。龍王といえば、日照り（ひでり）の時に祈雨（きう）、いわゆる雨乞い（あまごい）をイメージするが、『金槐和歌集（きんかいわかしゅう）』によると、建暦元年（一二一一）のこと、「時によりすぐれば民のなげきなり八大龍王（難陀（なんだ）・跋難陀（ばつなんだ）などの八龍王の総称）雨やめたまへ」と長雨などを止めてほしいと祈ることもある。

近年、この龍神・龍王に関わる興味深い古代の資料が日本・韓国で相次いで発見されている。群馬県富岡市の内匠日向周地（たくみひなたしゅうち）遺跡は、湧水によって西から東へ向かい開析された谷津状地形の底部に位置している。この遺跡から八世紀頃の数点の木簡が出土した。

一号木簡「□□蛟蛇奉龍王（下欠損）

二号木簡「□□□蛇奉龍王（下欠損）

この木簡は、谷戸（やと）（谷津）に水田を営んだ開発者が谷戸の神・蛟蛇（みずち）の神官として龍王に祈願した止雨または雨乞いの神事にかかわる呪符（じゅふ）ではないか。蛟蛇とは想像上の動物で、蛇に似て、四脚を持ち、毒気を

内匠日向周地遺跡の周辺地形区分図

吐いて人を害するという。当時の、谷にある水田は雨の多い年は稔らず、比較的旱天（日照りの空）に近い年の方が豊作になることが多い。その場合は龍王に雨乞いではなく、止雨を祈願したのであろう。

人物像が記された木簡

現段階では日本最古（七世紀末〜八世紀初めごろ）の「龍王」木簡が、奈良県橿原市藤原京跡の右京九条四坊から出土している。

・「＜　　七里□□内□送〻打〻急〻如律令
　　四方卅□大神龍王　　　　」

・「＜東方木神王　　　婢麻佐女生年廿九黒色
　　南方火神王　（人物像）
　　中央土神王　　　　婢□□女生年□□□〔色カ〕
　　「　　」
　　「　　」　　（人物像）　　」

（長さ四六・七×幅八・三×厚さ〇・七チセン）

「四方卅□大神龍王」「東方木神王」などの文言は、仏教経典に載っており、のちの平安時代には請雨修法に盛んに用いられたもので、この「龍王」木簡は雨乞いに使用されたのではないかとされている。

ただ、この木簡の異様さは墨で描かれた二人の人物とその名前が記されていることである。一人の名は婢（女性の奴隷身分）「麻佐女」で二九歳、「黒色」とあるのは、肌の色ではなく、陰陽五行説に基づくものである。すなわち、東方の守護神は「青龍」（青）、南方は「朱雀」（赤）、西方は「白虎」（白）、北方は「玄武」である。この「玄武」は水の神で亀に蛇の巻きついた姿で〝黒色〟とされている。

人柱の代わりに

中国風の習俗として河の神（河伯）をまつって雨を祈ることが、すでに都周辺で実施されていた。よく知られているのは、『日本書紀』に仁徳天皇の時、次のような話を載せている。

大阪湾に注ぐ淀川に茨田堤を築くことにしたが、その工事の際に河神の怒りをやわらげるために、人身御供いわゆる人柱を奉げることになった。二人の人柱は武蔵国の強頸、河内国の茨田連衫子という。ま

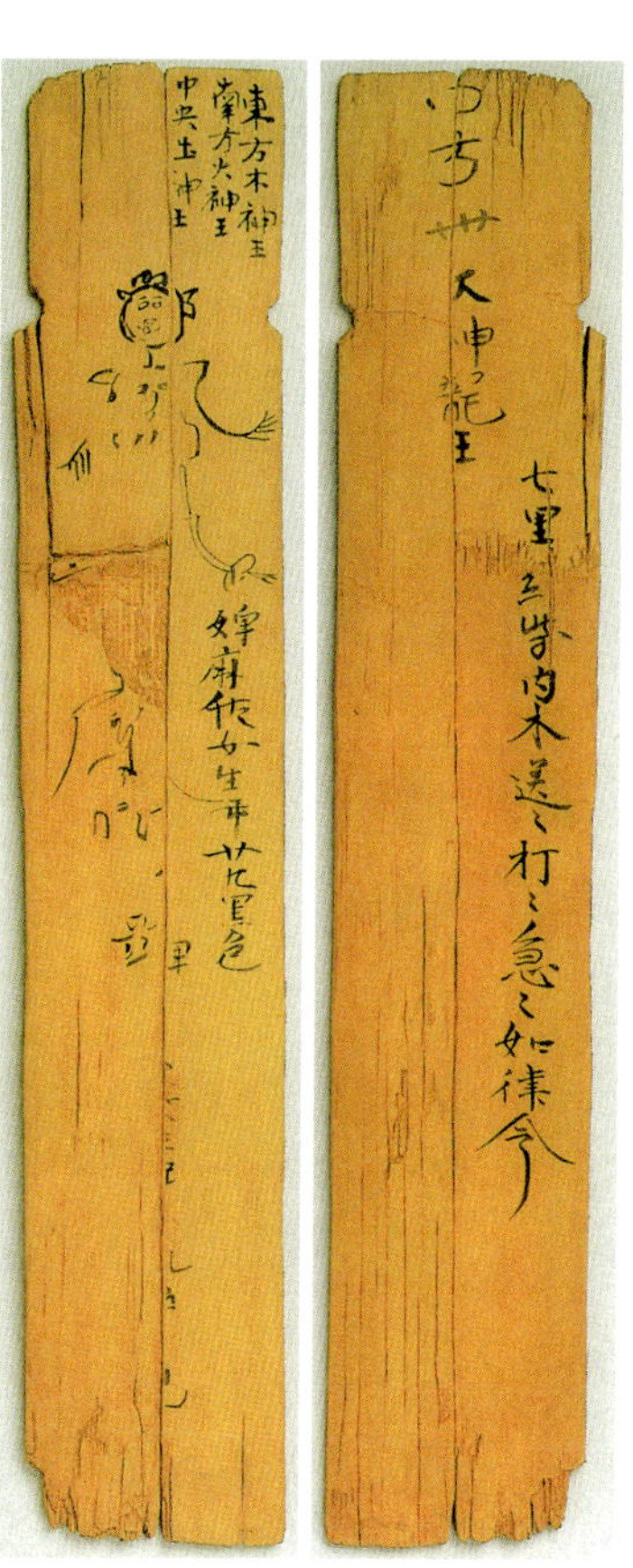

藤原京跡右京九条四坊出土の「龍王」木簡
（複製、奈良県立橿原考古学研究所附属博物館蔵）

ず、強頸は犠牲となったが、衫子の方は、河神に対して二つのひょうたんを沈めたなら犠牲となるが、沈めることができなかったら、衫子の身を人柱とはできないだろうと言う。たちまちにつむじ風が起こり、ひょうたんを水に沈めようとしたが、浮かんでしまった。衫子は死なずに堤が完成したという説話がある。この説話は河童(かっぱ)がひょうたんや夕顔を忌むという今日の俗信と関連があると、すでに民俗学者柳田国男(やなぎたくにお)が指摘している。

先の藤原京の龍王への祈りの際に、二人の女性の姿と人名を記した行為も人柱の身代わりとして奉げられたものではないか。

この事例をより鮮やかに証明する資料が近年、韓国内から発見された。韓国の慶尚南道(けいしょうなんどう)・昌寧(しょうねい)・火旺山(かおうざん)の標高は七五六メートルほどだが、大きな岩塊が連なり、山頂は大噴火口の跡が平坦となり、古代の山城・火旺山城が築かれている。旅

韓国昌寧・火旺山城出土木簡と実測図

行書に「命がけの登山？」とあるが、私も二〇一五年十月に登ったが、這いつくばるような難所の連続だった。その山城の池から九～一〇世紀ごろの木簡七点が出土した。このうちの一点はこけし人形に似て、丸い頭と胴の部分からなり、文字も墨書されている。また、墨書きで前面の頭の部分には顔の輪郭線を描いた後、眉毛と目、鼻、口、首を描いており、胴体の部分は服を着ている姿を表現している。裏面には「六月廿九日」という日付と「龍王開祭」などと記されている。

この木簡の頭上と胴の心臓にあたる部分と下半身に鉄製のクギが打ち込まれている。「六月廿九日」という日付は、朝鮮半島最古の歴史書（『三国史記』〈一一四五年成る〉）によると、新羅国では八～九世紀ごろの五～六月は「大旱（ひでり）」「旱」「不雨」が続き、さかんに祈雨祭祀（さいし）が行われている。山城の池近くで水の神・龍王に雨乞い神事（「龍王開祭」）を行い、人柱の代わりに木製の人形を龍王に捧げたのであろう。日本の江戸時代に書かれた「四季農耕図（しきのうこうず）」にも、村人たちが松明（たいまつ）を手に、藁（わら）で作った龍神を掲げて山頂の神社をめざしてかけ登って行く雨乞い神事が描かれている。

雨乞い神事（「四季農耕図」より、個人蔵）

地名に残る〝龍王〟

ところで〝龍王〟といえば、山梨県人は竜王町（現甲斐市竜王）を思い浮かべるであろう。地名の由来は、町内に所在する慈照寺に竜王水という湧水があるところから起こったという説と、釜無川（かまなしがわ）が荒々しく深淵の状態であったため竜王とよばれたことにちなむともいわれている。戦国大名武田家は永禄三年（一五六〇）ごろ、東・中央・西の三流路に分流していた釜無川の東流路を遮断し、信玄堤（竜王信玄堤）を築いて甲府方面への水害を軽減する対策を施したとされている。いずれにしても、釜無川の激しい流れが直撃する地点に竜王町は位置している。おそらく古くからこの地の人びとが水の神である〝龍王〟を敬い、祈りつづけてきたことが竜王村・竜王町の地名の根源であろう。

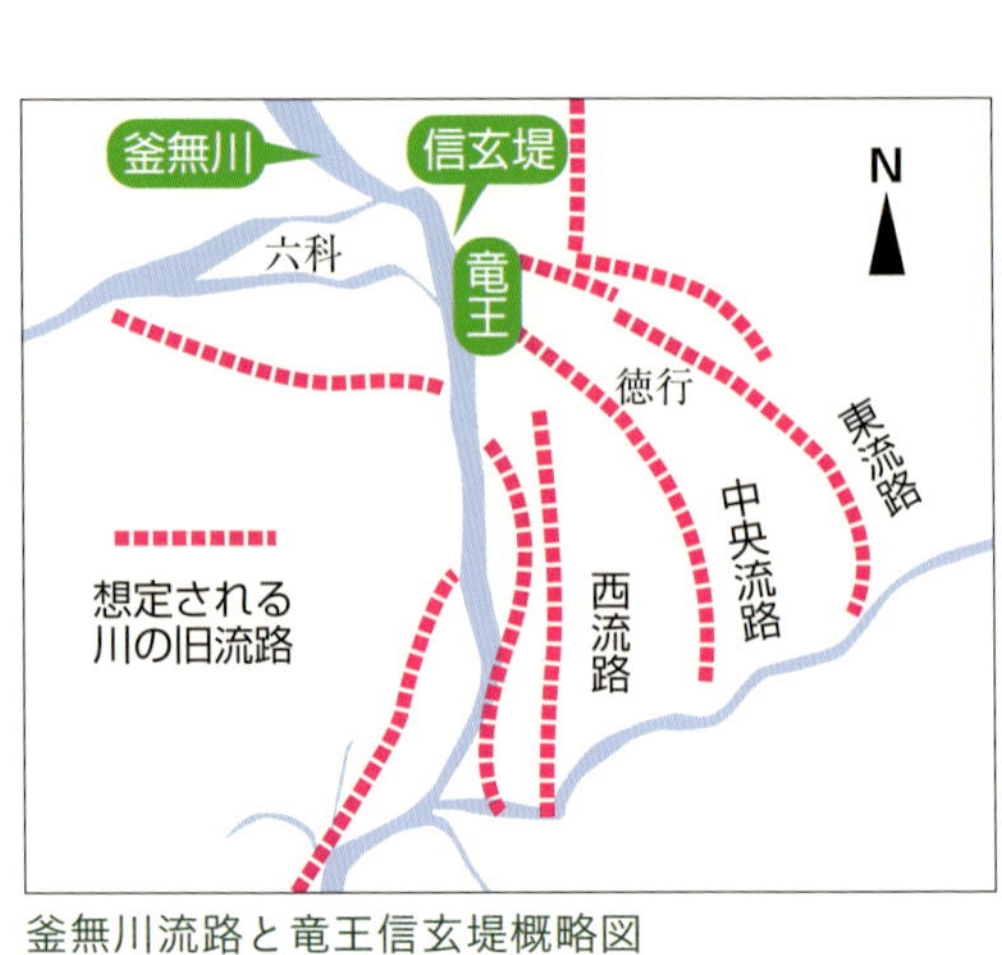

釜無川流路と竜王信玄堤概略図

第二部
人びとの祈り

屋敷神をまつる
官衙・貴族の邸宅から

西北隅にまつる神

『山梨県史　民俗編』によると、屋敷の一画にまつられる屋敷神は、県内では一般にヤシキガミサンとよばれている。母屋の裏手、屋敷の西北隅か東北隅に小さな祠(ほこら)をまつり、山間部では屋敷続きの裏山にちょうど家屋敷(いえやしき)を見下ろす形でまつる家もあるという。県外では、岩手県内の屋敷神の例として、森口多里氏の論文「屋敷に祀る神」によると、「岩手県の胆沢・江刺両郡の民家の屋敷内に一般に祀られているお明神さんは……別にはっきりしたお神体とてはない小さな石の祠、この地方でいうところの石のお堂コであるのが普通で、原則としては屋敷の戌亥(いぬい)（西北）の隅に祀られている」とある。

その岩手県胆沢郡に、今から一二〇〇年前に坂上田村麻呂(さかのうえのたむらまろ)が東北北部の拠点として胆沢城を建てた。その胆沢城跡（現岩手県奥州市）の中心である政庁跡の西北部から一九八五年に一点の木簡が出土した。

射手所請飯壹斗五升
右内神侍射手巫蝪万呂□〔請〕如件

（長さ三一〇×幅二一×厚さ二ミリ）

射手所は射手（弓を射ることに長けた兵士）を統括する組織であろう。この木簡の内容は、射手所が食料一斗五升を請求しているが、これは〝内神〟を警護する射手巫　蜴万呂の一〇日分の日当である。食料の請求先は胆沢城内の厨である。兵士は厨で食料を受け取り、勤務場所（〝内神〟を祀る神殿）に戻り、木簡を捨てたのであろう。

内神のそばに仕える射手の役割は、神殿を武力警護することであるが、警護内容としてもうひとつ興味深いものがある。平安中期の『うつほ物語』によると、西北隅にあった蔵は邸内で最も重要なものとして扱われ、毎夜、馬にまたがった誰とも知れない者が来ては、弓弦を鳴らして夜警をしたという。内神を警護する射手は、弓弦を鳴らして邪悪なものを除いたのであろう。胆沢城木簡の内神を警護する射手が神社と深くかかわる巫（神に仕え、神に願う人）という姓であることも、そのことを示している。

木簡の出土地は胆沢城の中心・政庁の西北隅にあたり、その西北隅には神が祀られ、〝内神〟と称された。

中央の役所、地方の国府や胆沢城のような城柵など、国が設置した施設の最も中心的な場所に、小さな社を設置し、西北隅を鎮護している。

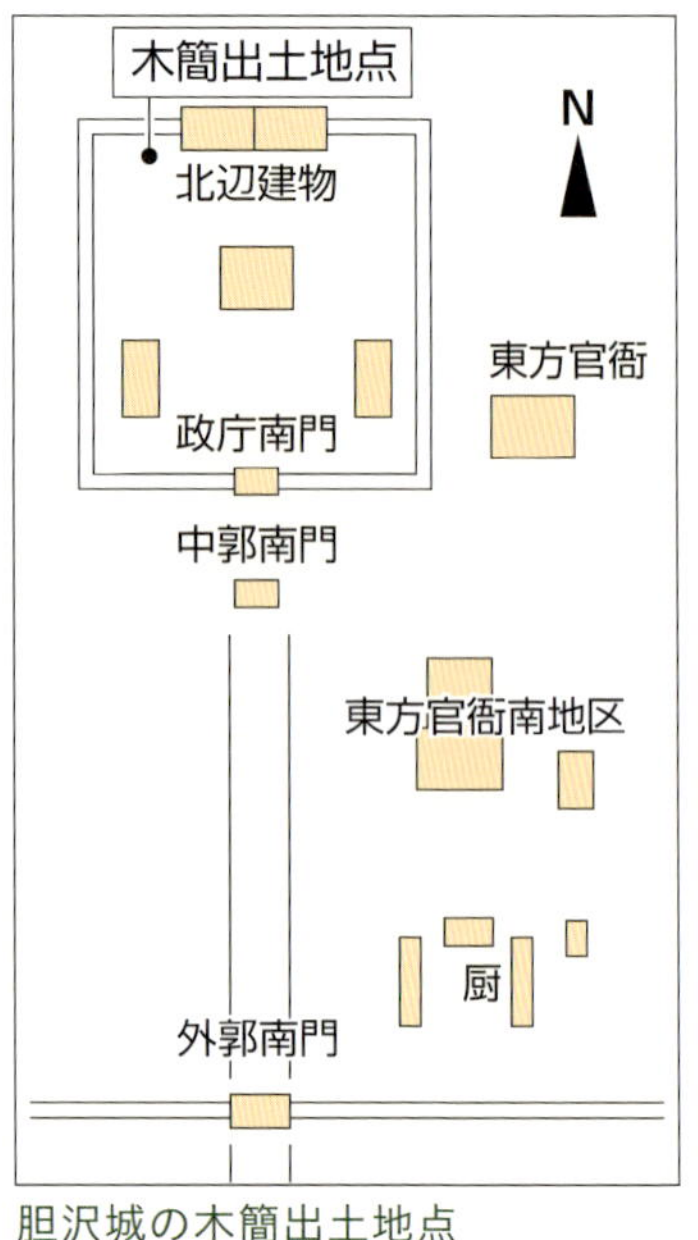

胆沢城の木簡出土地点

こうした国府などの公の施設から、やがて貴族の邸宅など私的施設の西北隅に社を建て、屋敷の守り神とした。古代の説話集『今昔物語集』では、時の権力者藤原氏の邸宅・東三条殿の戌亥隅（西北隅）に神をまつっており、その神を「内神」と称している。実際、東三条殿の絵図によると、戌亥隅に神殿が設けられている。近年の発掘調査例では、早稲田大学の安部球場跡地（東京都新宿区）の一画で、中世の居館跡が発見された。その居館の西北部に方二〇メートルの周溝が巡り、その中に一棟の小型の建物（面積三〇平方メートル）が置かれていたが、この建物は居館の「内神」・屋敷神とみられている。

西北を恐れる信仰

ところで、日本社会において現在も根強く残っているものとして、丑寅（東北）いわゆる〝鬼門〟とされる方角への信仰がある。中国では、この鬼門を殺気がくる方角として、特にその方向を忌むという。民俗学者柳田国

東三条殿（復元模型、国立歴史民俗博物館蔵）

ている。

男(お)は、日本では中国から入ってきた丑寅（東北）よりも、戌亥（西北）を恐れる信仰が存在したと強調している。

日本列島では、冬季に西北季節風がシベリアの大陸性高気圧から吹き出し、寒冷な気候をもたらす。民俗学の調査によると、日本各地においては戌亥の方角から吹く西北風をタマカゼやアナジとよび、ことのほか恐れている。しかし、タマカゼのために恐ろしい祟(たた)りにあうのは、慎み物忌みすべき時期に行動するからであり、けがれを避け身を慎んで神事に従っていれば、祝福をもたらしてくれる祖霊を乗せてくる風であったともされている。この信仰こそが古代以来、日本列島各地で西北隅に社をもうけた所以(ゆえん)であろう。

年始めにおこなう神事
―一年の吉凶を占う

豊作を占う筒粥神事

災害などの自然の脅威にさらされた不安な情況にあるとき、人びとは年のはじめに一年の無事や豊作・大漁などを祈ったり、吉凶を占う。

歴史をさかのぼると、戦国時代、大きな戦禍のなか、さらに凶作、疫病などの災害がうちつづいた。河口湖の南岸に鎮座する冨士御室浅間神社には、江戸時代のはじめに編さんされた『勝山記』という年代記が伝わっている。その『勝山記』には、飢饉、疫病、地震のほか、雪解けの土石流である「雪しろ」とよばれている富士北麓特有の災害なども記されている。富士吉田市下吉田の小室浅間神社に伝わる筒粥神事も『勝山記』永禄三年（一五六〇）の記事に記されている。その筒粥神事は毎年一月十四日の深夜に行われる。

釜の粥をかき混ぜ、頃合いをみて葭を二四本連ねたものを入れる。しだい

小室浅間神社に伝わる筒粥神事
（『山梨県立博物館　常設展示案内』より）

に粥が煮つまると、釜ごと五徳（炉の灰の中に据え、鉄瓶などを載せる道具）から下ろす。小刀で葭筒を縦二つ割りにして粥の詰まっている分量で「夕顔七分、かいこ八分……大麦七分……」と告げられていく。理想とされるのは八分。それぞれの品目ごとに豊作を占うのである。なお、この筒粥神事の様子は山梨県立博物館で常設展示されている。

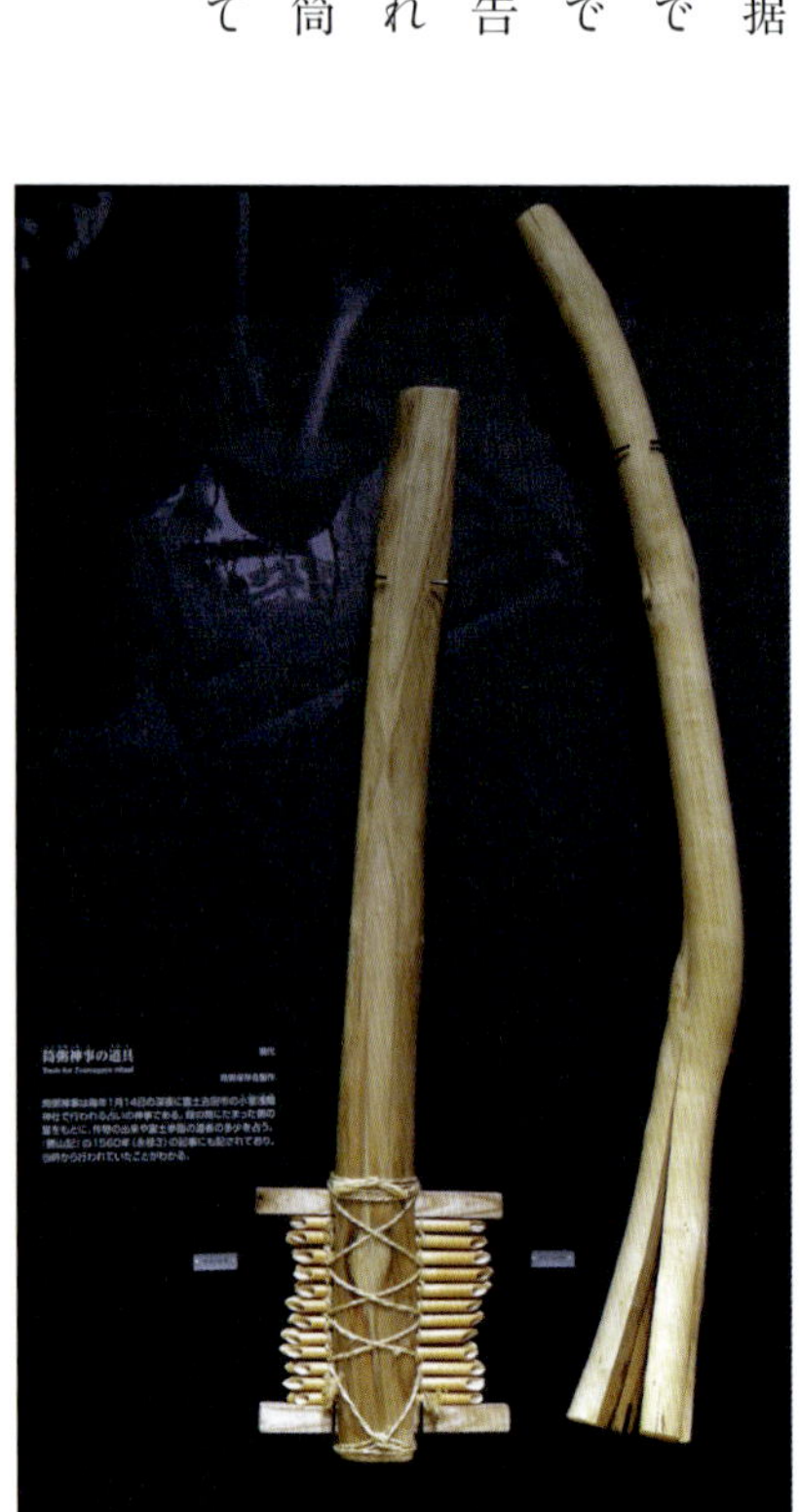

筒粥神事の道具（山梨県立博物館蔵）

弓矢で吉凶を占うオビシャ

山梨県南東部にある道志村に、筒粥神事と同様の年占の「オビシャ」という行事がある（山梨県史民俗調査報告書第六集）。道志村のもっとも西端の長又や白井平集落では、ムラの祭りとしての山の神のオビシャを、その祭礼日である一月十七日に行っている。その祭りには、経木で網代を編み、紙を貼ったオマト（御的）と、モモ（桃）の枝のアゲユミ（上げ弓）が準備される。

神事では、祭詞が読み上げられる。「長又の山の神で射る弓は、天下泰平、五穀豊穣、悪魔退散、エィ、東西南北を」というものである。その後、まず試しに弓をうち、それから本番となる。矢がマト（的）の白い部分に当たるとテリ（照り）、真中の黒地に命中するとフリ（降り）と占う。

ところでオビシャという言葉は漢字では「御歩射（備射・飛射・奉射など）」と書く。神社の境内などに的を立て、弓矢でうち、当たりどころで一年の吉凶を占う正月の神事である。流鏑馬のように馬に乗らずに射るところから歩射の名がついたとされる。この神事は地方により名称が異なり、オビシャとよばれるのは主に関東地方が中心とされている。「オビシャ」は山梨県内ではあまり広い分布はみられず、南東部県境の南都留郡道志村（神奈川県相模原市、足柄上郡山北町に隣接）に伝えられていることが注目される。

中国・四国・九州地方では百手とよばれた。島根県大田市の物部神社で正月七日に行われる奉射（ビシャ）祭のように、「鬼」の字を記した的を射る厄除けのみの歩射もある。これは厄を祓う破魔を目的とし、鬼射（オビシャ）と記すところもあるが、その背景は年占の意味もこめられている。

「甲乙ナシ」の的

また、的に三本足の烏を描く事例は千葉・茨城両県に多い。サッカー日本代表のシンボルマークとしてなじみ深い三足の

千葉県八千代市高津比咩神社で行われるハツカビシャと的に記された文字（八千代市立郷土博物館提供）

烏は古代中国では日の神＝太陽を意味し、日本では神武天皇が東征の時、熊野から大和へぬける山中の道案内として、天照大神の命を受けて飛来したという神話の中の八咫烏として知られる。年頭に、この三足の烏＝太陽を射ることによって、稲に豊穣をもたらす太陽の新生を祈念した行事とされている。

千葉県八千代市の高津比咩神社で行われる一月二十日の〝ハツカビシャ〟は、古代日本における文字文化を考えるうえでもきわめてシンボリックな資料として私は以前から注目している。〝ハツカビシャ（二〇日の歩射）〟の的には、「〓」と書かれている。この的を地元では「甲乙ナシ」と読み、良くも悪くもない中くらいを表しているという。本来オビシャは、鬼の面を的にしたり、「鬼」という字を的に書き、それを射抜くことで悪魔祓いする。「鬼」という字は古代の字形が「鬼」であったことから、「鬼」→「鬼」→「〓」と変形して、「甲」「乙」「ム」の三文字に分解して理解されたのである。

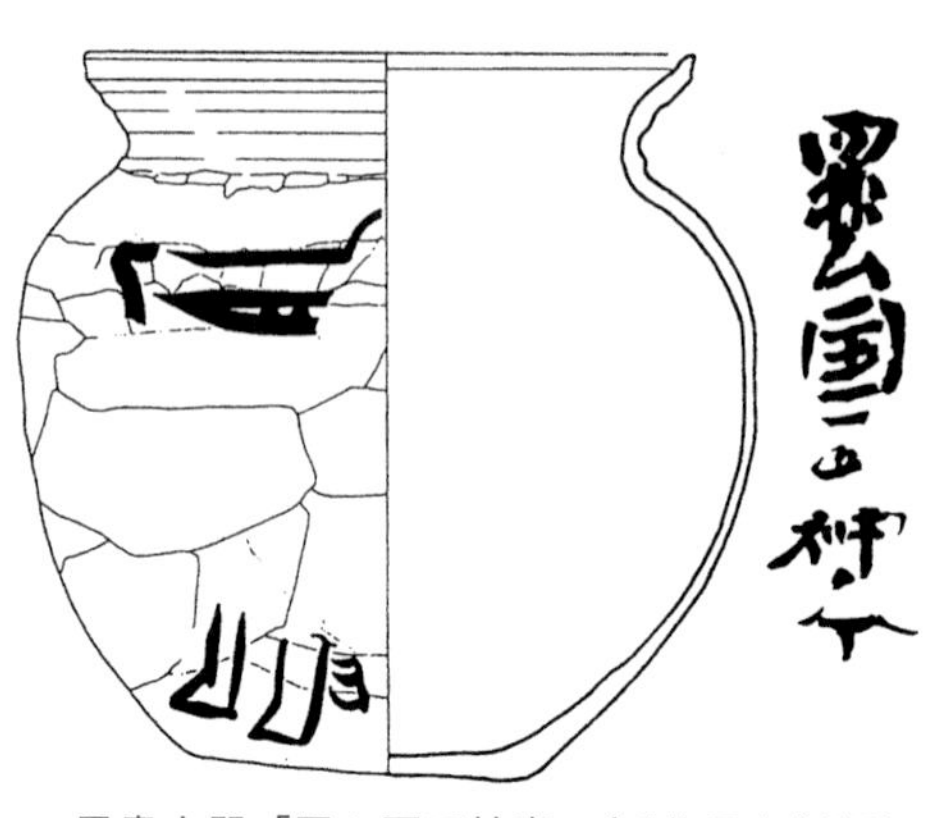
墨書土器「罪ム国玉神奉」（千葉県庄作遺跡出土）実測図

「ム」という字形は、古代社会では、どのように読まれていたのであろうか。古代日本の人びとは閻魔大王が人びとの〝罪〟を裁く冥道（冥界）世界に対して篤く信仰していた。冥界においては、娑婆（人間が現実に住んでいるこの世界）にいる人びとの善業・悪業をすべて記録し、その戸籍に記載した年齢に達した者を冥界に召喚する。その人びとの罪を裁くところが罪司である。いわゆる〝罪司による死の裁き〟である。成田空港の西隣、千葉県富里町久能高野遺跡の墨書土器「罪司進上代」は、自らの罪を免れるために、坏形の土器に御馳走を盛って供えるいわゆる賂行為を表現したものである。さらに空港の南、千葉県芝山町の庄作遺跡の墨書土器「罪ム国玉神奉」は、やはり国玉神（土着の神）に土器に御馳走を盛って奉った。その際に「罪ム」と表現している。この「罪ム」は、この祭祀を行った人物が自らの罪が「ム」＝〝なし〟と強調したと理解できる。この「ム」がオビシャの的に描かれた「鬼」→「[illegible]」の〝甲乙ナシ〟と現代の解釈につながるのである。

年占は、〝甲乙ナシ〟ではなく、農作物は豊作で、漁獲は大漁で〝すべて吉〟の一年でありたい。

多賀城市山王遺跡出土の墨書土器
（部分、9世紀、東北歴史博物館提供）
「鬼」の字形「此の鬼の名は“中六鬼”と知れ」

生きつづける竈神
火への信仰と祭祀

竈は家の中心

家の中の重要な場所の一つは食物を調理する台所（勝手場）である。その勝手場には竈（カマド）が設置されている。分家することを「カマドを分ける」というくらいカマドは家の中心であった。山梨県内では平野部を含めて竈をクドとよぶ地域が多いが、郡内ではヘッツイまたはカマドとよぶ。

県内の山間部に竈が普及したのは比較的新しい。県の南東部・道志村では、戦後の生活改善運動により、昭和二十六年（一九五一）に竈が導入され台所の改造が進められたとされている。竈が導入されてからは、土間の一画に新たに炊事場を作り、さらに水道の敷設とプロパンガスの設置を機に床張りのキッチンへと改装されていった。

その竈導入以前は、板の間の中央に三尺（九〇センチ）四方ほどの広さに掘り下げた囲炉裏が設けられていた。そのよび方は全県的にはヒジロであった。ヒジロ上部には、ヒダナとよばれる戸板ほどの大きさの格子棚をつるし、その中央の穴から自在鉤をつるす。ヒダナは火の粉が舞い上がるのを防ぐためのもので、格子の上にムシロを敷いていろいろなものを乾燥させることにも使った。

神聖視される火所

火所にまつられる火の神・火伏せの神は荒神または三宝荒神（さんぽうこうじん）という。山梨県内全域でも、オコージンサン（荒神）、サンポーコージンサン（三宝荒神）とよぶ。

竈を使う地域では竈のある勝手場の柱や壁に、またヒジロで煮炊きをした山間部では、ヒジロのある板

カマガミサマ
宮城県から岩手県南部にかけては、土間の竈の近くの柱や壁に、土や木の面をまつるカマガミサマの風習がある（『別冊太陽73 占いとまじない』平凡社、1991年より）

火所にまつられるオコージンサン
（山梨県南部町）

の間の東側の土間の柱などに棚を作って幣束（神にささげるもの）やお札をまつる。コージンサンの幣束は藁づとに幣串を三本立て、その周囲に寺社からうけたお札をはり、シキミ（香気がある仏前などに供える常緑の木）などをあげておく。近年は竈が使用されなくなり、ガスレンジとなっても、コージンサンをまつっているのは、神の宿る火所への強い信仰であろう。

この火の神・「竈神」はすでに古代社会においてあつく信仰されていた。長野県北部の千曲市（旧更埴市）屋代遺跡群では、一九九七年の発掘調査で、七世紀後半から八世紀前半にかけての木簡が約一三〇点が出土し、その内容も地方社会の実態を物語る貴重な資料として注目された。屋代遺跡群は、古代の信濃国の初期国府および埴科郡の郡家施設の一画を占めると想定できる。

それらの木簡の解読にあたっていた私は、その中の一点の木簡に「竈神」と二文字のみ記されているのを確認し、驚いた。一三〇〇年前にすでに信濃地方に竈神信仰が存在していたのである。

「竈神　　」（長さ一四一〈下端欠損〉×幅一八×厚さ四ミリ）

下端は欠損しているが、上端部分に「竈神」とのみ記載し、以下余白となっているのは特異である。この木簡は上端部分に「竈神」と記し、おそらく下端部分を尖らせ、地面に突き立てていたのであろう。この行為は竈神に関わる祭祀にともなうものと推測される。

竈神については、古代には天皇の食膳のことにあたる内膳司に庭火御竈神がまつられており、人間の生命を養う食物を煮炊きするところとして火所が神聖視されたものとされている。近年各地の発掘調査で確認される竪穴住居跡内の竈遺構と土器をともなう祭祀行為は古代社会において広範囲に竈神が信仰されていたことを物語っている。

竈神を封じ込める坏

千葉県山武郡芝山町の庄作(しょうじゃく)遺跡は、東国ではごく一般的にみられる古代の村の遺跡である。集落は標高四〇メートルほどの台地の上に広がっているが、庄作遺跡の土器には、多くの文字とさまざまな人面墨書が記されている。そのなかに、八世紀半ばごろの土器の底部に「竈神」と墨書したものがある。

この「竈神」に関連すると思われる資料が、庄作遺跡の北に位置する佐原市馬場遺跡の住居跡から出土した。竈の燃焼部底面近くに、伏せた状態(倒位)にして、坏(つき)を四枚重ね、一番上においた坏に「上」と墨書されていた。一番上のものに「上」と記していることは、ものの状態と結びついてはじめて記される文字の意味と理解できる。

中国の晋代(二六五~四二〇年)に書かれた『抱朴子(ほうぼくし)』(三一七年完成)によると、竈神が晦日(みそか)(月の末日)の夜、家族の功罪を天帝に報告するのを防ぐ信仰が存在していたことを知ることができる。それから考えると、この「上」と書かれた土器の状態は、竈神を封じ込めるために坏を伏せたものと解釈できる。

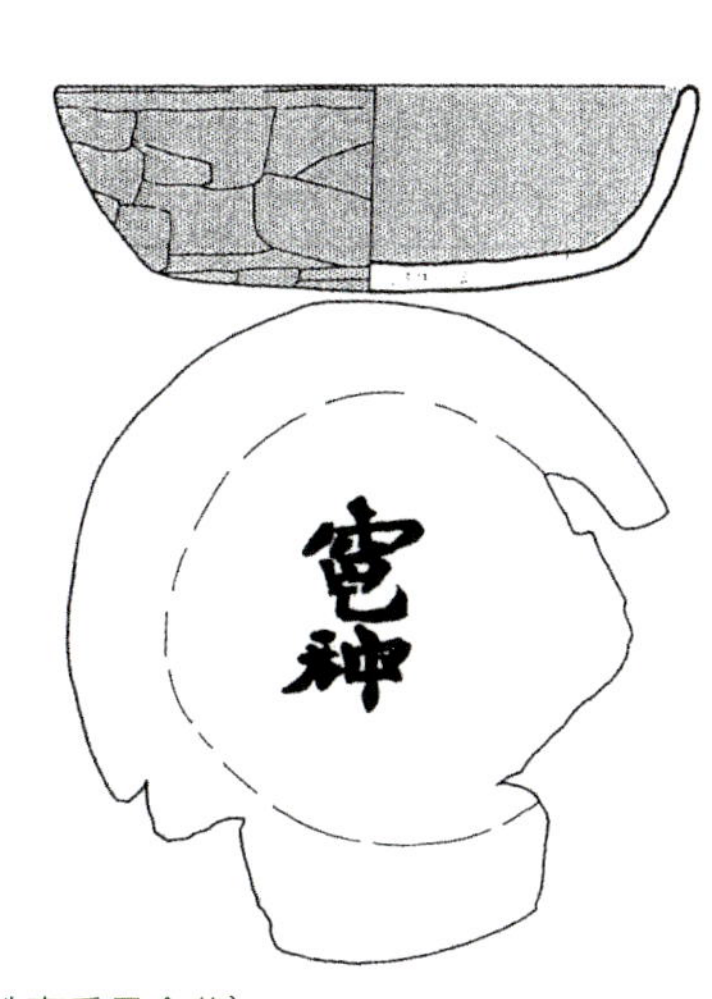

「竈神」墨書土器(千葉県庄作遺跡出土、芝山町教育委員会蔵)

なお民俗事例のなかにも、沖縄県には竈神が年の暮れに昇天して家族の行状を報告し、正月に再び戻ってくるという信仰がある。関東地方の一部にも竈神昇天を防いで、悪口をいわれないようにぼた餅を供えるところがあるという。これらはいずれも中国の竈神信仰の影響とみられる。

夜通し眠らない庚申信仰

竈神は晦日の夜、家族の功罪を天帝に報告することを防ぐ信仰であるが、類似する庚申（こうしん）信仰も古代から現代にまで続く根強い信仰である。

庚申（かのえさる）に当たる日、夜を守って眠らないという庚申信仰は、中国では唐代（六一八〜九〇七）にすでに盛んに行われていたことがわかり、わが国にも少なくとも八世紀後半ごろにはもたらされていたであろう。庚申信仰は道教に基づくもので、その内容はおおよそ次のとおりである。

人間の体内には、三尸（さんし）という三匹の虫がいる。三尸の中の上尸は頭にいて顔面や頭部の病を起こさせ、中尸は腹中にいて人の五臓を打ち、また人に悪事を好ませ、下尸は足にいて五情を乱す。常に人間の犯す罪過を監視し、庚申の晩に人間が寝ると、その隙をみて体内から抜けだして必ず天に上り、天帝にその人が六十日のあいだに犯した罪過を逐一報告をする。それは、人間を早死させて、はやく自分たちが祀りを受けたいためである。けれども、庚申の日ごとに常に徹夜をしていれば、三尸は天に上って天帝に人の罪過を告げることができない。だから、庚申の晩に身をつつしんで夜明かしをすれば、早死を免れて長生きをすることができる。

（『老子守庚申求長生経』一一〜一二世紀ごろ陰陽道関係者の作か）

わが国においても、文献史料上では、学問の神様・菅原道真の詩文集『菅家文草』（昌泰三年〈九〇〇〉成立）に、道真が讃岐国守に在任中に「同諸小児、旅館庚申夜、賦静室寒灯明之詩」と題した詩を載せている。

旅人毎夜守三尸
況対寒灯不臥時
強勧微心雖未死
頻収落涙自為悲

旅人は夜毎に三尸を守る
況むや寒灯に対ひて臥せざる時には
強ひて微心を勧へて死なずといへども
頻に落涙を収めて自ら悲しびをなす（下略）

（日本古典文学大系本〈岩波書店〉による）

庚申講はかつて山梨県内でも盛んであった。農業の神といわれ、多くは男性により行われる講である。北巨摩郡旧朝神村（現北杜市明野村北部）では、庚申の夜に眠ると腹中のサンシ（三尸）の虫が天に昇り天帝に人間の悪行を告げるので、それをさせないため、当番の家に集まり、一晩中眠らずにいた。西八代郡下部

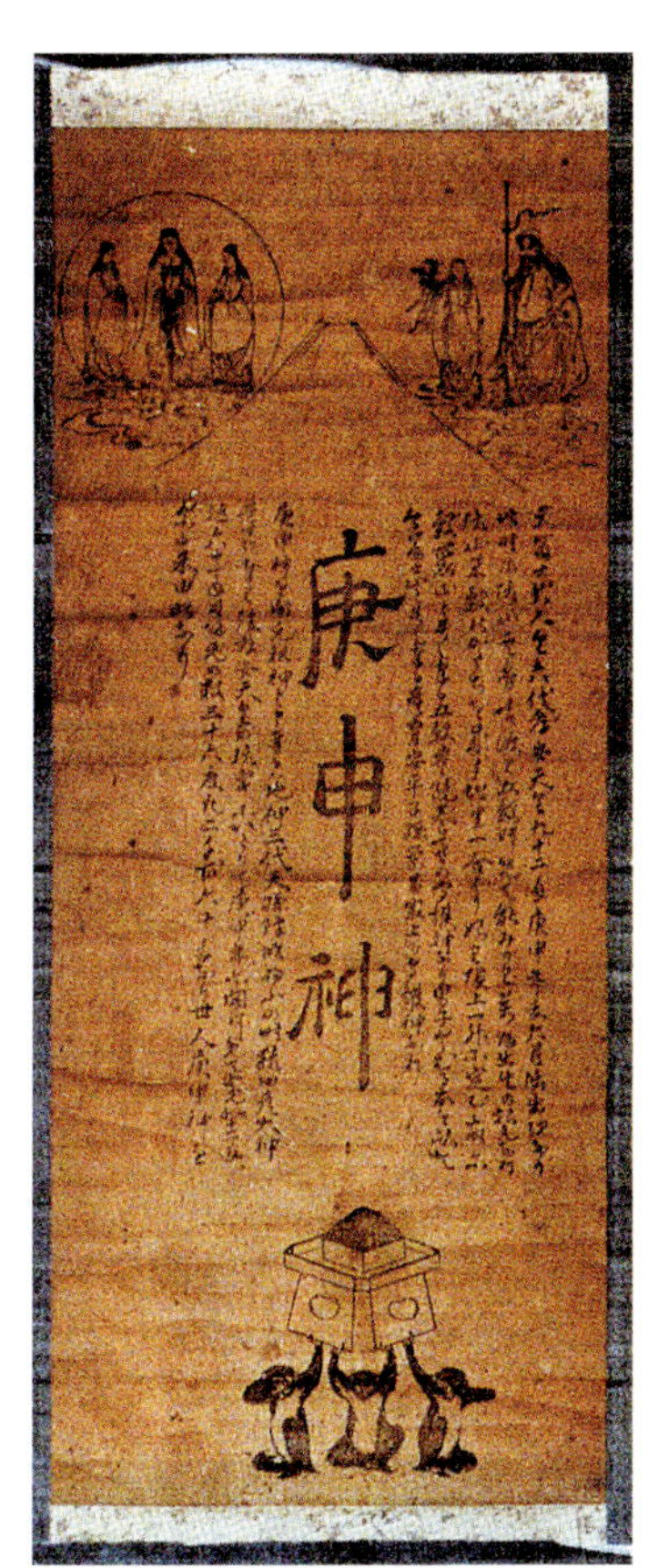

庚申の掛け軸（山梨県南部町）

町杉山では比較的老年の者の講であったが、夜になると若者も集まりにぎやかであった。身延町中之倉では若者が講の主役で「心のなかに宿る邪念を払う仏」として人気があった。甲府市右左口町では「庚申」の掛け軸を床の間に飾り線香をたて経文を唱え、夕食、酒肴、雑談と一種の楽しみのための講であった。

現代人も古代人も、日常生活に欠かせない火に対するあつい信仰、そして罪悪に対する怖れと延命を祈る姿に素朴さを感ずる。

〔山梨県の民俗事例は『山梨県史　民俗篇』による〕

第二部 人びとの祈り

まじないのことば「急急如律令」

願いの成就を祈る

結びの「きまり文句」

古代中国の漢代（前漢〈紀元前二〇二年〜紀元後八年〉および後漢〈二五年〜二二〇年〉）、中央政府からの命令文書の結びの「きまり文句」は、「如律令（りつりょう）」と記した。「如律令（律令の如（ごと）くせよ）」は「法の規定に沿って処理せよ」という意味である。

中国では、律令以前の社会的規範を礼（れい）といい、礼は社会の最も基本となる氏族や家族の秩序である。この礼が犯されたときに発動されるのが刑と兵であり、律（りつ）とは刑が明文化されたものをいう。律の執行には、行政のしくみを整備しなければならない。その国家統治のための行政法が令（れい）である。

日本においても、古代国家が確立された七世紀後半以降、律と令を統治の基本とした国家体制が整えられた。

中国の漢簡の結びの文言「如律令」

この漢代の文書用語「如律令」がのちに道教に受け継がれ、「急急如律令」というまじないのことばとなった。また、仏道修行の山伏や祈禱僧などは、「悪魔はすみやかに立ち去れ」の意味で呪文の結びに用いた。

ここで山伏と呪文に関わるエピソードを紹介しておきたい。著名な法制史学者瀧川政次郎氏（一八九七〜一九九二年）は、古代の律令制度研究で大きな業績を遺された。その著書『律令の研究』（一九三一年）の中で、次のように書かれている。

ある日、瀧川氏が書斎で律令の研究中に、隣人が、山伏の唱える呪文の結びに「急急如律令」と繰り返していることに気付き、興奮されたという。

日本における呪句「急急（急々とも記す）如律令」の記された最古の呪符木簡は八世紀初頭の藤原京跡出土のものである（80ページ「水の神・龍王への祈り」を参照）。水の神・龍王への祈願の呪符に「急々如律令」の呪句が記され、早急に願いの成就を祈っている。

山梨県内においても、中世・室町時代の神社の棟札に「急急如律令」の呪句をはっきりと見ることができる。甲府市小松町にある諏訪神社本殿が文明十八年（一四八六）造営された時の棟札である。棟札とは工事の由緒、建築主、建築の年月、工匠（大工など）の名などを記して棟木に打ち付ける札のことである。

（表）

「千万八龍王　四万八龍王　水火草木　八龍王」大壇那　氏源小松孫七　有清

大日本国甲斐州小松庄（甲府市）石宮造立棟札之事　当社祢宜八郎五郎謹敬白

「万徳一物八龍王　急急如律令」地頭氏源小松修理亮有久

時文明十八季丙午二月廿一日
大工志广（摩）庄（甲斐市、甲府市）彦太郎吉勝
（東京大学史料編纂所影写本）

大壇那（有力な檀家）、祢宜（神主の次に位する神職）、地頭（荘園〈小松庄〉の領主）、大工の名が書かれている。「千万八龍王～八龍王」「万徳一物八龍王　急急如律令」はまじないの言葉である。

現在歌舞伎でも演じられる、有名な「勧進帳」の中にも、「その時急々如律令と呪する時は、あらゆる五陰鬼、煩悩鬼、まった悪鬼外道死霊生霊、たちどころに亡ぶる事」とある。

蘇民将来と牛頭天王

現在、伊勢・志摩地方を訪れると、驚くことにほとんどの家の玄関の軒先に「蘇民将来子孫家」と墨書された札が掲げられている。その「蘇民将来子孫家」の札の裏には、「急々如律令」と記されている。また、長野県上田市信濃国分寺の六角柱のこけし形をなす色鮮やかな蘇民将来護符も有名である。

『備後国風土記』（逸文）には疫隈国社（広島県福山市新市町の素戔嗚神社）の縁起として、次のような説話がある。「昔、北の神が南の神の娘に求婚するために出かけて日が暮れ、宿を求めたところ、裕福な弟の巨旦将来は断ったが、蘇民将来という名の貧しい兄は宿を貸した。北の神はのちに戻って来て、恩に報いようと蘇民将来の家族に茅の輪を腰に着けるように言った。言われた通りに着けると、その夜、蘇民将来の家族を除き、皆殺されてしまった」。そこで、後世でも疫病がはやったときには蘇民将来の子孫と

名乗り、腰に茅の輪を着ければ、免れることができると信じられるようになったのである。

この説話にもある疫病をもたらす疫鬼の首領として諸悪をつかさどる神が牛頭天王である。牛頭天王は祇園精舎（釈迦の多くの説法が行われた僧坊）の守護神とされ、密教や陰陽道と習合して日本に伝えられ、本体は素戔嗚尊とされ、疫病や虫害を除去する神格として、信仰された。

蘇民将来札を護持すれば牛頭天王の庇護のもと牛頭天王と眷属（従者）の猛威から逃れることができると信じられていた。この蘇民将来の札は、全国各地の、平安末から鎌倉時代以降の中世の遺跡から出土している。現段階で最も古い例は、延暦三年（七八四）に遷都された長岡京内から縦二・七センチ、横一・三センチという小形の「蘇民将来之子孫者」と表裏に書かれた札が発見されている。

古代・中世には、繰り返し襲い来る凶作による飢饉・盗難・疫病は、悪しき神のたたりであると考えられてきた。今日各地の遺跡から出土する呪符は、作法にしたが

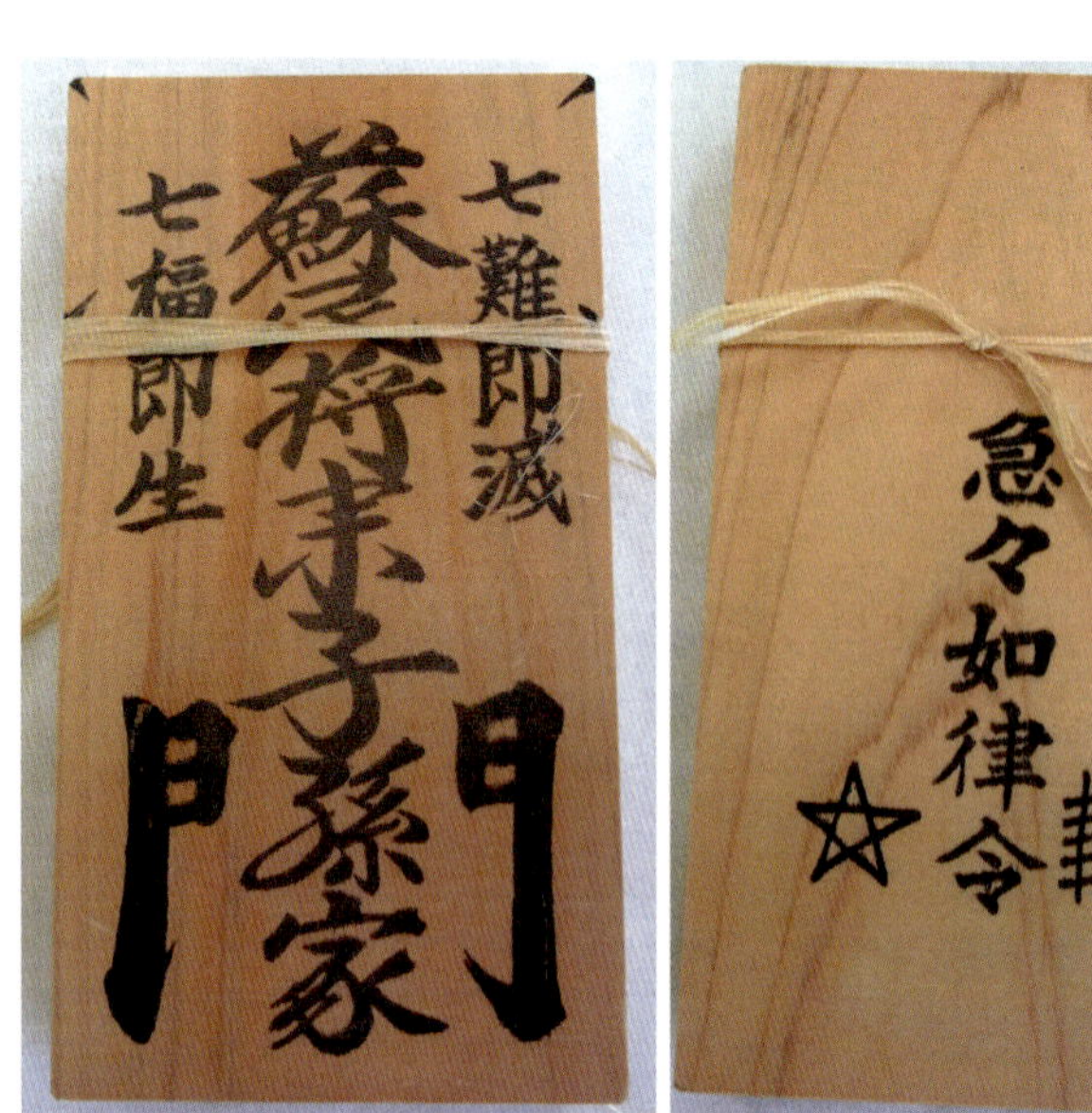

現在、伊勢地方の玄関の軒先に掲げられている「蘇民将来」札の表面（左）と裏面

い祈禱されたもので、病と戦い、その治癒を念じて、人びとがひたすら祈り続けた痕跡を伝える貴重な資料である。

長野県上田市信濃国分寺の「蘇民将来」護符
(信濃国分寺資料館蔵)

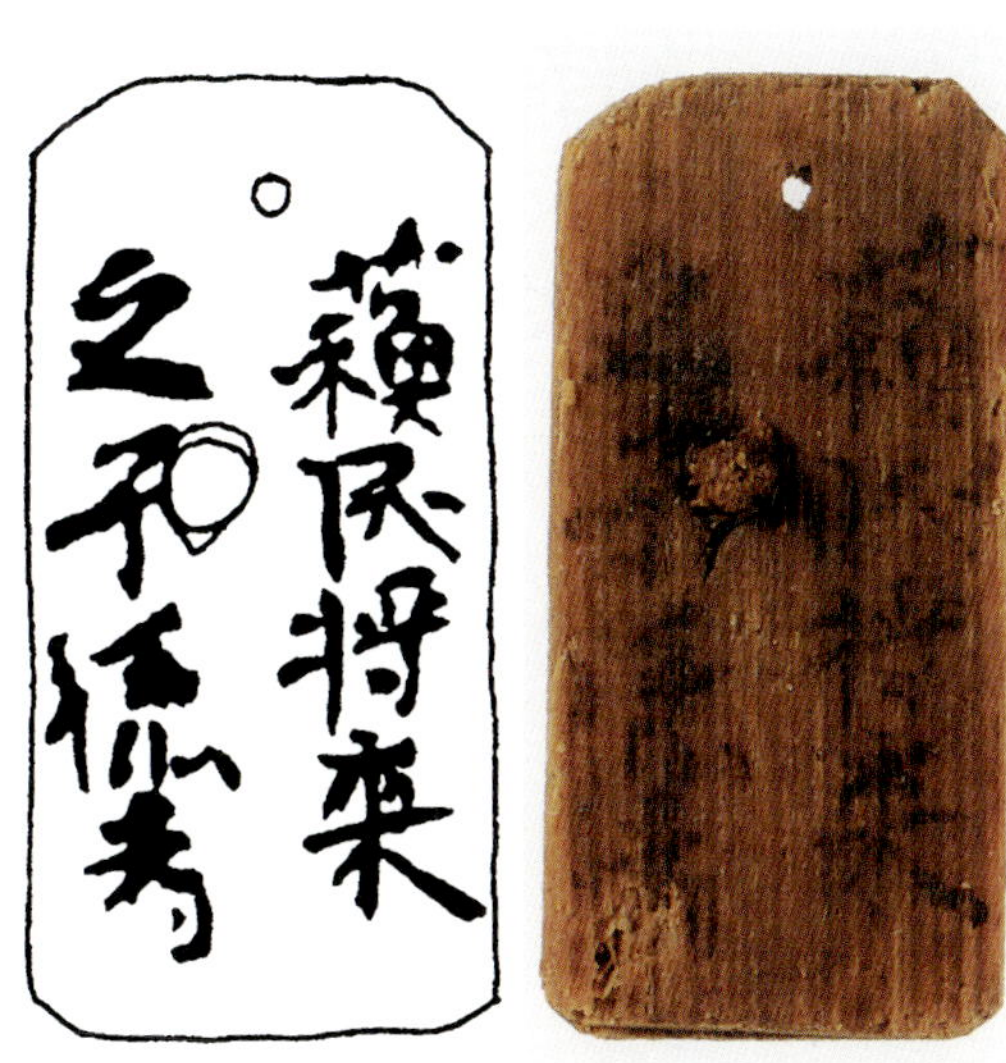

蘇民将来札の表面（右）と実測図
(8世紀後半、京都府長岡京跡出土、長岡京市埋蔵文化財センター蔵)

魔よけの符号
東アジアに広がる共通の願い

「丗」は文字か、記号か

全国各地の遺跡から出土する土器に墨書(ぼくしょ)された文字（墨書土器）を調査していると時々、文字なのか記号なのか迷うものがある。その中でも「丗」と記されたものは、従来井戸の「井」という漢字とみなし、井戸の祭りにかかわるものと理解されていた。しかし、この「丗」が漢字なのか疑問に思い、全国各地の墨書土器について検討してみた。

神奈川県平塚市六之域R3遺跡では、「福」「吉」「豊」などの吉祥語（めでたい言葉）とともに、「丗」と墨書された土器が出土している。山梨県においても、北杜市高根町東久保遺跡（一〇世紀ごろの集落跡）から土師器坏に墨書された「吉」「丈」「六万」「家吉」などと「丗」と書かれたものが一緒に出土する。

さらに、この「丗」が一つの土器に他の文字と組み合わせて記されている例もある。千葉県東金市作畑遺跡の墨書土器「丗　小田万呂」は「丗」と「小田万呂」の書体が明らか

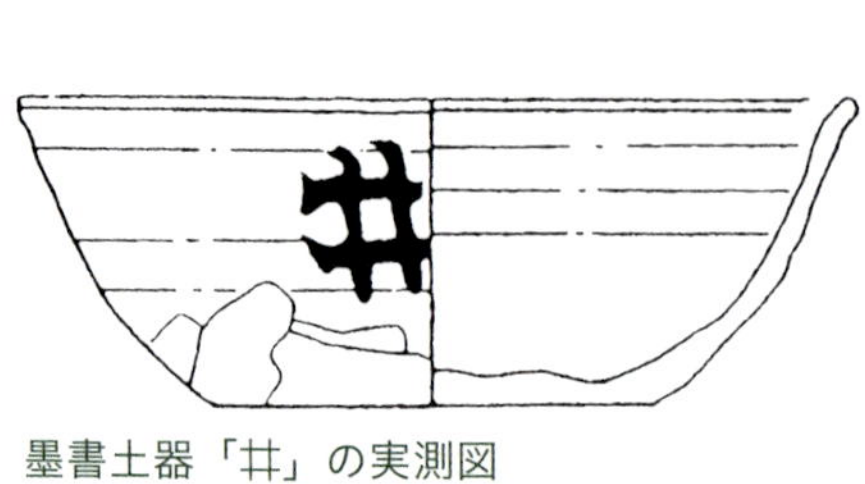
墨書土器「丗」の実測図
（山梨県北杜市高根町東久保遺跡出土）

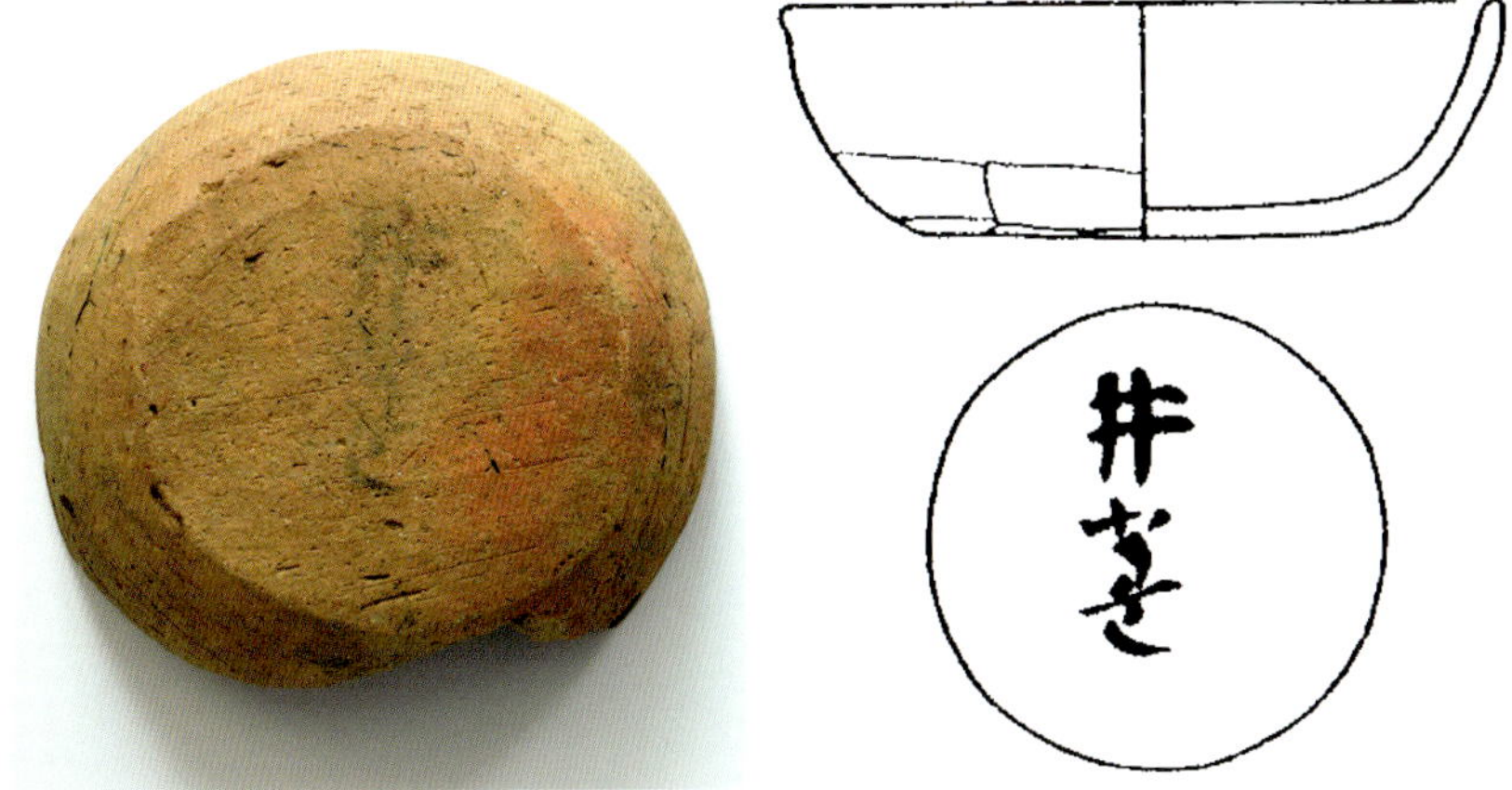

墨書土器「井　小田万呂」（千葉県東金市作畑遺跡出土、東金市教育委員会提供）と実測図

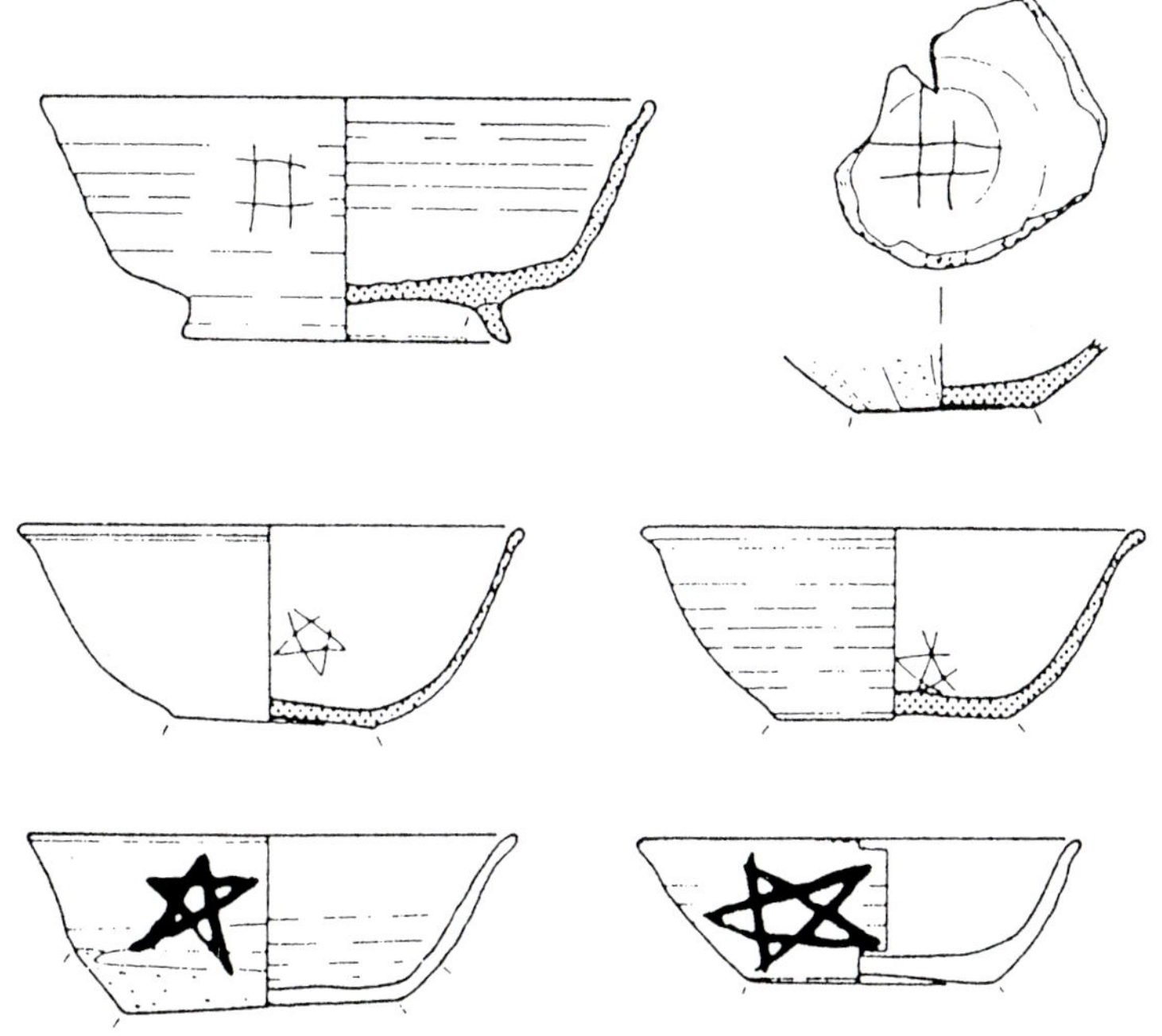

千葉県柏市花前遺跡群出土土器「井」「☆」の実測図（上・中段は線刻、下段は墨書）

に異なっている。すなわち、人名「小田万呂（おだまろ）」は通常の行（ぎょう）書体（しょたい）、それに対して「井」は「小田万呂」より大きく、楷（かい）書体風（しょたい）に書いている。「小田万呂」の記載とは別に、上部に「井」を記したものであろう。これらの数例からも、「井」は井戸の「井」ではなく、むしろ一種の記号と判断できそうである。

この判断の妥当性を高めることができた好例が千葉県柏市花前遺跡群の出土土器である。この遺跡群の場合、文字よりも「◎」「○」「☆」などの記号がほとんどで、その中の土器に「☆」とともに「井」が土器の使用段階の時に刃物の先端で刻まれたもの（線刻（せんこく）土器という）があった。山梨県内の例では、韮崎市（にらさき）宮ノ前遺跡でも「井」と記した線刻土器が出土している。

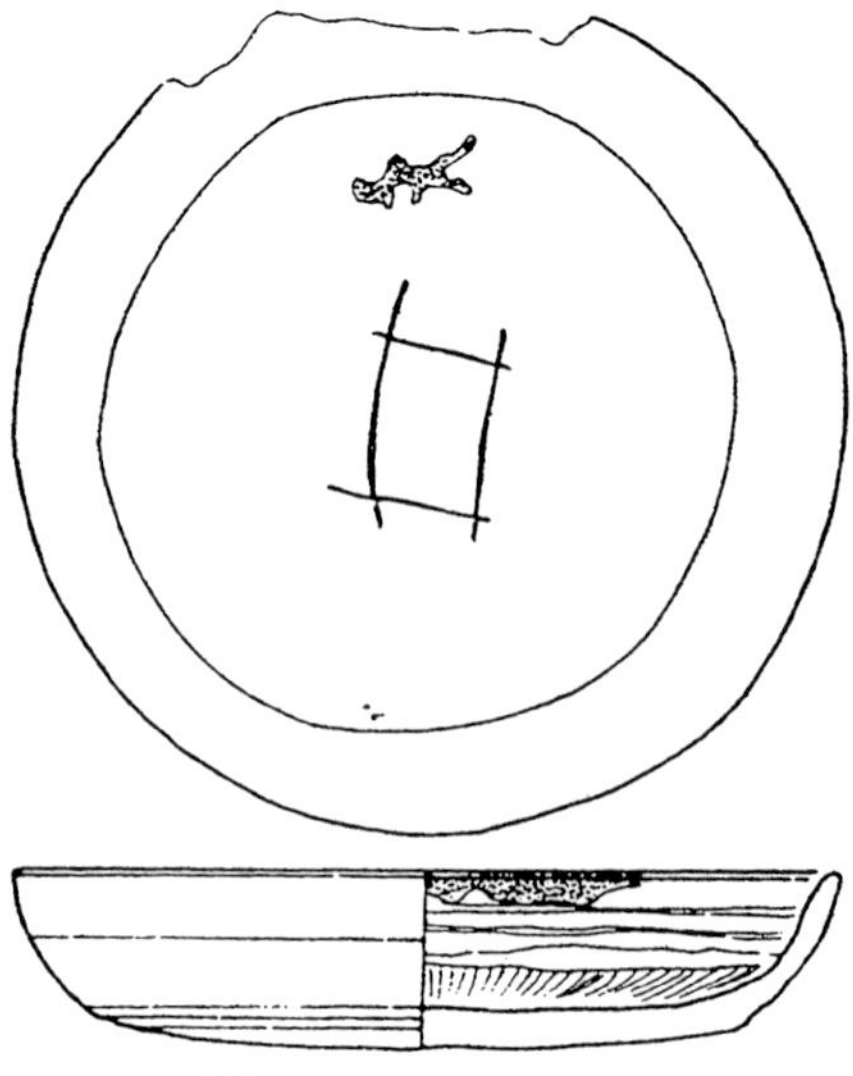

線刻土器「井」の実測図
（山梨県韮崎市宮ノ前遺跡出土）
「井」は土器の底部内面に記されている。

海女が身につける魔よけ符号

私は、一九九一年、たまたま目にした週刊誌の広告欄に載っていた、伊勢志摩地方の海女（あま）の「磯（いそ）ノミ」

に注目した。魔物がすむとされる、暗く孤独な海底を仕事場にする海女は、貝を岩からはがす道具である「磯ノミ」に魔よけ符号の「▦」と「井」印や「☆」印を刻んでいたのである。また海女は髪あげという手拭をかぶる。その手拭の中央には、「☆」と「▦」の印を縫い取った図柄がついている。

この「井」の記号は、道教の符号である「▦」（ドーマン）を簡略に記したものであろう。「▦」記号は「九字」といわれ、中国の道教の理論書『抱朴子』（四世紀）にみえる陰陽道（「おんようどう」または「おんみょうどう」と読む）や修験者が唱える護身の呪文「臨兵闘者皆陣列在前」（敵の刃物にひるまずに戦う勇士が前列に陣取っているという意味）の九つの文字のこと。この言葉を唱え、指で空中に縦に四線、横に五線を書くと、護身・除災・勝利を得られるというまじないである。

「☆」印も、元来西アジア地方が起源とされ、もともとは道教の北斗星信仰を象徴する文様である。悪霊・邪神を払い、願いごと達成を祈る記号で、セーマン（五芒星）とよばれ、陰陽道や修験道では「五行」（木・火・土・金・水）と称されている。平安時代中期の陰陽家として名高い安倍晴明（九二一〜一〇〇五年）を祭る京都市・安倍晴明神社の紋所にもなっている。

伊勢志摩の海女の磯ノミに刻まれた「▦」「☆」「井」の符号

広開土王の魔よけ符号

「井」印は魔物も迷う迷路、「☆」印は魔物も入るすきがないことを表すものとされている。この魔よけ符号「井」も、一〇一ページ「まじないのことば「急急如律令」」で紹介した「急急如律令」の呪句同様に、古代朝鮮を経由して日本列島に伝えられたのではないかということがわかってきた。中国東北部（旧満州）から朝鮮半島北部を支配したのが、古代朝鮮三国の一つ、高句麗である。この高句麗の最盛期の王が有名な広開土王である。高句麗の第一九代の王（在位三九一～四一二）で、その王の功績を記したのが、四一四年に建立された広開土王碑（現中国吉林省集安県に所在）である。王の名は正しくは「国岡上広開土境平安好太王」という。三国の一つ新羅国の使者が、当時勢力を誇った高句麗に赴き、新羅の都（慶州）に持ち帰ったのが、「高句麗好太王壺杅」とよばれる青銅製の碗（直径二四センチ、高さ一九・四センチ）である。その碗の底外側に次のような銘文が記されている。

「乙卯年國
※岡上廣開
土地好太
王壺杅十」

青銅製の碗「高句麗好太王壺杅」（右）と碗の底（韓国国立中央博物館蔵）

乙卯年は、広開土王碑の建立された翌年の四一五年にあたる。驚くことに好太王の名の上部に斜めに「井」が刻されているのである。この「井」の記号は、韓国内では、これまでまったく解釈されてこなかったが、私は広開土王の魔よけ符号と理解した。さきに紹介した千葉県作畑遺跡の「小田万呂」という人物の魔よけとして、人名の上部に記号「井」を記した墨書土器（八世紀）とは国も時期も異なるが、まったく同じ記載方法であるとみてよいであろう。

韓国内においては、六世紀以降の土器にも生乾きの状態で竹べらで「井」を刻む（ヘラ書き土器という）数多くの例が確認できる。五世紀初めにすでに古代朝鮮において「井」は魔よけ符号として用いられ、やがて日本列島にもたらされたのではないか。

護身・除災の必死の願いが、甲斐国を含め、アジア世界に共通した魔よけ符号「井」「☆」を広めたのであろう。

甲斐に浸透した呪文記号

ここで、これらの呪文記号が、古代以降、甲斐国、山梨県内にどのように浸透していったのかを検証してみたい。

「井」銘高坏と、杯に刻まれた符号の拡大図
（韓国・金海市礼安里古墳群30号墳出土、釜山大学校博物館蔵）

甲斐国の政治的拠点・甲府城は、近年の史跡整備にともなう発掘調査によって、画期的な築城技術がつぎつぎと明らかになってきた。一九九七年度の城内の石垣改修工事と発掘調査において、石垣の表面に、先端が固くとがったもので、細く浅くさまざまな記号状のものが掘り込まれていることを確認している。この線刻画の総数は一四六点と報告されている。報告書（山梨県埋蔵文化財センター『県指定史跡　甲府城跡稲荷櫓台石垣改修工事報告書』二〇〇三年）によると、線刻画は陰陽道の呪符に類似するものが多く、石材の加工状況などからも甲府城築城期のものとされている。

これらの線刻画は、甲府城内のうちでも、特に稲荷櫓の石垣に集中している。この稲荷櫓からは、地鎮の道具とされる〝輪宝〟も出土していることがよく知られている。輪宝とはもともとインドの兵器で、車輪

甲府城跡全体図（山梨県埋蔵文化財センター『県指定史跡　甲府城跡稲荷櫓台石垣改修工事報告書』より）

甲府城の石垣に残る線刻画「𠦝」
（山梨県立考古博物館提供）

の形をしていて、八方に鋒端（ほこさき）を出す形状であり、仏教に取り入れられて、古代インドの理想の国王とされる転輪王（てんりんおう）が所持する七宝の一つとされた。わが国においては、輪宝は地の神に願い、屋敷地全体を〝吉地〟とするまじないに用いられている。平安時代には、輪宝などを寺院や宮殿の建物の基壇などに埋納した事例（奈良・興福寺や平安京の内裏・承明門（しょうめいもん）など）が知られている。

この稲荷櫓になぜ、〝輪宝〟や石垣石材の呪術的線刻画が目立つのであろうか。稲荷櫓は、甲府城の北東の位置にあたる。陰陽道において、方位の四隅のうち北西を天門、南東を地門、南西を人門とするのに対し、北東の方位を鬼門とし、陰悪の気が宿り百鬼出入りする門とされているため、甲府城の稲荷櫓建造の際に地鎮や魔よけを行ったのであろう。稲荷櫓の線刻画のなかには縦四本、横五本の「卌」と「☆」（五芒星（ごぼうせい）・セーマン）さらには輪宝を刻んだものも明確に認められる。

御札にもみられる魔よけ符号

もう一つの情報は、現在も寺院で使われている御札である。

国の重要文化財で、平安初期の薬師如来（やくしにょらい）立像（像高四三センチ）を寺宝とするのが富士川町春米（つきよね）の明王寺で

甲府城跡から出土した輪宝（17世紀、山梨県立考古博物館蔵）

ある。寺の縁起では、儀丹上人（藤原不比等縁故の人とされている）が天平神護年間（七六五～七六七年）、この地に来て、櫛形山から流れ出た利根川上流の大滝で、修行に励んでいたとき不動明王の霊像が現れ、この霊像を本尊として宝亀元年（七七〇）、現在の地に明王寺を開創したと伝えられている。寺は開山当初は三論宗で、以後、いくつかの宗派を経て真言宗智山派となった。往時は広大な寺地に大伽藍を誇ったという。

この明王寺では、現在も檀家や参詣する人びとに願い事成就の紙の御札を配布している。その御札には呪句が

「梵字＋鬼＋▦＋喼急如律令」

と四行にわたって記載されている。魔よけ符号「▦」と願い事が早急に成就するための呪句「喼急如律令」（急急如律令）であることはいうまでもない。

古代の人びとが、中国や朝鮮半島などから導入した「急急如律令」の呪句や「▦」「井」や「☆」のような符号が中・近世を経て、現在も県内で人びとの願い、祈りと深く関わっていることが確認できたことは、とても感慨深い。

第二部
人びとの祈り

道祖神信仰はどこからきたか

外来の呪術的要素と道の祭祀

山梨県で盛んな道祖神祭り

毎年一月十四日の夜、山梨県内各地では、道祖神祭りのどんど焼きが恒例行事である。私の生まれ育った甲府の南の地域では、集落の中を走る道路が交差する衢に、道祖神とされる丸い石が土台の上に置かれ、その前で火を焚き、家々から持ち寄ったマユダマ（繭玉）の団子をあぶり、健康や養蚕・農作物の豊穣を願う。どんど焼きの火に、習字した紙を投げ込み、火にあおられて紙が高く上がると、字が上達するといわれた。どんど焼きの灰を持ち帰り、家の周囲に撒くと蛇や病気が入ってこない、あるいは火事にならないといういわれもある。このような道祖神祭りは、集落のほぼ全員が集う、年に一度の最大の行事で、子供ごころに興奮したことを今でも鮮明に記憶している。

県内ではさまざまな道祖神祭りが行われる。各集落の中心の辻や村境の石造物が祭られている広場に、美しく飾られた小屋や神木を立てて火を焚き祈る。厄除け、豊穣祈願、縁結び、夫婦和合、安産、子授けなど、さまざまな願いが込められる。

山梨県立博物館は開館した二〇〇五年十月、開館記念の企画展として「やまなしの道祖神祭り」を実施した。通常、博物館の開館記念の企画展では、国宝・重要文化財などを披露することが多いが、当博物館ではあえて山梨県内各地で最も盛んに行われる道祖神祭りという民俗行事を展示した。本来なら一月十四日に飾るオヤマカザリ・オカリヤ・オコヤなどの神木や小屋を、県博の展示のために、各地域の方々に十月十五日の開館に向けて製作していただいた。優美な飾りで知られる身延町三沢大草の「オヤマカザリ」は、県博の展示場で数日かけて製作されたものである。

この時、私自身はじめて、山梨県の道祖神祭りの華やかな飾り物の美しさとその大きさに驚嘆した。ムラの人が総出で立てるヤナギなどの神木は、道祖神祭りのシンボルであるとともに、ムラの人びとの結集の表現でもある。

北杜市明野町上神取（かみかんどり）地区の場合、組の行事として男女が力を合わせて見事な飾りを付けた神木「オヤナギサン」を立てる。山中湖村長池の「ダシンボク」とよばれる神木立ては、カラマツの木を伐（き）り出すとこ

身延町三沢大草のオヤマカザリ（高さ約10㍍）。
右下はオコヤ（1.8×1.8×1.5㍍）
（染谷學氏撮影、山梨県立博物館『どうそじん・ワンダーワールドAGAIN―やまなしの道祖神祭り―』2013年より、次頁も出典同）

ろから始まる。一月十三日か十四日の直近の土日に、前年に男児が生まれた家の山から青年会の手によって木の伐り出しを行う。毎年、前年より一センチでも高く立てなければならないとされている。この長池の「ダシンボク」も富士山を背に、実に豪華な飾り付けで人びとの度肝を抜く。

季節はずれの十月に県立博物館で県内各地の道祖神祭りが一堂に会したので、来館された各地域の人たちは、はじめて地元以外の道祖神祭りを見たと口々に語っていた。たしかに毎年一月十四日、県下いっせ

北杜市明野町上神取のオヤナギサン
（染谷學氏撮影）

山中湖村長池のダシンボク（高さ約12メートル）
（宮下徳長氏撮影）

いに祭りを行うのであるから、他の地域の祭りの様子はわからないのは当たり前である。こうしたことができるのも、博物館ならではといえる。

日本列島の中でも、山梨県は、長野県・群馬県と並んで道祖神信仰が特に盛んな地域であり、しかも山梨県内の道祖神祭りは、あらゆる類型が存在する点も大きな特徴とされている。

韓国の道祖神信仰と陽物形木簡

この道祖神信仰は、いつごろ、どのように生まれたのであろうか。山梨県立博物館の開館の前年と記憶しているが、韓国の国立扶餘博物館から出版された小冊子『百済の文字』（二〇〇二年刊）を眺めていた時に、一つの木製品に目が釘付けとなった。現在の韓国・忠清南道扶餘郡に所在する百済の王都にあった陵山里寺跡から出土した墨書された木製品で、それは明らかに陽物（男性器を表現したもの、男根ともいう）形であり、文字は「道縁立……」と読めた。

この木簡は実に古く六世紀半ばのもので、長さ二二・六

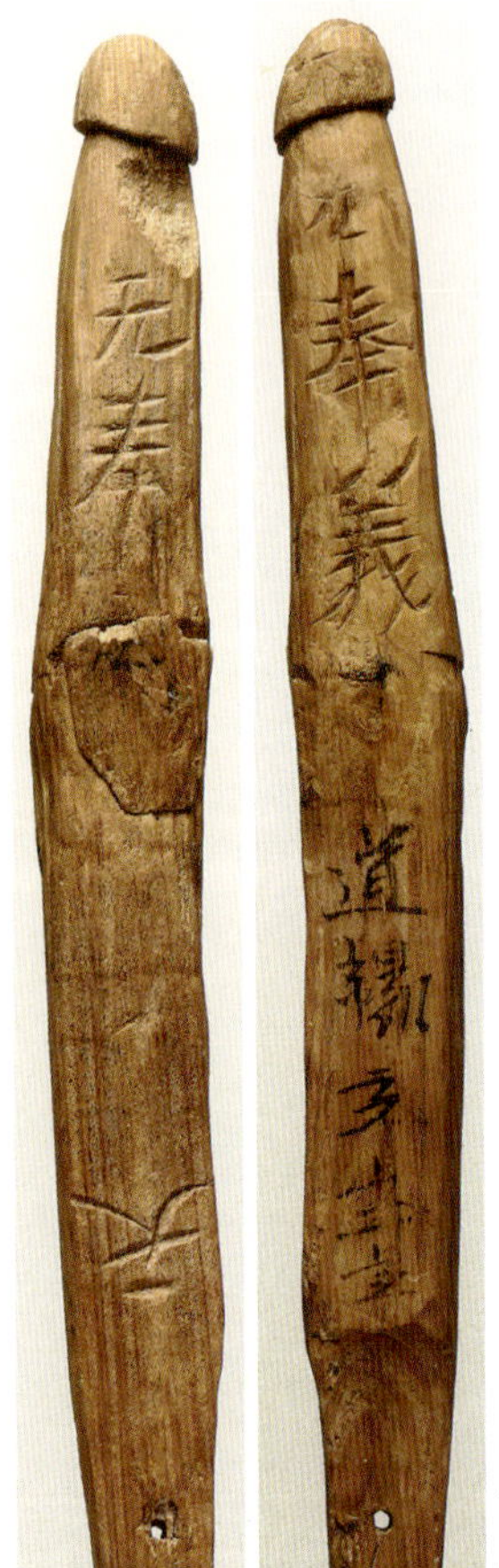

第3面　第1面

百済・陵山里寺跡出土の陽物形木簡（長さ22.6×幅2.5×厚さ2.5㌢、韓国国立扶余博物館蔵）
第1面「无奉義（刻書）　道縁立立立（墨書）」
第3面「无奉（刻書）　天」

センチ、幅二・五センチ、厚さ二・五センチの方形で、四面に墨書・刻書の文字がある。この小型の陽物形木簡は、「道縁」すなわち道の端に常設された柱に架けられたとすれば、道行く人びとが目線で見ることができたのではないか。第三面の先端部分が平滑に削られていることから推測すると、第三面を柱に密着させ、第一面が正面に見えるように掲示していたのであろう。しかも第三面の「天」を文字通り上とすると、この木簡は陽物形の先端を道路に向け、記された文字は天地逆となる。

百済の王都は、北、西から南に錦江（白馬江）の大河が流れ、北には扶蘇山が位置している。また東辺は城壁（羅城）で直線的に完全に閉鎖されている。東辺羅城のほぼ中央の位置に門があり、東方

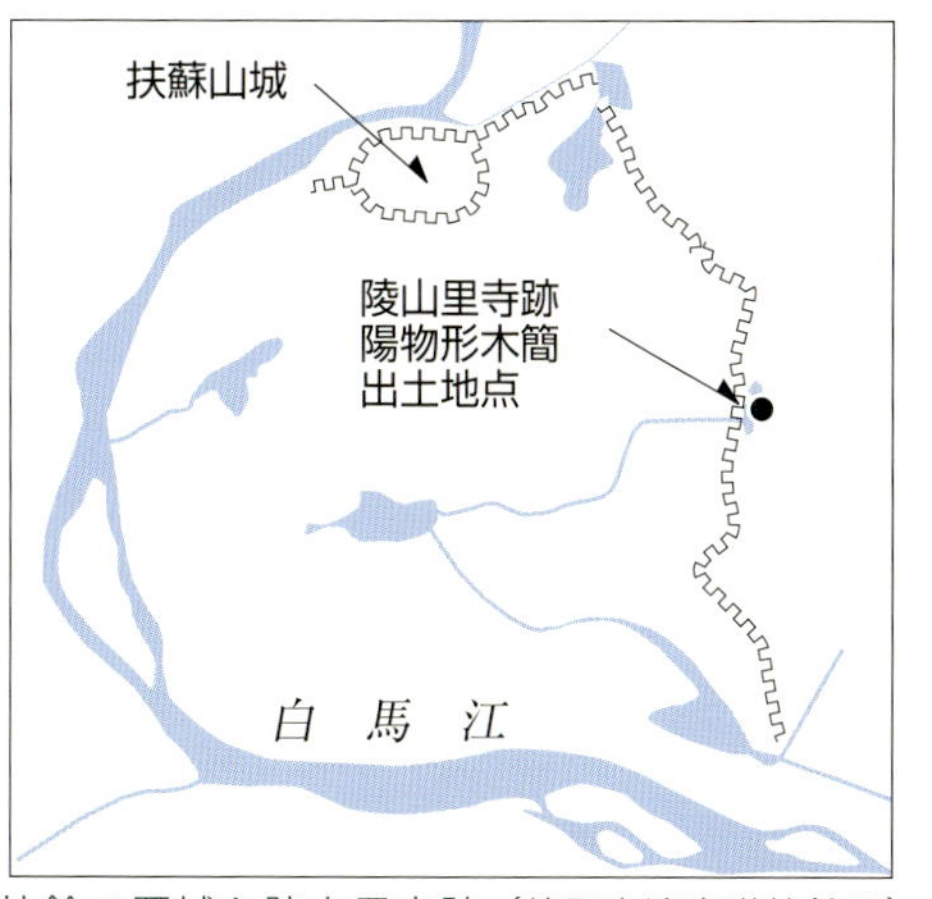

扶餘の羅城と陵山里寺跡（韓国忠清南道扶餘郡）

羅城東門周辺の復元図

の平野部へ唯一通ずる道が走っている。この木簡は、羅城の東門を出た道の端に設置された柱に掛けられたのであろう。日本列島では、陽物形の石・木製品は旧石器時代から現代まで、活力または威嚇の機能を示す象徴として辟邪（魔除け）の呪具に用いられていたとされている。

山梨県内の道祖神祭りにおいても、陽物を用いた祭祀が広く見受けられる。例えば、山梨市牧丘町牧平の道祖神は、夫婦円満や縁結びの神であり、男性であるという。そのため、小屋（オカリヤ）は稲束で陽物形に作られる。陽物部分は「オタマシイ」とよばれ、小屋の中で最も重要な部分とされている。また、同じ牧丘町室伏の道祖神も、ヒノキの葉を積み上げた小屋の中に、陽物形の木製品が置かれる。

朝鮮半島における陵山里寺跡出土の陽物形木簡は、王の居住する王都を常に清浄に保ち、邪悪なものが王都に侵入するのを防ぐために、羅城の東門入り口付近の「道の縁」に立てられたとみられる。

山梨市牧丘町室伏の道祖神の陽物形木製品

道に関わる古代日本の都城祭祀——道祖神信仰の原点

一方、古代日本の都城はどうであったろうか。七世紀半ば、都は大和の飛鳥から河内の難波へ遷される。一九九九年に、この難波宮跡の北西部に位置する大阪府警察本部の敷地の発掘調査で「戊申年」と記された木簡が出土し、この年は共伴した土器の年代観から六四八年にあたることが判明した。出土場所は七世紀半ばの難波宮の東西約六〇〇メートル、南北約五三〇メートルと想定される宮域のちょうど北西隅にあたる。この「戊申年」木簡と共伴する木製品に二点の陽物形木製品が確認されている。括り部分が削り込まれており、二点とも百済・陵山里寺跡出土陽物形木簡と同様に陽物形の先端を下に向けて掲示したものと想定できる。

古代の都城では、京城の四隅の道上で外から来る鬼魅（おにやばけもの）が京内に入るのを阻止するための祭り〝道饗祭〟や、外国から入京する使節に対して疫病などの侵入を防ぐための〝宮城四隅の疫神の

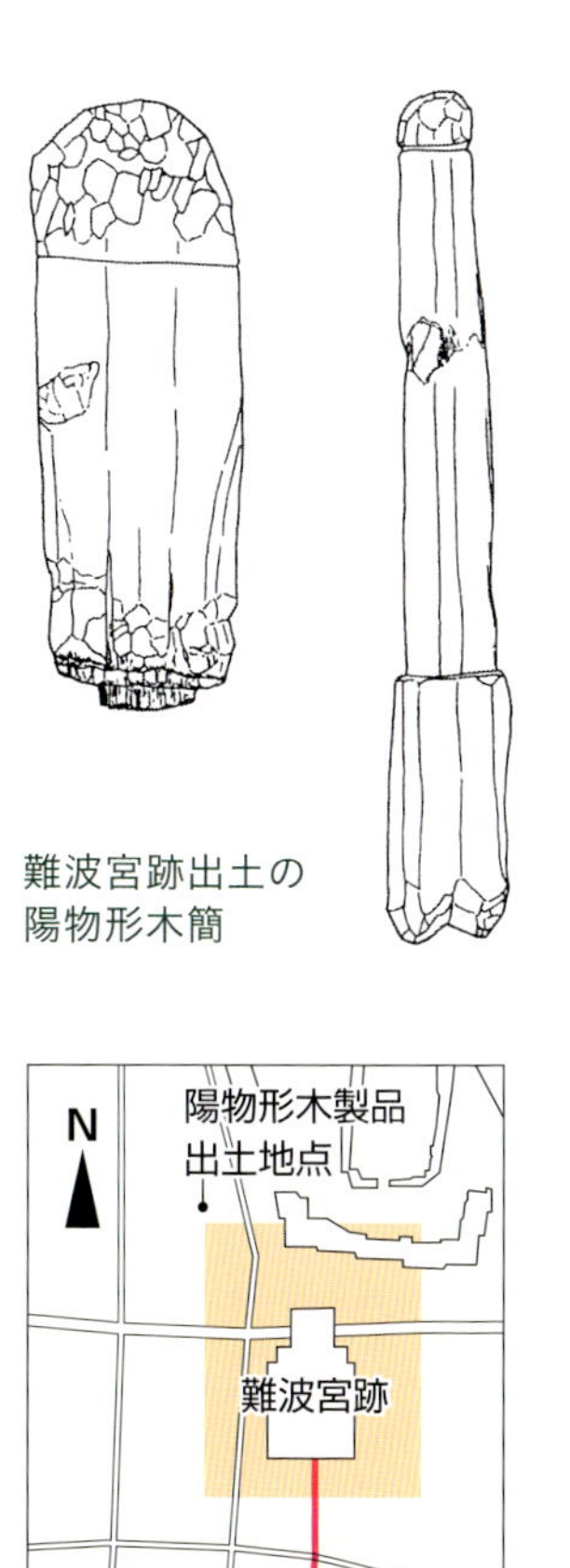

難波宮跡出土の陽物形木簡

難波宮跡出土陽物形木簡出土地点

祭〟を行うことを定めていた。

古代東北の行政・軍事の中核拠点である多賀城（たがじょう）跡からも陽物形木製品二点が出土している。その二点が、多賀城の一辺約九〇〇メートル四方の外郭線の東南隅および外郭南門付近から出土したことで、都城の道饗祭と類似した祭祀が実施されていたことがわかる。

その道饗祭をはじめ、道に関わる特異な祭祀形態として二つの特徴がある。一つは六世紀の百済の王宮の入り口近くの道の縁に陽物形木製品を立てるという祭祀を、七世紀後半の日本の都城祭祀に導入したことである。さらに一〇世紀以降、京のチマタや各地の辻で陽物を表現した神像（陰部を表現した女性像と対の場合もあり）が立てられていたが、それは当時の人びとには奇異なものと意識され、『今昔物語集（こんじゃくものがたりしゅう）』に「下劣ノ神形」と表現されている。もう一つは、道に関わる祭祀の祭料に牛・猪・鹿・熊という四つの動物皮が供されている点である。猪・熊などの獣物の皮を供えることは威嚇行為とみられる。

このように道に関わる祭祀は、日本列島における従来の一般的信仰とは異質な、陽物形や動物皮などを用いた外来の呪術的要素の強い特異な祭祀形態であった。

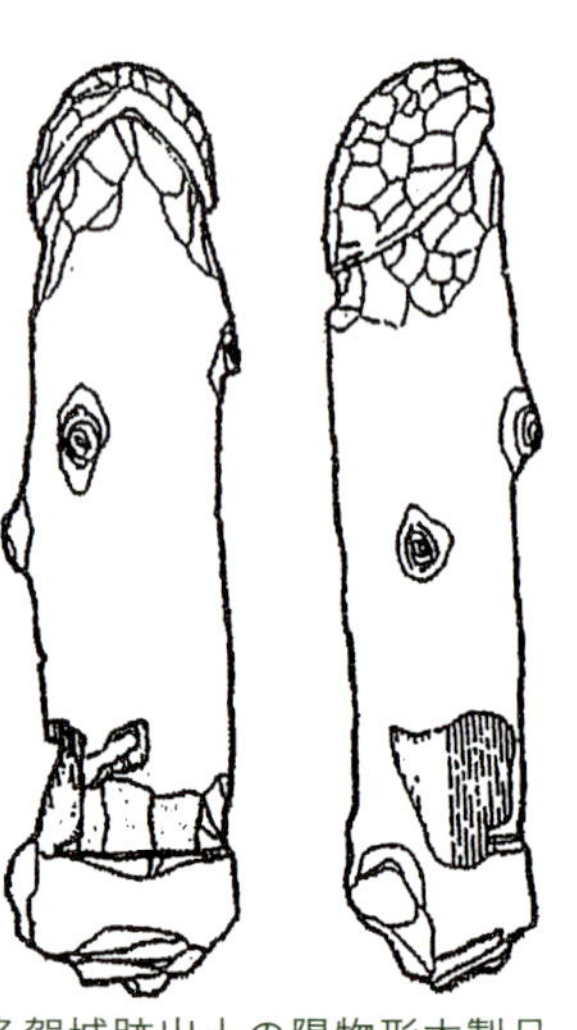

多賀城跡出土の陽物形木製品

N
東門
政庁
西門
出土地点
南門
0　300m

多賀城跡出土陽物形木製品出土地点

この道饗祭・宮城四隅疫神祭などを含めた道に関わる古代の都城祭祀こそ、道祖神信仰の原点といえよう。道祖神信仰はこれまで民俗学で想定したような、古代の村々にすでに存在したものではなく、古代の都城祭祀としてきわめて政治的に創出された特異な祭祀であると考えるべきものである。

七〜一〇世紀ごろまでは、「道祖」はクナト（フナト）ノカミ・サエノカミという〝邪悪なものの侵入を防ぐカミ〟と、タムケノカミという〝旅人の安全を守る道のカミ〟という二要素を包括するものであった。祭祀形態でいえば、日本の都城や地方官衙（かんが）においても、百済王都と同様に四隅や入り口付近に陽物を掲げる祭祀が行われた。

一〇世紀以降、道の祭祀は、都城や地方官衙の方形の四隅（よすみ）ではなく、京のチマタや各地の辻などで実施された。一二世紀以降、京などのチマタにクナト（フナト）ノカミ・サエノカミとして男女の人形が登場し、その人形を「道祖神」と表現した。

一方、「道祖」に包括されたもう一つの性格としての〝道の神（タムケノカミ）〟も一〇世紀以降、絵画の世界で具体像が明確に描かれている。一〇世紀初頭ごろの「信貴山縁起（しぎさんえんぎ）」には、主人公

道の神を祀った小さなやしろの前の丸石
（「信貴山縁起絵巻」尼君の巻、模本、東京国立博物館蔵）

と従者が古老に姉の消息を尋ねている場面の背後に、旅行く人のための道祖神の小さな祠が、道端に祀られている。その祠の前に幣で囲まれた石の台の上に球状のものが描かれている。

この描き方と類似した絵画が一二世紀半ばごろの作とされる「扇面古写経」である。旅装した女性と背後には辻神の祠を描き、その前に幣が立てられ、「丸石」が置かれている。辻にある祠は、道祖神（道の神）を祀ったものであろう。

このように数多くの絵巻の中で、道端あるいは辻の小祠の前に丸石が供えられている。これら道の傍らの丸石が現在の山梨県内で特徴的にみられる丸石道祖神に系統的につながるものとみてよいのではないか。

「道祖」の二要素（クナト〈フナト〉ノカミ・サエノカミとタムケノカミ）は、中世には、男女の人形と丸石として表現されるが、おそらく、両者とも「道祖神」と呼称されていたのではないか。

かつては、七世紀半ば以降の都城祭祀として、京内に邪悪なものの侵入を防ぐ目的で陽物などを用いて厳粛に実施された道の祭祀は、村の自治が本格的に確立される中世末から近世に入って村落に邪悪なものが侵入するのを防ぐ道祖神祭りとして確立されたのではないだろうか。さらには村落における境界祭祀に

現在の丸石道祖神（山梨県立博物館提供）

加えて、豊作祈願、縁結び、そして地蔵信仰などが近世以降加えられていったのであろう。それにともない、祭りの場も村境から村の中心部のチマタに移っていったのであろう。

山梨県は閉鎖的と考えられがちであるが、四方を山に囲まれた地だからこそ他地域との交流を求めた。道祖神祭りは道に深く関わる信仰であり、活発な交流の証しでもある。あらためて地域の伝統行事の豊かな歴史的意義を理解し、この行事が地域振興の活力源となり、さらに次の世代に継承されていくことを望みたい。

富士山への信仰と壺

末法思想と経典埋納

末法の世から救いを求めて

山梨県南巨摩郡南部町の篠井山は標高一三九四メートルあり、古くから信仰の山とされてきた。山頂からは東方に富士山の山裾までを眺望することができる。山頂付近はやや平坦地となっており、三社からなる四ノ位明神が鎮座している。その社の下から明治二十四年（一八九一）ごろ、経塚に経筒を納めた外容器と思われる壺が掘り出された。

経塚は、法華経・阿弥陀経・弥勒経・般若心経などの教典を書写して地下に保存し、後世まで教典を残すための仏教遺跡である。教典の埋納方法は、地下に深さ約一メートルほどの土坑を掘り、扁平な底石と側石で組んだ石槨を設け、その中に設置した外容器に、写経したものを入れた経筒を納めた。教典を埋納する際には石槨の内外に教典を守るための鏡や刀子など、結縁（仏道に入る縁を結ぶこと）のための供養具

篠井山頂から見つかった藤原顕長・惟宗遠清銘の壺
（個人蔵、山梨県立博物館提供）

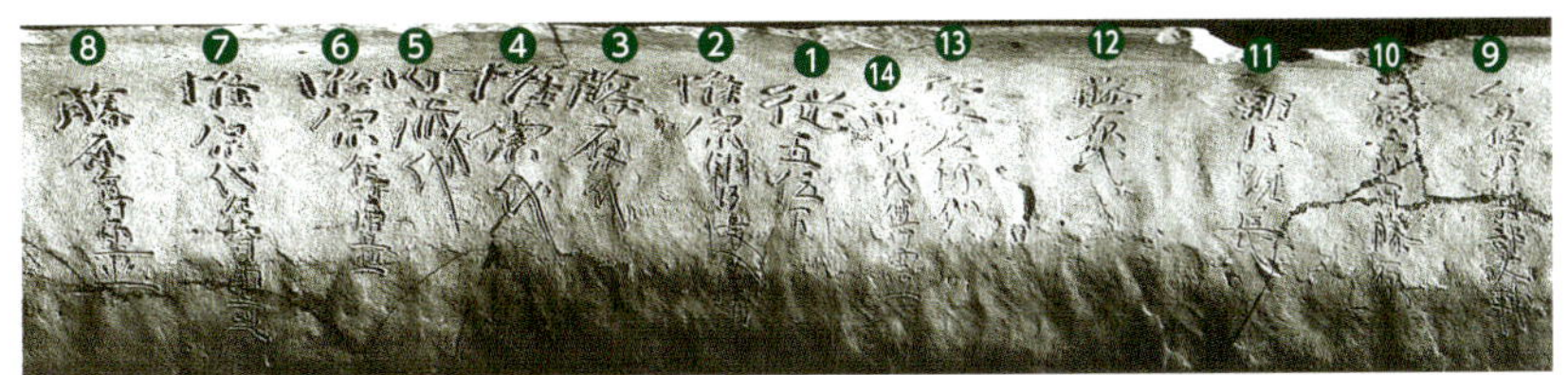
篠井山頂から見つかった藤原顕長・惟宗遠清銘の壺銘文（展開写真）

が添えられた。

平安時代末期、日本では仏教が衰えるとする末法思想が広まり、永承七年（一〇五二）から末法の世に入るとされた。仏の教えがすたれた後、未来の仏である弥勒が第二の釈迦として五六億七〇〇〇万年後に現れた時に、地下に埋めら

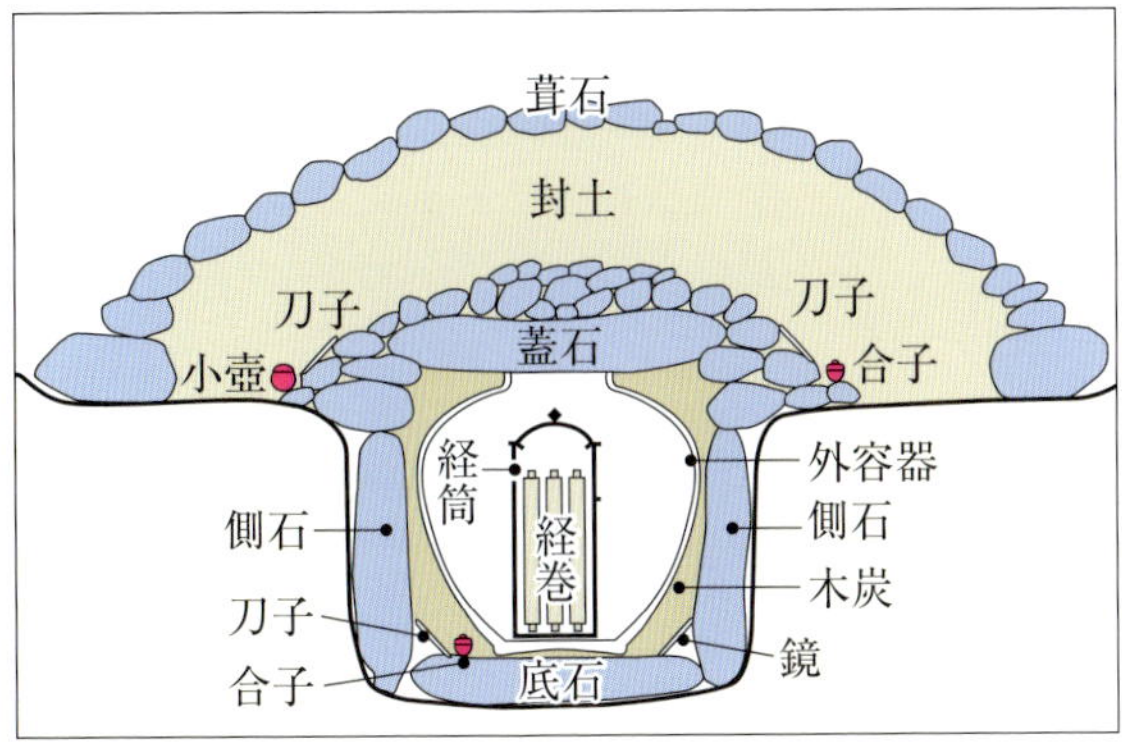

経塚模式図

南部町の篠井山頂から東方に望む富士山

れた経典がわき出して、過去の仏教と未来の仏をめぐりあわせるという。

経塚の造営は、一一世紀から一二世紀に隆盛期を迎え、全国規模で広がり、各地の霊山や聖山、神社や寺院の境内、あるいは小高い丘の上に営まれた。最古の例としては、寛弘四年（一〇〇七）八月、平安中期の権勢者藤原道長（ふじわらのみちなが）が左大臣の時に、自ら書写した教典を経筒に納めて大和の金峯山（きんぷせん）の山頂に埋納したことが知られている。

合致する銘文

南部町の壺は器高五四・五チセンあり、肩部を一周して「藤原朝臣顕長」という人名をはじめとする一四行六四文字が刻まれている。この南部町のものと同様の壺が、静岡県三島市三ツ谷（みつや）新田からも出土している。三ツ谷新田の壺は、昭和七年（一九三二）に発見され、器高三九チセン、一四行六三文字が刻まれており、経塚容器として用いられていたことが判明している。

南部町および三島市の壺の銘文は、二つの内容から構成されている。

正五位下行兵部大輔（しょうごいのげぎょうひょうぶたいふ）
兼三河守藤原（けんみかわのかみふじわらの）
朝臣顕長（あそんあきなが）
藤原氏（ふじわらのうじ）
比丘尼源氏（びくにみなもとのうじ）

道守氏(ちもりのうじの) 尊霊(そんれい)
従五位下(じゅごいのげ)
惟宗(これむねの) 朝臣遠清(あそんとおきよ)
藤原(ふじわらのうじ) 氏
惟宗(これむねのうじ) 氏
内蔵氏(くらのうじ)
惟宗(これむねのそんれい) 尊霊
惟宗(これむねのうじのそんれい) 氏 尊霊
藤原(ふじわらのそんれい) 尊霊

願主である「正五位下行兵部大輔兼三河守藤原朝臣顕長」と「従五位下惟宗朝臣遠清」が尊霊(みたま)の前にたてまつるということが書かれている。この壺の銘文構成および各行の文字配列は、南部町の壺銘文と、静岡県三島市のものとがまったく合致する。

興味深い点は、南部町と三島市の壺銘文の記載のしかたである。南部町の銘文は「従五位下惟宗朝臣遠清」部分から先に書きはじめている。六行目までは行間を空けずに列記しているが、七行目以降は行間を十分に空けて書き、次の「正五位下行兵部兼三河守大輔藤原朝臣顕長」部分も行間を空けて書き進めたが、最後の行「道守氏尊霊」の部分で詰まってしまい、狭いスペースにようやく収めているのである。それに対して、三島市の場合は、順序どおり「正五位下行兵部兼三河守藤原朝臣顕長」部分から「従五位下惟宗朝臣遠清」部分の一二行目までは行間を十分に空けて書いてあるが、最後の一三・一四行目はスペースがなく詰めて書き終えている。

こうした書き方になるのは、願主顕長と遠清が尊霊の前に供するという銘文があらかじめ用意され、依頼の壺を生産する陶工に配布されていたためと考えられる。陶工が生乾きの壺に銘文を刻む際に前半の「正五位下――」から記す場合と後半の「従五位下――」から記す場合、どちらから記しても、肩部に一周するので問題はないであろう。

誤字脱字の多い不完全品も

南部町および三島市の壺の生産地である愛知県渥美（あつみ）郡田原町渥美窯の一つ大アラコ窯跡から、昭和三十九年（一九六四）の発掘調査で銘文の刻まれた壺および破片が数多く出土している。一二世紀中ごろになると、渥美半島では大アラコ古窯を含め五百数十ヵ所の渥美窯でおもに日常雑器を生産していた。

〔例1〕

正五位下□　大輔兼
三河守藤原朝臣
　顕長
比丘尼
従五位下惟宗朝臣

遠清
藤原氏
惟宗氏
氏
氏尊霊
尊霊
道

〔例2〕
正五□□(下カ)行兵部大輔兼□□
守藤原
藤原氏
比丘尼
藤□(原カ)
惟宗氏
内蔵□(氏カ)

この二点の田原町博物館所蔵の壺の銘文は、彫りが浅く雑であり、南部町や三島市の壺に刻された彫りの深い文字と大きく異なっている。

つぎに、愛知県立陶磁資料館所蔵の壺は、器高四九・六センチであり、肩部に刻まれた銘文は八行三七文字である。

従五位下惟朝臣遠清
藤原氏
惟宗氏
内蔵氏
惟宗氏尊霊
惟宗尊霊
藤原氏尊霊
□宗氏尊霊（□は誤字）

この愛知県陶磁資料館所蔵の壺は、完形品にもかかわらず、南部町・三島市の壺に刻された銘文後半の「従五位下惟宗朝臣遠清」部分のみである。しかも、「惟宗」の「宗」が脱落、「朝」は誤字「朝」とあり、八行目の「□宗氏尊霊」は南部町・三島市にない記載となっている。大アラコ窯跡に残された数多くの破片の刻文は、陶工が銘文を刻む工程での各行の割り付けと一行の文字配りにバラツキが著しい。しかも誤字も目立っている。

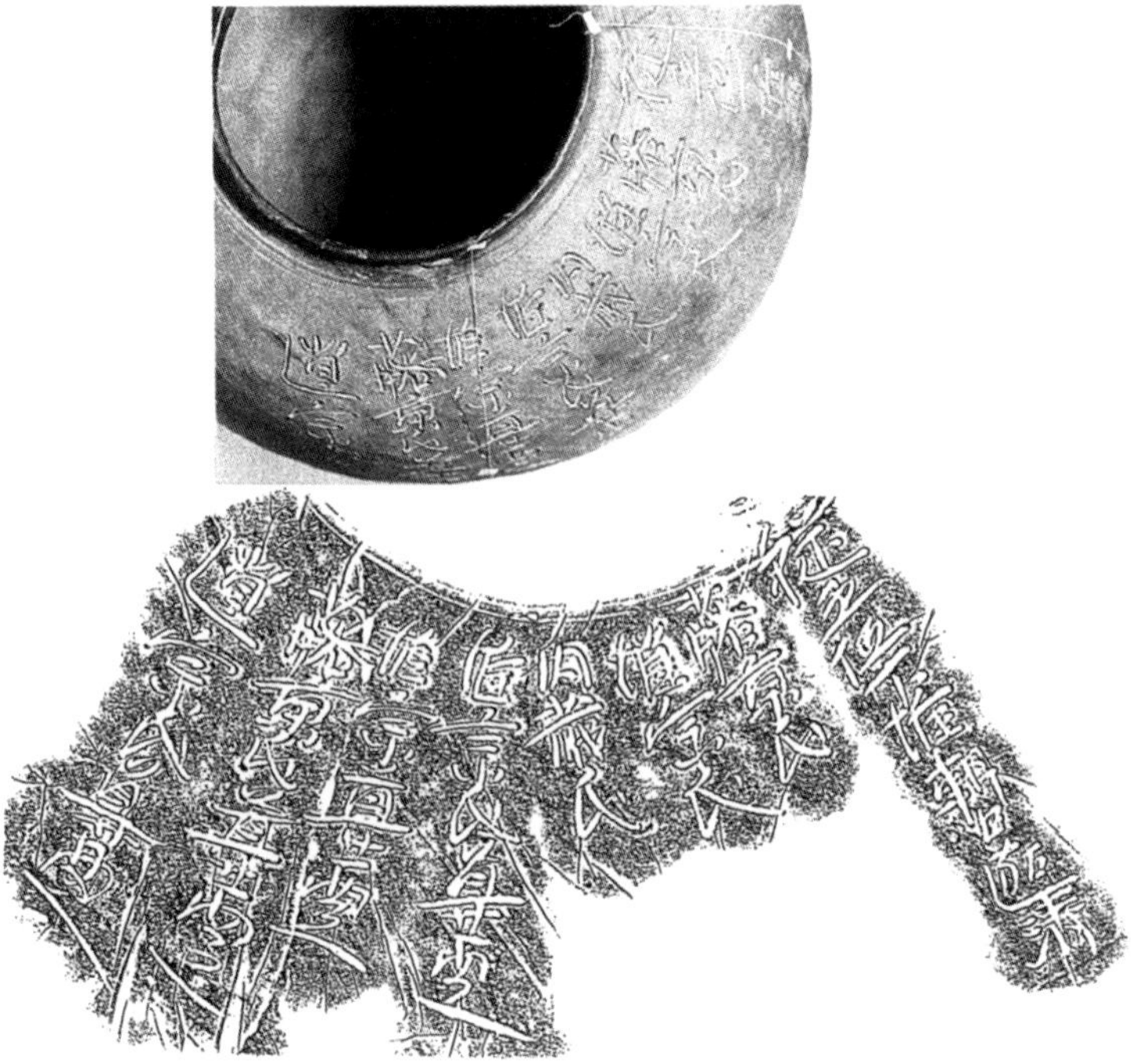

愛知県陶磁資料館所蔵の壺と拓本

これらのことから、完全な刻文のもののみが窯から製品として供給されたのであろう。それが南部町（甲斐国）および三島市（伊豆国）のものであり、窯に残された未出荷のものが現在愛知県陶磁資料館・田原町博物館所蔵の大アラコ窯跡出土品と考えられる。

なお、破片であるが、神奈川県綾瀬市（相模国）宮久保遺跡からも昭和五十六〜五十九年（一九八一〜八四）の発掘調査によって壺が出土している。出土陶片のうち四点に刻書が認められるが、その中の二点の銘文によって「藤原顕長」在銘の壺であることが確認されている。ただし、宮久保遺跡出土の壺は破片であり、経塚がこの地に所在したのかは不明である。

現在確認されている藤原顕長銘の壺のうち、経塚出土として間違いなく確認できるのは、南部町篠井山の壺と三島市三ツ谷新田の壺のみである。

山梨県
東京都
神奈川県
篠井山
富士山
宮久保遺跡
静岡県
三ツ谷新田
N

富士山とその周辺（●は出土地）

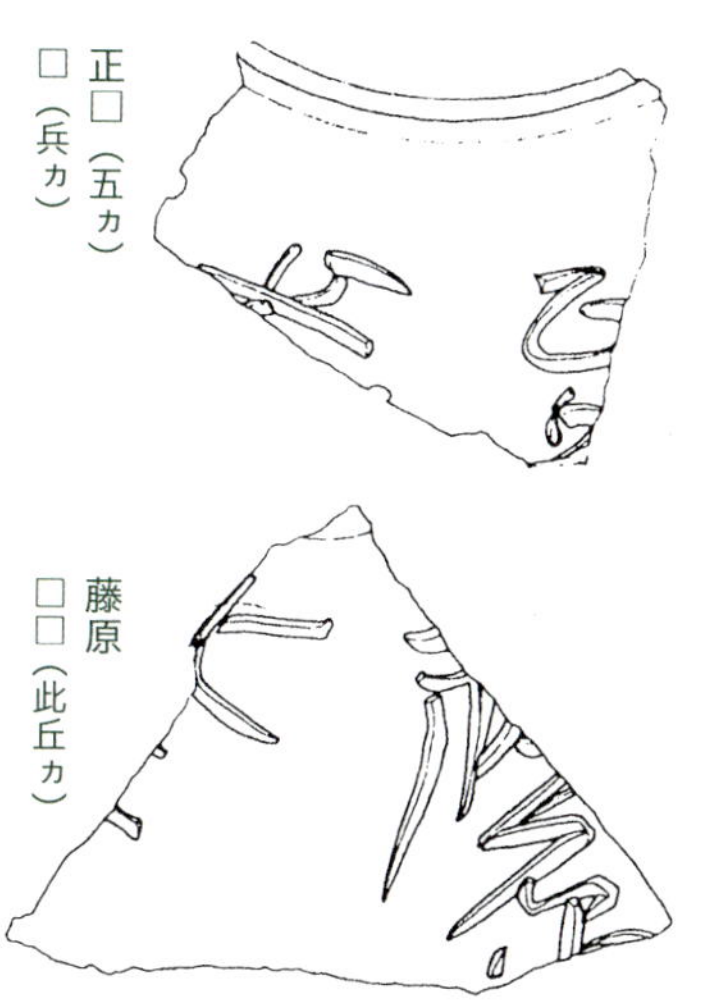

宮久保遺跡（神奈川県綾瀬市）出土壺の破片2点の実測図

富士山を仰ぎ見る地に埋経

ところで藤原顕長は、平安時代初期、藤原氏の政治的立場を確立した藤原冬嗣の子孫にあたる。父は中納言顕隆、母は右大臣顕房の娘という名家の出で、元永元年（一一一八）に生まれた。天治二年（一一二五）にわずか九歳で紀伊守になって以来、越中守、三河守、遠江守を歴任し、仁安二年（一一六七）に五十歳で死去した。顕長が正五位で三河守を勤めたのは、保延三年（一一三七）十二月から久安元年（一一四五）までと、再任された久安五年から久寿二年（一一五五）二月までの、通算一四年間であった。

このことから顕長・遠清銘文をもつ壺が、渥美窯で焼かれたのは保延三年から久寿二年までの期間であったことになる。一方、もう一人の埋経の願主遠清は史料にその名はみえないが、惟宗氏が明法家（法律学）の名門であったことは知られている。顕長・遠清に連なる各氏は、それぞれの縁者であり、「〇〇氏尊霊」とするのは、そ

- 為房
  - **為隆** — 光房
    - 経房
    - 定長
    - 光長
  - 顕隆
    - 顕頼
      - 光頼
      - 惟方
      - 成頼
    - 顕長
      - 長方
        - **宗隆**
        - **長兼**
      - **為明**
      - **泰房**
    - 女子 — 頼憲（顕方）〔相模守〕
    - 女子 — 俊成〔平安末期の歌人〕
      - 定家〔鎌倉前期の歌人〕
      - 女子　中納言顕長室
  - 重隆
  - 長隆 — **顕時（顕遠）** — 盛隆
  - 朝隆 — 朝方
  - 親隆

藤原顕長とその一族（太字は甲斐守任官者）

の一門の死者の霊を尊称したものである。なお、「比丘尼源氏」は右大臣源顕房の娘で顕長の母であろう。

久安五年（一一四九）四月、顕長は三十三歳で遠江守から三河守に再任されたが、この年経塚造営にとって大きな影響を与えたと思われる埋経がある。富士上人と称された僧末代による富士山山頂への一切経の埋納である。鳥羽法皇の久安五年願文により、その内容がわかる。末代が、富士山に数度登り一心に修行をしていたが、一切経を書写して富士山山頂に埋納することを発願した。それを実現するために東海・東山両道の人びとに勧進（金品の寄付を募ること）し、経典を書写することができ、さらに鳥羽法皇の援助が得られ、法皇自らも書写している。その後、末代によって富士山に埋納された。

富士山の周辺にあたる伊豆（三島市）・甲斐（南部町）・相模（綾瀬市）の三国で発見されている「藤原顕長」在銘の壺の存在は、末代の富士山への埋経と深く関連するものと考えられる。僧末代の埋経を契機として、自らも埋経を計画した顕長は、鳥羽法皇の側近、従兄弟の甲斐守顕遠に協力要請し、さらに、伊豆守藤原信方、甥の相模守藤原頼憲からも協力を得ている。そして、顕長は、富士山に直接埋経するのではなく、富士山を一望できる西方の甲斐国巨麻郡の霊場でもあった篠井山山頂および南方の伊豆国箱根山麓の三ツ谷新田、さらに東方の相模国（宮久保遺跡またはその関連の地）と、お

篠井山頂で見つかった壺と同様の壺が出土した、静岡県三島市の三ツ谷新田から望む富士山

そらく富士山を四方（北方不明）から仰ぎ見る地に埋経を行ったのであろう。

早く現れた〝救世主〟

山梨県は静岡県とともに富士山の世界文化遺産登録を目指し、さまざまな推進事業を遂行し、二〇一三年六月に「富士山—信仰の対象と芸術の源泉」という名称での登録が確定した。今後も世界遺産としての価値を保全し、さらに富士山が日本の歴史・文化に果たしてきた意義を学術研究のうえで立証しなければならない。そのうえ、現在そして未来においても富士山が人びとにとってかけがえのない自然と文化として共有される存在であることを世界各国に情報発信していかなければならない。

日本の末法の世は永承七年（一〇五二）から入るとされ、末法思想と埋経とが結びついて経塚が造営された。平安時代の人びとが末法の世から救いを求めて、気高い富士山への篤い信仰から埋めた壺は、未来の仏である弥勒が〝救世主〟として登場するとされた五六億七〇〇〇万年よりずっと手前の一九、二〇世紀に現れたことになる。

古代の贈答品
餞別に贈られた名馬

右大臣に馬を贈る

一九八〇年代、宮城県多賀城市の東北本線陸前山王駅に接した発掘区から、一〇世紀前半の国司の豪邸跡が発見された。遺跡の所在地は、東北地方の政治・軍事の中心、陸奥国の国府も置かれた多賀城の一画である。

多賀城は古代の都市計画に基づいて、丘陵上に中心施設を置き、その前面に幅員二三メートルの南北大路と同一二メートルの東西大路を設けた。特に東西大路沿いには国司の邸宅

国府域にある国司館の遺構と主屋復元図（宮城県多賀城市山王遺跡千刈田地区、多賀城市教育委員会提供）

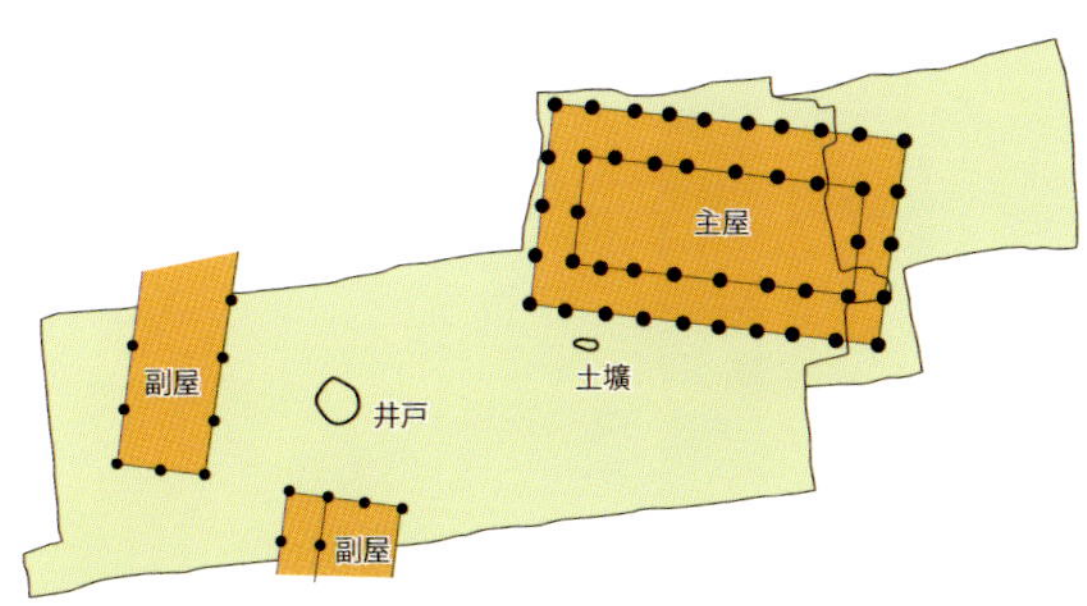

山王遺跡千刈田地区の建物配置模式図
10世紀初頭の邸宅で、主屋のほかに副屋、井戸などがある。

をはじめとして、重要な施設が配置されていた。陸奥国司の邸宅の敷地は一町（約一〇〇メートル）四方の広さがあり、主殿は桁行九間（一間＝約一・八メートル）以上×梁行四間の四面に廂が付いた大規模な建物（床面積約一九二平方メートル、約一二〇畳敷き）であった。さらに大型の井戸跡、多量の国内各地や中国産の青磁水注（みずさし）や褐釉（茶色のうわぐすり）陶器などの高級陶磁器、げた、くしなどの生活用品が出土し、そこが貴人の日常生活の施設であることを示していた。

その大規模な建物の柱穴から出土した、たった一点の木簡が驚くべき情報をもたらしてくれた。この木簡は題簽軸とよばれ、巻物状の文書の軸のへら状先端部に文書内容を書いたもの（インデッ

右大臣に馬を贈ったことを示す木簡（題簽軸）。
軸欠損（多賀城市教育委員会蔵）

題簽軸としての使用方法を再現したもの
（多賀城市教育委員会蔵）

太政官（国政を統轄）

［議政官］
太政大臣
左右大臣
大納言
参議

［事務局］
少納言－外記

太政官の構成

クス）である。題箋には表と裏が同文で「右大臣殿餞馬収文」と記されていた。太政大臣は常置ではないので、右大臣は左大臣に次ぐ、まさに中央政界のナンバー2の高官である。その「右大臣」にかかわる木簡がなぜ陸奥国府・多賀城から出土したのか。

旅立つ人の安全を祈る「うまのはなむけ」

このなぞを解くカギは、右大臣と陸奥国の関係にある。当時、右大臣にはもっぱら摂関家である藤原氏や源氏の有力者が任命されていた。右大臣に昇任する前の職は大納言であり、その大納言は陸奥国の最高行政官である按察使を兼務するケースが多かった。按察使を兼任する大納言は、中央政界の重職であるため、この時期、陸奥国に下向することはなかった。例をあげれば、源光は寛平九年（八九七）に大納言兼陸奥出羽按察使に任じられ、延喜元年（九〇一）に右大臣に昇任している。

その名誉職としての大納言兼按察使が右大臣に昇任した段階で、按察使の職を終え、形式上、陸奥国を去ることになる。「餞」は〝うまのはなむけ〟と読み、「馬の鼻向け」の意味で、旅に立つ人を送るとき、その馬の行き先に向けて安全を祈ったことによる。そこから餞別、すなわち旅に立つ人に贈る品をさす。「餞馬」は餞別として贈る馬のこと。そこで、陸奥守は、都にいる右大臣（「右大臣殿」）に対して、あたかも陸奥国を旅立つかのように、餞別として陸奥国の最高の贈り物、名馬を贈ったのである。「収文」とは、諸国から中央の役所や個人宅に物資が貢進されたときの仮領収書である。右大臣家から送付されたその仮領収書は、陸奥守の邸宅で大切に保管されていたことになる。全国ではじめて古代の国守（長官）の館として確認されたこの遺跡は、地元の方がたの尽力で保存された。

平安後期、時の権力者藤原道長のもとにも、各地の国司からいろいろな物、ことに馬が贈られた記事が数多く見える。寛仁元年（一〇一七）九月十七日、甲斐守源保任（みなもとのやすとう）が、摂政（せっしょう）（天皇に代わって政務を行う職）藤原道長に馬一〇頭を献上している。この年は、甲斐国穂坂牧などの貢馬が、所定の期日を過ぎても、京に到着していない旨の催促状がくり返し出されている。このことから類推すると、甲斐守源保任は、そうした憂慮すべき状況のなか、時の最高権力者の道長に甲斐の名馬一〇頭を私的に贈ったのではないか。ところが、現実は厳しく、九月二十六日、源保任は前年分の穂坂牧の駒牽（こまひき）を遅延させたため、自分の過失をわびる怠文（おこたりぶみ）の提出を命じられているのである。駒牽は毎年八月十五日（のち十六日）、諸国の牧場から貢進するために牽（ひ）いてきた馬を宮中で天覧する平安時代の重要な儀式である。

長和三年（一〇一四）二月七日、鎮守府将軍平惟良（たいらのこれよし）がはるばる陸奥から上京してきた。惟良は右大臣道長に数々の贈り物を持って、鎮守府将軍重任（ちょうにん）（任期満了の官職に重ねて任ぜられること）の請願をするために来たのである。その贈り物とは馬二〇頭で、このうち一二頭は道長に、八頭は道長の子息たちに贈った。そのほか、矢を入れる胡籙（やなぐい）や、オホーツク海沿岸から北海道にかけて生息する貴重なオオワシの羽（最高級の矢羽）・砂金・絹・綿・布と、膨大な品々が道長邸に運び入れられたのである。

今も盆と暮れの御中元・御歳暮をはじめとする日本社会で盛んな贈答のならわしは、古代にルーツを求めることができるであろう。

古代の相撲
宮廷行事と力士たち

古代木簡に相撲の絵

一九九七年、奈良県・平城宮跡の発掘調査で、宮の東南隅付近の宮東面外堀を兼ねる南北溝（東一坊大路西側溝）から大量の木簡が出土した。この溝は最下層に「天平宝字五年」（七六一年）「天平宝字六年」（七六二年）の年紀を記した木簡が含まれていることから、八世紀後半に堆積したと考えられる。

その大量の木簡のなかに、絵と文字の手習いをした木簡があり、二人の男性が取り組んでいる奇妙な場面を描いているものがある。男性の足の描き方に注目してほしい。両足のかかとをしっかり地面に着け、つま先も曲げるように力を込めて踏ん張っている様子である。さらに注視してみると、左側の人物の腰の後ろにはマワシ（締

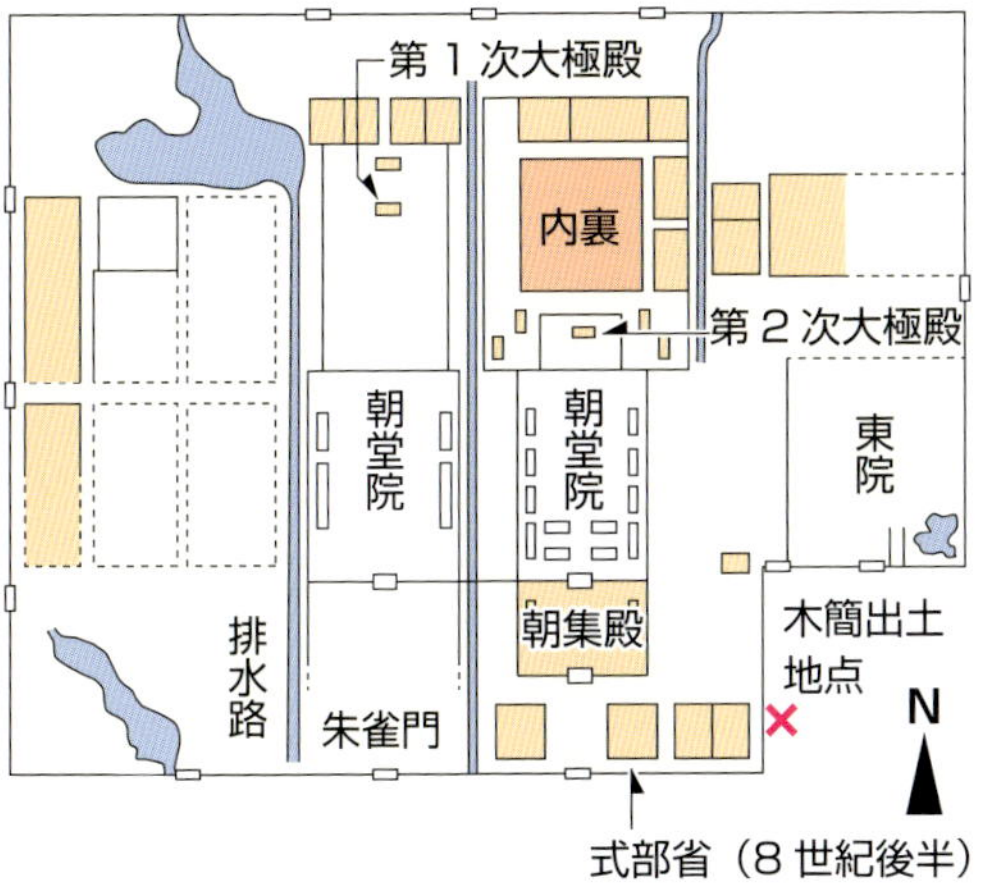

平城宮の主な建物（『ポプラディア情報館 日本の歴史』ポプラ社、2009年の図を一部改変）

込み）が表現されている（右の人物は文字と重なっていて不明）。

ここに描かれた絵は相撲の場面とみて間違いない。古墳時代の埴輪にマワシを着けた力士像が二、三例あり、また、須恵器壺の肩部に、農作の豊凶を占う神事相撲の人形を装飾的に取り付けた例もある。しかし、相撲の絵としてはこの墨書絵は、線描ではあるが日本最古のものといってよい。しかも一枚の板に相撲の場面とともに表裏三ヵ所に描かれている異様な人物の顔に驚かされる。顔の描き方、とくに高い鼻からもわかるように当時の異国人であろう。

古代社会で異国人の顔といえば、まっ先に浮かび上がってくるのは、伎楽面や舞楽面である。伎楽は「くれのう

木簡裏面の囲み部分に描かれている相撲の絵。踏ん張っている様子や、左側の人物の腰の後ろにマワシが表現されている。

裏面（左）に相撲の場面が描かれた木簡。表面（右）には舞楽面の異国人とみられる人物が描かれている。
（複製、平城京出土木簡、8世紀後半、山梨県立博物館提供）

「酔胡従」の伎楽面
（正倉院宝物）
木簡に描かれた人面と似た高い鼻で異国人を表す。相撲節会は取組とあわせて華やかな舞楽が奏された。

たまい」ともいわれ、中国からもたらされた仮面音楽劇の一種で、舞楽の先駆である。その仮面に胡人型（アーリヤ人型）の特徴の著しいことや、登場人物の役名にインド的な名称のあることなどから、インドを含む西域一帯が源流と考えられている。

また、舞楽は、管弦楽（雅楽）に合わせて舞う一種の野外仮面舞踏である。大陸から伝来した諸楽に日本の在来の楽が加えられ、集大成された。舞楽面は伎楽面より小さく薄手に作られている。本木簡に描かれた人物の描写は、伎楽面でいえば、〝酔胡従〟舞楽面では〝胡飲酒〟に類似している。いずれも、胡人の酔舞で、酒に酔って演じた曲や姿を模したものである。

宮廷行事としての相撲

相撲の歴史といえば、『日本書紀』垂仁紀七年七月七日条に、この日、野見宿禰、当麻蹶速に命じて相撲（この時の表記には「捔力」とある）を行わせたとあり、相撲節の起源伝承として有名である。「相撲」の初見は『日本書紀』皇極紀元年（六四二）七月二十二日条である。「相撲」はスマヒと読んでいるが、スマヒの語源は相手の攻撃を拒ぐ（これを古語でスマフという）意とされている。

『日本書紀』によると、六四二年七月二十二日、百済王子の前で相撲を披露し、六八二年七月三日には、大隅隼人・阿多隼人が朝廷で相撲を行ったとある。七月の宮廷行事としての相撲は七世紀から行われていたのである。

七月七日、すなわち七夕の夜、牽牛・織女の二星が、天の河を渡って一年一度の逢瀬を楽しむという漢代の伝説から、二星を祭るという風習がはじまり、これがわが国古来の棚機つ女（はたを織る女）の信仰と結びつき、わが国の星祭となり、七夕の主な行事となった。しかし、七月七日は初めのうちは、七夕より相撲の方が大事な儀式（相撲節）であった。奈良時代を通じて七月七日に行われていた相撲節は、八世紀～九世紀前半まで式部省の所管であったが、貞観十年（八六八）兵部省の管轄となった。「相撲」を描

平安時代の相撲節会の様子を描いた絵図
（明治時代、日本相撲協会相撲博物館蔵）
節会は七夕の日に宮廷行事として天皇の前で盛大に行われた。

平安時代につくられた相撲人形（滋賀県・御上神社蔵）
行司役は神主が務め、宮廷行事としての相撲は7世紀から行われていた。

いた平城宮木簡の出土地の西隣では、八世紀前半の式部省東官衙、八世紀後半の神祇官（その西に式部省）の遺構を検出している。相撲の絵の木簡は相撲節を所管していた式部省から大溝に廃棄されたのであろうか。

相撲節と舞楽はきわめて密接な関係をもっている。賭弓・競馬などの勝負の後に勝敗に応じて奏される勝負楽は、左方が勝利すると舞楽の演目の一つ「陵王」、右方が勝ちなら「納蘇利」を奏した。相撲の勝負楽は平安中期以降には、左方に抜頭（長髪のある仮面をつけ、ばちを持ち髪を振り乱して舞う）が定着した。

ところで相撲は中国では秦代に始まり、「角力」「角抵」とよばれ、本来技を競うことの意味に加えて、音楽をともなう雑技・雑芸全体までも含む。これを唐代では散楽とよんでいる。古代日本における相撲節会は、日本に古くからあった「すまい」とよばれた力比べ競技に、唐代の散楽が融合し、それが奏されていたのである。

諸国から集められた相撲人

この相撲を描いた平城宮木簡には、舞楽面・伎楽面に加えて「甲斐」「×斐国国」「乃止国」（能登国）などと墨書されている。この国名は相撲人の出身地と深く関わるのではないだろうか。

相撲人は近衛府より諸国に使を遣わして集めた。八世紀の実例でいえば、天平十年（七三八）六月二十日、現山口県内の長門国相撲人三人、二一日周防国相撲人三人が貢進されている。また出雲国（島根県）

から六月二十三日に相撲人二人が進上されている。いずれも朝廷の七月七日の相撲節に間に合うように各国を出発している。

しかし、その実態は、八世紀前半には、諸国の国司・郡司が貴族などの求めを優先して、騎射人（五月五日節の騎射の射手となる人）・相撲人などを朝廷の命令どおりに貢進しないことをいさめる勅（みことのり）が出されている。そのことでもわかるように、相撲人を各地から節会の期日に合わせて集めるのは至難であったようだ。

一二五〇年前、朝廷に進上された甲斐国の相撲人はどんな力士であっただろうか。山梨県出身で大相撲で活躍した富士錦・富士桜のような突進力のある相撲人であったかもしれない。

第三部

文字文化のひろがり

偽作とされた多賀城碑

古代石碑の世界1

日本に数少ない古代の石碑

現在、全国各地に種々の記念碑や顕彰碑などの石碑が立てられている。しかし、日本列島に現存する古代の石碑はわずか一八基しかない。

石碑は中国に始まるが、朝鮮半島にはよく知られている高句麗広開土王碑（三九一年）をはじめ数多くの石碑が立っている。現在でも韓国内の開発などで地下から新たな石碑が発見されている。最近でも、二〇〇九年に朝鮮半島東岸、慶尚北道浦項の道路工事現場で

日本の古代石碑分布図

発見されて「中城里碑（ちゅうじょうりひ）」と名付けられた碑は、五〇一年に制作されたものである。

しかし日本では、戦後、列島各地の開発工事や遺跡の発掘調査でも石碑の発見は皆無である。古代朝鮮においては、新羅（しらぎ）王が新たな領域を拡大するとその地方へ巡幸し石碑を建立した。ソウル地方の「磨雲嶺碑（まうんれいひ）」「北漢山碑（ほくかんざんひ）」などである。

日本においては、天皇が各地を巡幸しても石碑を立てていない。この理由は、これまで本書第一部で記してきたように、古代中国・朝鮮とくらべると、文字文化が日本列島各地では十分に成熟しなかったことに起因するのではないか。石碑は地上に立て、不特定多数に示すものであるから。列島の一八基も、都のものは別として、地方の石碑は古代中国・朝鮮に何らか関わる人びとによって立てられている。

まず最初に、日本の東の一番端に作られた古

多賀城碑
（東北歴史博物館提供）

浦項・中城里碑
（韓国国立慶州文化財研究所蔵）

代陸奥国の多賀城碑（宮城県多賀城市）を取り上げてみたい。この碑は長い間偽作とされていたが、偽作説のすべてについて日本の古代の碑でははじめて総合調査を実施した。この碑をめぐっては、歴史上著名な人びとが登場することや、偽作とされた碑を本物と証明する過程も知っていただきたいので、詳しく紹介したい。

歌枕「壺の碑」――古代陸奥国の多賀城碑

元禄二年（一六八九）三月二十七日、俳人松尾芭蕉は江戸深川を出発、門人曽良とともに奥州各地を行脚した。「奥の細道」の旅である。東北一の大都市、仙台藩六二万石の城下に入り、宮城野から名勝の塩釜・松島へ向かう途中、古代以来の和歌によまれてきた名所の一つ「壺の碑」を訪れた。

「壺の碑」というのは、古代末期の有名な歌人西行法師の「むつのくの奥床しくぞ思ほゆる　壺のいしぶみ　そとの浜風」という歌で知られた歌枕「壺の碑」のことで、多賀城碑はこの歌枕と結びついて登場する。

空から見た多賀城跡の外郭南門跡と多賀城碑の位置（東北歴史博物館提供）

碑は多賀城市市川の多賀城跡に立っているが、この近辺には「壺の碑」だけでなく、ほかにも「末の松山」や「浮島」「野田の玉川」など古代から歌われた陸奥（みちのく）に関わる歌枕が集中している。これは、仙台藩が第二代藩主伊達忠宗の時代に藩内の名所整備を積極的に行ったことによる。おそらく多賀城碑もその際に確認され、歌枕「壺の碑」にあてられたのであろう。なお、南部藩内にも壺の碑以下同じ歌枕セットが存在する。

歌枕「壺の碑」を求めて江戸時代の文人たちが多く東北の多賀城を訪れた。その一人が松尾芭蕉である。

「奥の細道」の一節に、「むかしよりよみ置る歌枕、おほく語り伝ふといへども、山崩れ川流れて道あらたまり、石は埋れて土にかくれ、木は老々若木にかはれば、時移り代変じて、其跡たしかならぬ事のみを、爰に至りて疑なき千歳の記念、今眼前に古人の心を閲す。行脚の一徳、存命の悦び、羈旅の労をわすれて、泪も落つるばかり也」とあり、涙がこぼれるほど感動している。

ただこの時、「壺の碑」の下部が読めていない。このころの石碑の状況を伝えているのが浮世草子作者で知られる井原西鶴の『一目玉鉾』（元禄二年〈一六八九〉）という書物の中の壺の碑周辺のスケッチや、徳川光圀（水戸黄門）に仕えた丸山可澄が『大日本史』史料探訪の折に書いた『奥羽道記』である。『奥羽道記』によると、この碑は「文字モ苔ムシタル所

覆屋がない状態の碑
（井原西鶴『一目玉鉾』国立国会図書館蔵）

モアリテ中々急ニ写兼タル」と記し、碑は覆屋もなく、下部は苔むした状態だったようだ。

この時の報告をうけて、光圀は自ら下野国（栃木県）の那須国造碑の覆屋を建てた経験から数年後佐々宗淳介三郎、「水戸黄門漫遊記」で有名な助さんのモデルとされた人物であるが、その助さんを派遣して、この碑に覆屋を建てることを仙台藩第四代藩主の伊達綱村にすすめた。

多賀城碑の真偽をめぐる論争

ところが、明治に入ると、水戸藩で興隆した水戸学の栗田寛たちが、壺の碑を発見したのは光圀だとさかんに宣伝するようになった。そのために国史学者らから鋭い反論が出された。さらに文字の彫り方・字体・書風、登場人物の官位・官職、国号・里程までも疑われ、江戸時代の偽作とされ、多賀城碑は大きな真偽論争の渦中に巻き込まれていく。

私が一九六九年にはじめて多賀城の発掘調査に従事するために現地に赴いた時も、地元の人から「これは多賀城碑といって偽物の碑です」とはっきり言われた。しかし、多賀城碑の碑文には、多賀城を建てた年代がはっきりと「神亀元年」（七二四年）とあり、「天平宝字六年」（七六二年）に修復したと記されている。

当時の正史とされている『続日本紀』には創建年代も修復した年代も

覆屋の中にある現在の多賀城碑（東北歴史博物館提供）

書かれていない。ところが多賀城跡を発掘調査した結果、創建年代は八世紀前半、修復年代は八世紀後半ということがわかった。文献史料にはまったく記載されておらず、発掘してはじめてわかることがなぜ江戸時代に製作して記載できたのかと考え、数多くの偽作説の根拠を一つ一つ検討した。その詳細は次章で紹介する。

東アジアのなかの多賀城碑

古代石碑の世界2

多賀城碑偽作説の検証

古代陸奥国の多賀城碑（宮城県多賀城市）が偽作と疑われた主な理由を検討したい。

まずは碑の材質。多賀城碑の石材は砂岩（砂が固まってできた岩石）である。砂岩が一二〇〇年も風雨にさらされて残るはずがないといった理由から偽作とされた。しかし、岩石の専門家に調査を依頼した結果、多賀城碑の石材は、この周辺産出のアルコース（花崗質鉱物からなる）砂岩という非常に硬質な岩石だった。

次に形。多賀城碑は日本の他の碑とは違う形をしていることから疑問視された。もともと中国の碑は、円首碑という頭部が丸い形の碑と、圭首碑という頭部が三角形の碑が伝統的な形であった。その後、蓋首碑という頭に笠のように蓋をかぶせた碑が流行した。この中国の代表的な三種類の碑の形は日本ではほとんど見られない。わずかに下野国（栃木県）の那須国造碑、上野国（群馬県）の多胡碑が蓋首碑である。日本に現存する円首碑は多賀城碑のみである。

慶山寺舎利塔記碑の拓本
多賀城碑と同じ形状の円首碑（中国陝西省、唐の開元29年〈741〉銘、石灰岩、高さ77×幅54×厚さ13㌢）

蓋首碑（唐、嵩陽観記聖徳感応頌碑、河南省登封）

西

多賀城　京を去ること一千五百里。
蝦夷の国の界を去ること一百廿里。
常陸の国の界を去ること四百十二里。
下野の国の界を去ること二百七十四里。
靺鞨の国の界を去ること三千里。

此の城は、神亀元年、歳は甲子に次る、按察使兼鎮守将軍・従四位上勲四等大野朝臣東人の置く所なり。天平宝字六年歳は壬寅に次る、参議・東海東山節度使従四位上仁部省卿兼按察使・鎮守将軍藤原恵美朝臣朝獦、修造するなり。

天平宝字六年十二月一日

多賀城碑の拓本（高さ196×幅〈最大〉92×厚さ〈最大〉70㌢）

さらに、この碑は形だけでなくて、碑文の内容も大変特異である。特に目立つのは蝦夷国界と靺鞨国界という言葉。実際には蝦夷という国も靺鞨という国もない。当時日本の律令国家と中国の唐が異民族とみなしてさげすんでいた蝦夷と中国北東部の靺鞨（「蝦」はエビのことで中国ではひげが長く多いことをいう。「靺」はいつくしたい、「鞨」はかわぐつという意の蔑称）を、あえて国という言葉で記したのである。当時の歴史書では靺鞨国ではなく「渤海国」と記載されているので、この表記は不適切であるとして、偽物という根拠の一つとされた。

なぜ「靺鞨国」と記したのか

七〜八世紀ころの東アジア情勢は複雑であった。朝鮮半島には新羅・高句麗・百済の三国があり、百済は六六〇年に、高句麗は六六八年に唐と新羅によって滅ぼされた。しかし六九六年には渤海が建国された。この渤海国は、敗北した高句麗の遺民の一部が、中国北東部から沿海州にかけて広く勢力を誇っていた靺鞨部族を率いて建てた国である。

六九八年、大祚栄が振国（震国）を建てるが、中国の唐は、この国王号を認めず「渤海郡王」の爵位を授けた。その半世紀後の七六二年、「渤海国王」が認められた。

圭首碑（魏、封宗聖候孔羨碑、山東省曲阜）

少数の高句麗遺民の支配者は、自分たちの国を高麗国と称するようになる。

その後、新興の渤海国＝高麗国は、唐・新羅と対立し、その圧迫に抗しきれなくなって、日本に通好を求めてきた。日本と渤海国は、奈良時代においてはまさに友好国だった。天平宝字二年（七五八）の渤海使の来日の際、使者が「高麗国王、大欽茂（渤海の文王）言さく」云々と口奏した。その友好国に対して、相手が最も嫌う「靺鞨国」という呼称を日本が用いるわけはない。実際、平城宮跡から出土した木簡（天平宝字二年〈七五八〉の年紀あり）には、渤海大使のことを「高麗使」と記していて、当時の日本が渤海に対して大変気を使っていたことがわか

依遣高麗使廻来天平宝字二年十月廿八日進二階叙

渤海を「高麗」と記す木簡（平城宮跡出土、複製、奈良文化財研究所蔵）
渤海（高麗）に派遣された使者が帰国にあたり2階級特進したことを記している。

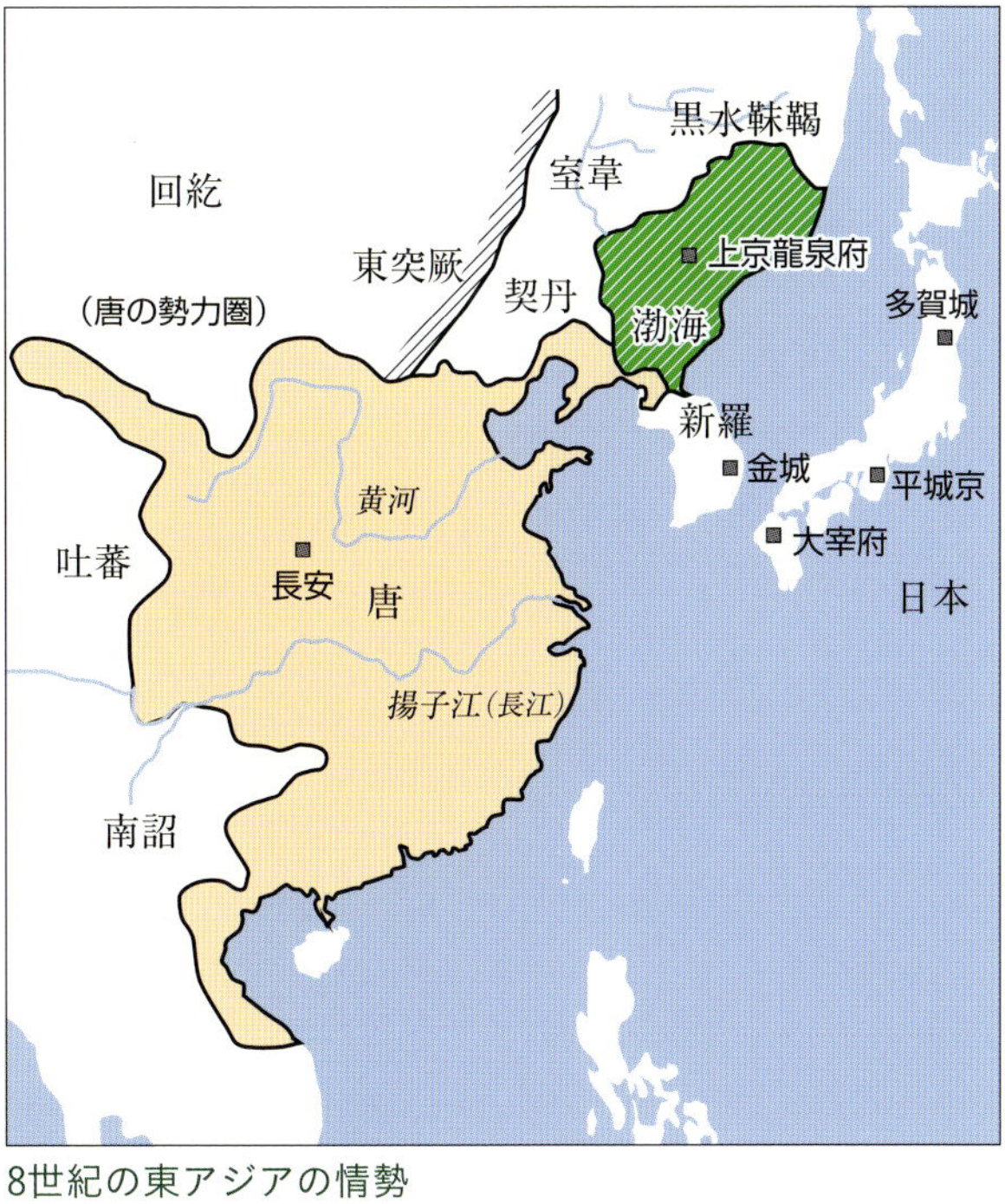

8世紀の東アジアの情勢

る。

問題は、そういう当時の東アジアの緊迫した外交情勢をなぜこの碑の中に記したのか。それを解く鍵は、この碑が多賀城修造（つくろい直す）という後半部分に力点を置いていることではないか。

中国からの大きな影響——日本国の「中華思想」

奈良時代の半ばごろの最高権力者であった藤原仲麻呂の四男の藤原朝獦は、父の権勢をバックに東北地方の全権を委任されて天平勝宝九年（七五七）に東北に赴いた。そして、蝦夷を弾圧するための城柵の造営（桃生城・小（雄）勝城）や修復を大規模に断行した。そのため蝦夷と真正面から対立し、七七四年、蝦夷が桃生城を襲撃し、東北地方の「三十八年戦争」の発端をつくった人物でもある。多賀城の修造は、まさにその時期にあたる。この碑文の最後の日付の「天平宝字六年十二月一日」という日は、実は朝獦が国政の重職である参議に就任した記念すべき日であった。そのころ、日本は渤海と友好関係にあったのに対し、朝鮮半島を統一した新羅とは険悪な状況になっていた。

天平宝字四年（七六〇）に久しぶりに新羅から日本の大宰府に使者が来ると、その使者の接見のため中央政府が派遣した外交官が朝獦だった。そこで朝獦は、新羅の使者に対し、「新羅すでに音信なく、また礼儀を欠く」などと問い詰めて追い返してしまい、東北地方の蝦夷政策と同様、力の外交をここでも発揮した。

朝獦は当時の東アジア情勢に最も通じた外交官でもあった。その彼にしてみれば、「渤海」と「靺鞨」

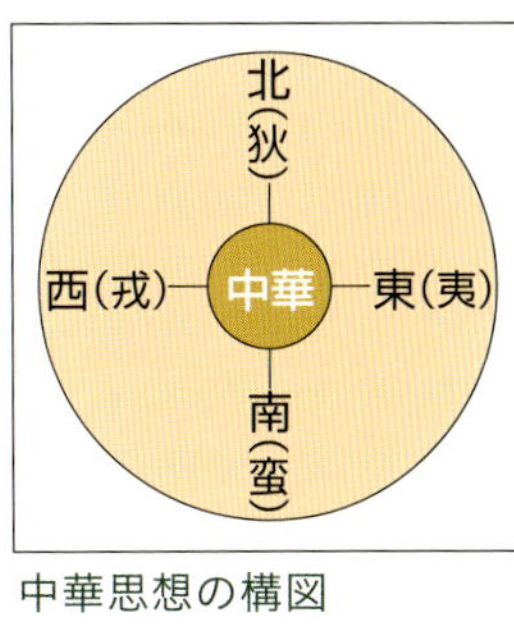

中華思想の構図

という用法もきちんと使い分けられるだけの知識を十分に持っていたはずである。また、朝獦は陸奥守就任以来、積極的に東北政策を推し進め、国家の領域を広げようとした。したがって国内の〝異民族〟とみなした蝦夷との国界を示すことは、古代国家の支配領域を明らかにすることであり、それはとりもなおさず、朝獦の事績を誇示することでもあった。

古代中国では自らが世界の中央にあって最も開化した民族で、周辺諸国（倭国は東夷とされた）は遅れているという「中華思想」を基本としていた。そこでわが国でも天皇の支配する〝中華〟の周辺には蝦夷や隼人を設定した。そこで中国北東部の異民族・靺鞨をも、東に「蝦夷国」を設定したのと同様に、北に「靺鞨国」と表記することで、日本国の「中華思想」を物語ろうとしたのではないか。

朝獦の父の仲麻呂は唐風好みで有名であった。一例をあげると、唐の四文字年号「天冊万歳」などをまねて「天平勝宝」「天平宝字」などを制定したが、その後、日本の年号には現在の「平成」「令和」まで四文字年号はまったくない。仲麻呂同様に朝獦は、おそらく中国から大きな影響を受け、自らを顕彰する中国風の碑（円首碑）を建てたのであろう。

偽作説をくつがえし重要文化財に

多賀城跡の発掘調査によって、政庁変遷図と復元模型のように、国が編纂した歴史書にもなかった内容が確認でき、江戸時代の偽作であるという根拠をくつがえした。ましてや靺鞨国などという意識は江戸時代にはなかったはずである。まさに靺鞨が強く意識された時期は、東アジア情勢が緊迫した奈良時代が最も妥当である。このようにして明治以来一〇〇年間の〝多賀城碑偽作説〟の根拠が次々と崩れて、むしろ他のどの碑よりも中国の影響を強く受けた古代の碑であることが判明し、一九九八年に晴れて多賀城碑は国の重要文化財に指定された。

一九九七〜九八年、多賀城碑周辺の発掘調査が実施された。その結果、碑は古代から現在の位置に立てられたことが判明した。しかも、古代のある時期に碑の周辺の土を削り取って倒されたことも確認された。東北地方の行政・軍事の拠点である多賀城の正門にあたる外郭南門から政庁に向かう道脇に多賀城碑は立っていた。奈良時代半

多賀城碑の発掘調査状況（東北歴史博物館提供）
碑が人為的に倒されていたことが確認された。

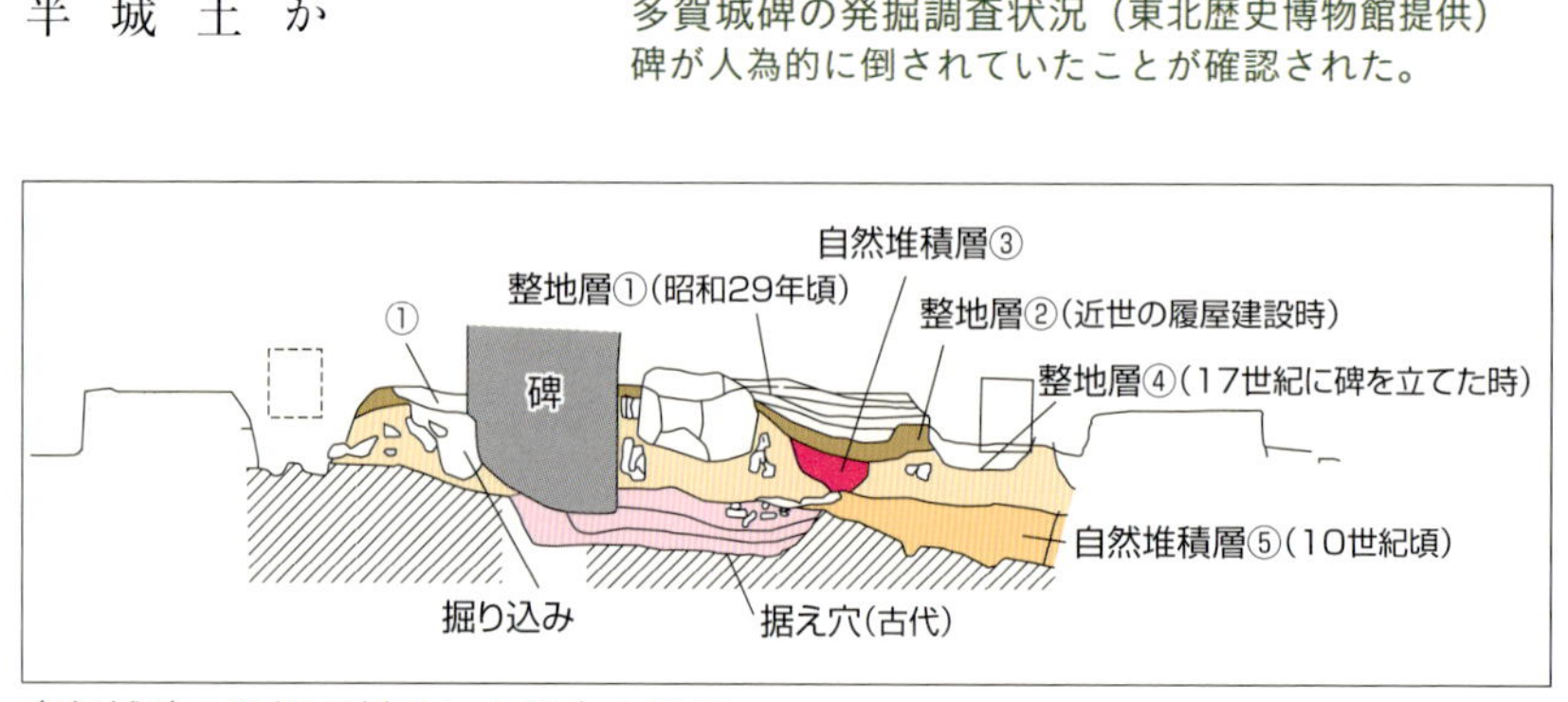

多賀城碑の発掘で判明した地中の様子

〈第Ⅰ期〉

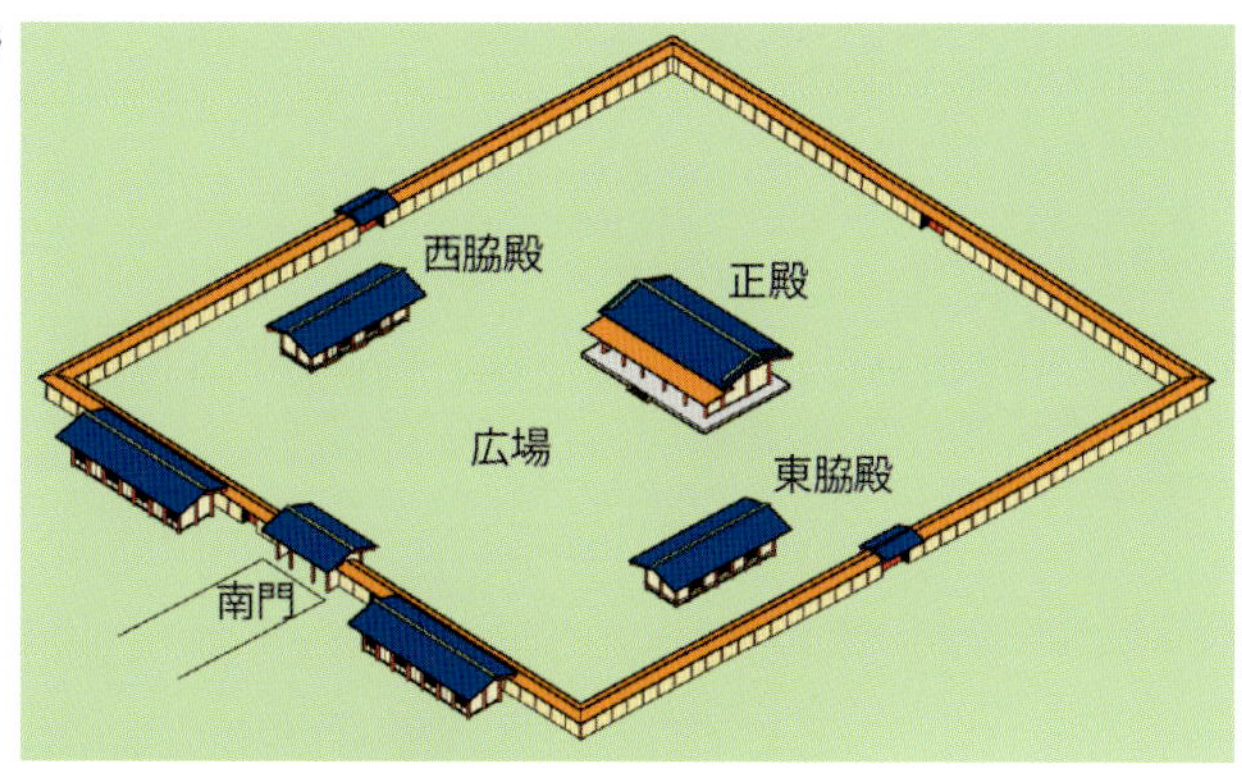

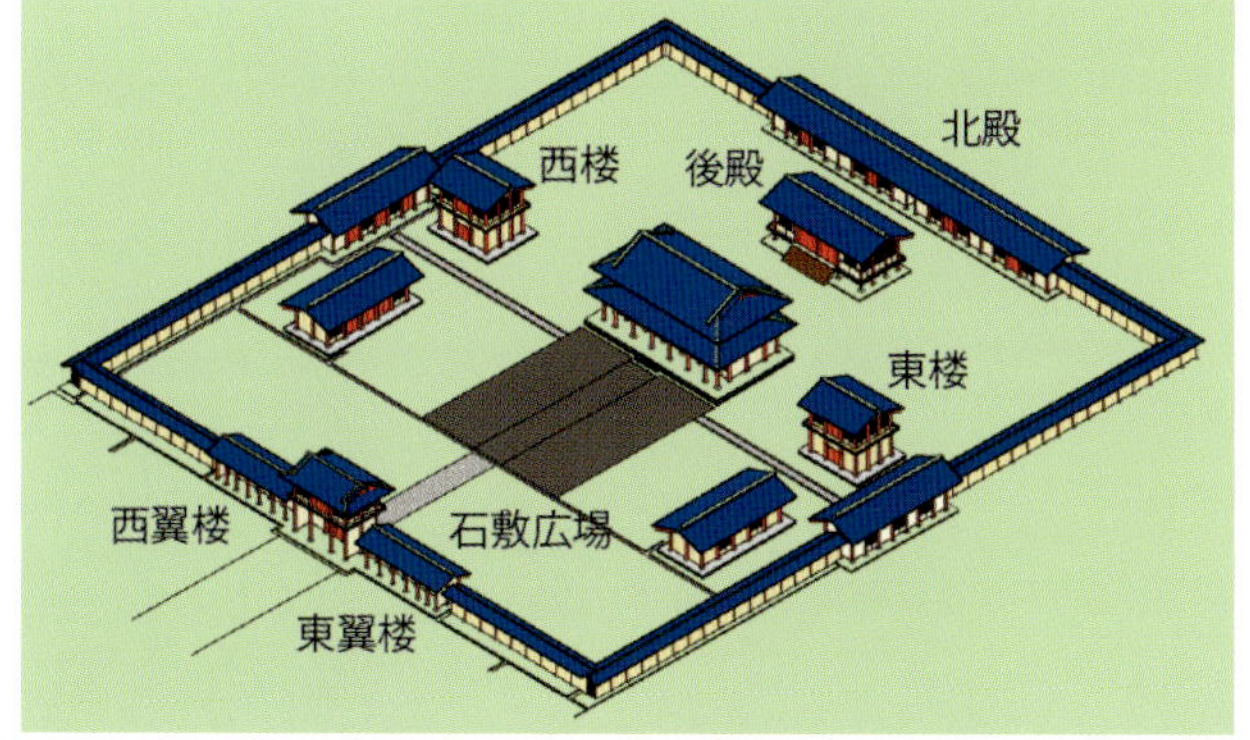

〈第Ⅱ期〉

多賀城の政庁変遷イメージ図（東北歴史博物館提供）
第Ⅰ期は724年に大野東人によって創建された当時の様子。第Ⅱ期は藤原朝獦によって大改修されたもので、全期を通して最も機能性と装飾性に富んでいた。

多賀城政庁第Ⅱ期復元模型（東北歴史博物館提供）

ば、最高権力者藤原仲麻呂は天平宝字八年（七六四）に朝廷に対して反乱を起こして敗れ、朝獦も父とともに斬殺された。その逆賊とされた朝獦を称（たた）えた多賀城碑がそのまま立っていたとは考えられない。碑は反乱平定後まもなく倒されたのであろう。その二・四八メートルもある巨大な碑が、江戸時代に入り、仙台藩の名所整備事業で確認され、古来の陸奥の歌枕「壺の碑」に比定されたのではないか。

実にドラマチックな石碑といえよう。

「世界の記憶」・上野三碑

古代石碑の世界3

日本語の語順で漢字を配列——山上碑

日本列島の古代の石碑は、中国・朝鮮半島にくらべて広く浸透せず、わずか一八基しか現存していない。そのうちの三基が古代の上野国南西部、現群馬県高崎市に近接して立っている。三基は山上碑（六八一年）・多胡碑（七一一年）・金井沢碑（七二六年）である。

〔山上碑碑文〕

辛己歳集月三日記
佐野三家定賜健守命孫黒売刀自此
新川臣児斯多々弥足尼孫大児臣娶生児
長利僧母為記定文也　放光寺僧

〔読み方〕

辛己（巳）年集月（十月）三日に記す。佐野三家を定め賜える健守命の孫の黒売刀自、此れ新川臣の

上野三碑と周辺図

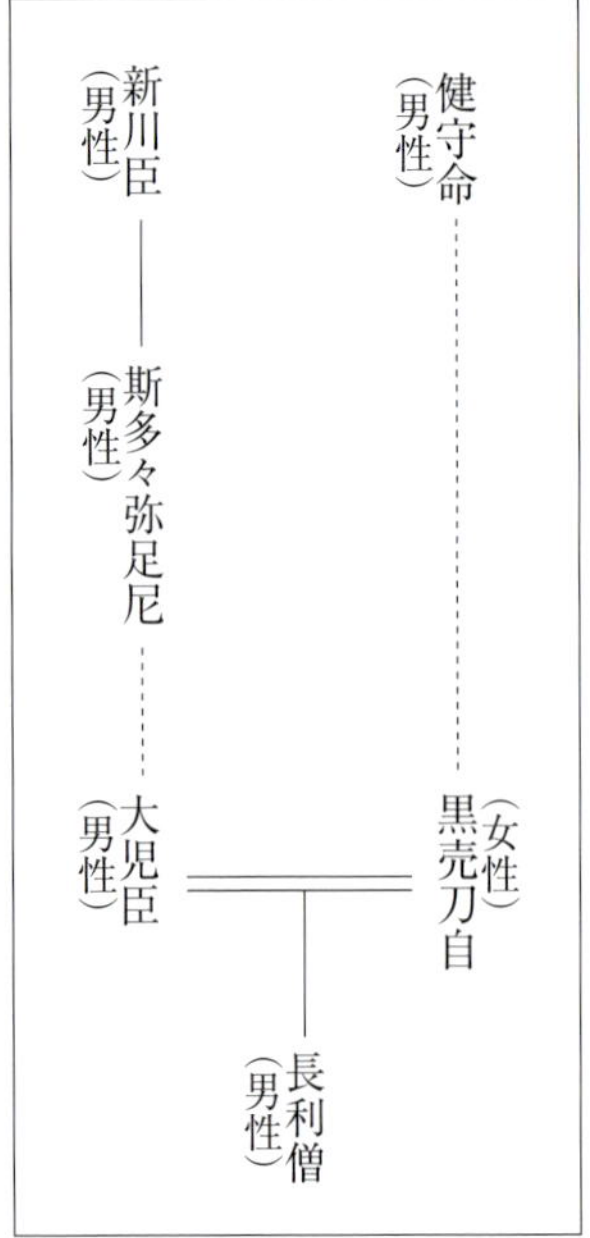

山上碑にみる家族・氏族関係

山上碑（高崎市教育委員会提供）

児の斯多々弥足尼の孫の大児臣に娶ぎて生める児の長利僧が、母の為に記し定むる文也。放光寺僧

山上碑は、完全な形で現存する日本で最古の石碑である。碑文は、六世紀から七世紀前半にヤマト王権の軍事・経済的直轄地である佐野三家（＝屯倉）を管理した豪族の子孫である放光寺の僧の「長利」が、母の「黒売刀自」のために、その墳墓である山上古墳の傍らに建立したことを記している。文末に書かれている「放光寺」は、東日本最古級の寺院である山王廃寺（前橋市総社町）の発掘調査で「放光寺」と刻書された瓦が出土したことによって、山王廃寺が放光寺であることがわかった。この山上碑が特に注目されるのは、最終行「長利僧母為記定文也」（長利僧が母の為に記し定むる文也）などのように、全文が日本語の語順に従って漢字を配列している最古級の資料ということにある。

碑文の内容が『続日本紀』と一致——多胡碑

〔多胡碑碑文〕

弁官符上野国片岡郡緑野郡甘
良郡并三郡内三百戸郡成給羊
成多胡郡和銅四年三月九日甲寅
宣左中弁正五位下多治比真人
太政官二品穂積親王左太臣正二
位石上尊右太臣正二位藤原尊

〔読み方〕
弁官符す。上野国の片岡郡・緑野郡・甘良郡并せて三郡の内、三百戸を郡と成し、羊に給いて多胡郡と成せ。和銅四年三月九日甲寅に宣る。左中弁・正五位下多治比真人。太政官・二品穂積親王、左太臣・正二位石上尊、右太臣・正二位藤原尊。

多胡碑は、中央政府からの命令で、上野国の、隣接する片岡郡・緑野郡・甘良郡の三つの郡から三〇〇戸を分けて、新たに多胡郡を設置した経緯が記されており、本碑は新郡の長官（大領）に任命された「羊」という人物によって建立されたことが刻まれている。また、末尾の太政官・左右大臣名を「〇〇尊」と敬称するのは、符の書式ではなく、明らかに「羊」の側が作成した碑文であることを何よりも端的にものがたっている。驚くべきこ

多胡碑（高崎市教育委員会提供）

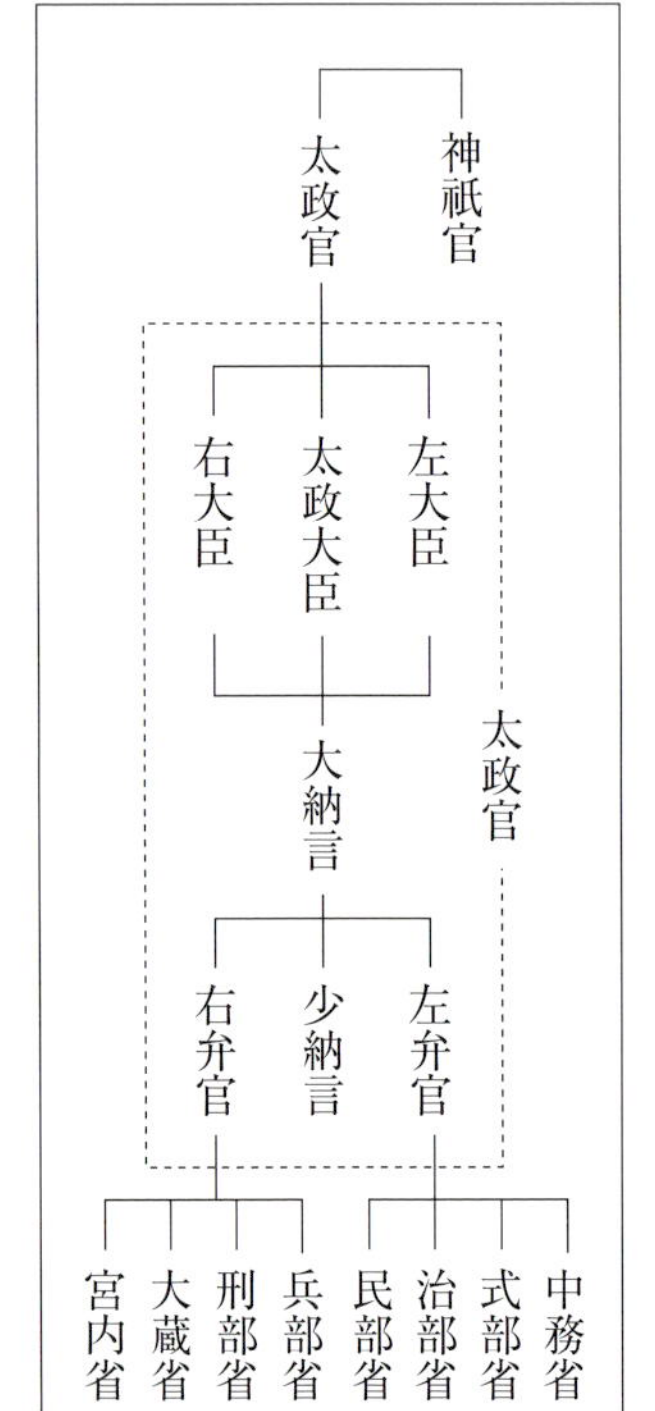

古代日本の中央官制

とは、この碑文の内容が古代の正式な歴史書である『続日本紀』和銅四年（七一一）三月辛亥（六日）条に記載されている多胡郡建郡の記事と一致していることである。

地域社会への仏教の広がりを示す——金井沢碑

〔金井沢碑碑文〕（□は未確定字）

上野国群馬郡下賛郷高田里
三家子□為七世父母現在父母
現在侍家刀自□（他田）君目□（頬）刀自又児□（加）
那刀自孫物部君午足次馸刀自次□（乙）馸
刀自合六口又知識所結人三家毛人
次知万呂鍛師礒マ君身麻呂合三口
如是知識結而天地誓願仕奉
石文
　　神亀三年丙寅二月廿九日

〔読み方〕

上野国群馬郡下賛郷高田里の三家子□が、

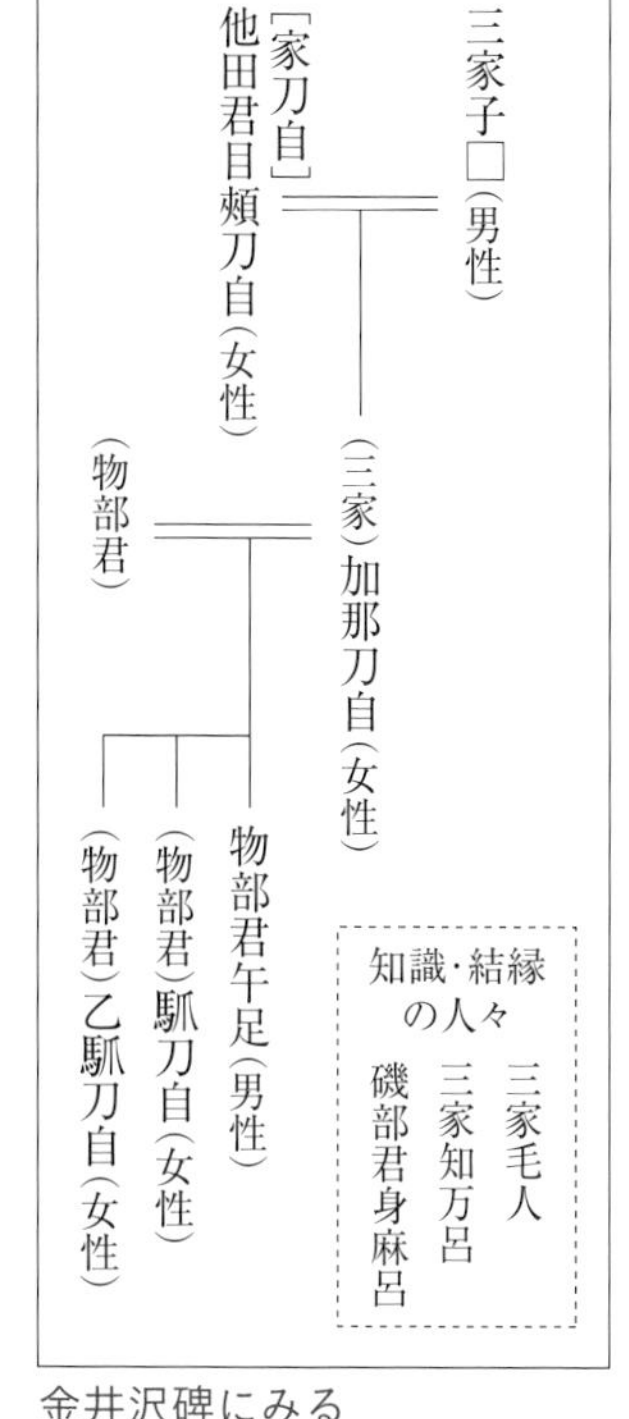

金井沢碑にみる家族・氏族関係

金井沢碑（高崎市教育委員会提供）

七世父母と現在父母の為に、現在侍る家刀自の他田君目頬刀自、又児の加那刀自、孫の物部君午足、次に馸刀自、次に乙馸刀自の合せて六口、又知識を結びし所の人、三家毛人、次に知万呂、鍛師の礒部君身麻呂の合せて三口、是の如く知識を結び而天地に誓願し仕え立奉る石文

神亀三年丙寅二月二十九日

金井沢碑は「三家」という一族の家族の名を列記しているが、その中核となっていたのは「家刀自」とよばれる立場の女性である。刀自とは女性につける尊称であり、家刀自は豪族の一家の主婦という意味である。この碑は、天地に誓い、仏に仕えることを誓い合った石碑で、地域社会への仏教の広がりを知ることができる。

古代朝鮮にルーツ

三碑の形状をみると、山上碑と金井沢碑は輝石安山岩という硬い自然石をあまり加工しないで使用している。こうした碑は中国にはほとんど見られない。しかし、朝鮮半島では、丹陽・赤城碑（五四五年ごろ）や昌寧碑（五六一年）など新羅を中心に多くの類似例がある。多胡碑は硬い砂岩であり、その形状は中国の唐代に盛んにつくられた碑身の上に笠石をかぶせ

韓国・丹陽の赤城碑

た「蓋首」とよばれる形に属する。しかし、中国の蓋首は装飾性が高く、むしろ朝鮮半島の新羅王が領域拡大に成功した後、巡幸先の山頂などに立てた真興王巡狩碑である磨雲嶺碑（五六八年）、北漢山碑（五六八年ごろ）などに近似している。「上野三碑」はいずれも古代朝鮮の石碑にそのルーツを求めることができる。

五世紀後半以降、上野国とくに西部の六郡（碓氷・片岡・甘良・多胡・緑野・那波）の豪族たちは、朝鮮半島から技術者などを受け入れて、馬の飼育や鉄器生産、須恵器・瓦などの窯業、養蚕による絹織物——世界遺産の富岡製糸場は甘良（楽）郡内——など、当時の最先端技術の導入を押し進めた。渡来人たちはこれらの技術により種々の生産を促進し、また文字の使用、仏教などの新しい文化や知識を伝えることで、地元の人びととともに特色ある地域文化の形成に貢献した。さらに古代国家から異民族とされた東北地方の蝦夷（実際は異文化集団を核とする人びと）は国家に服属すると俘囚とよばれ、上野国西部の三郡に「俘囚郷」が設置された。

上野国の西部地域は地元の人びと、朝鮮半島から渡来した人びと、東北地方から国家によって移住させられた人びとなどから

韓国・磨雲嶺真興王巡狩碑

奈良・平安時代の上野国

上 丄部　王 王部　中 丨部　藤 艸部　右 口部　正 正部　匸　臣 臣部
臣　政 攴部　百 白部　羊 羊部　左 左部　甘 甘部　内 入部　良 畗部
郡 邑部　月 月部　多 多部　片 片部　位 人部　位　真 匕部　比 比部
親 見部　石 石部　太 大部　治 水部　原 灥部　給 糸部　緑 糸部　野 里部
四 四部　五 五部　九 九部　成 戊部　寅 寅部　尊 酋部　尊

中国の楊守敬編『楷法溯源』に採用された「多胡碑」中の文字

多胡碑拓本

なる多民族・多文化共生の社会である。奈良時代の歴史書『続日本紀（しょくにほんぎ）』の天平神護二年（七六六）の記事には、上野国に住む新羅人一九三人に「吉井連（よしいむらじ）」の姓が与えられたとあり、多胡郡内には現在も吉井（高崎市吉井町）の地名もあることから、この地域には新羅系をはじめとする多数の渡来人がいたことがうかがえる。

三碑の年代と碑の高さは、六八一年山上碑一一一センチ、七一一年多胡碑一二九センチ、七二六年金井沢碑一一〇センチ。山上碑・金井沢碑はともに河原石で碑面のみ加工、多胡碑は方柱状に全面加工している。上野国西部において、まず最初に建てられた山上碑は地域の有力者が母の供養を記し、次の多胡碑は多胡郡の建郡を記念して建碑し、最後の金井沢碑は地域の有力者が篤い仏教信仰を記した。最後に建てた金井沢碑はその趣旨から政治的な多胡碑ではなく、山上碑と碑の高さを揃えた。この事実から地域社会、コミュニティの秩序を読みとることができるのではないか。

上野三碑は当時の権力者ではなく、無名ともいえる人物に関わる石碑であり、その石碑を地域社会が一三〇〇年にわたって守り継いできたのである。また、上野三碑は渡来人がもたらした文字文化の記録でもあるが、江戸時代、日本を訪れた朝鮮通信使が朝鮮に持ち帰った多胡碑拓本は朝鮮から中国へも伝わり、中国の書家がその書風を高く評価したと言い伝えられている。一八世紀以降も中国の書学大家・楊守敬（ようしゅけい）は多胡碑の書を好み、明治十三年（一八八〇）から五年間、日本に滞在し、近代書法に絶大な影響を与えた。

ユネスコ「世界の記憶」へ

このような多様な意義をもつ上野三碑を二〇一五年、群馬県は官民一体の運動として国連教育科学文化機関（ユネスコ）世界記憶遺産に登録申請することとした。筆者は推進協議会調査部会の責任者として、次のような考えをもって、遺産登録推進に臨んだ。

現在の緊迫した東アジア情勢、ヨーロッパにおける移民問題、さらに各地の人種差別問題など、現代社会には課題が山積しており、世界中が解決への糸口を模索している。日本の歴史文化は、国際交流、とくに中国・朝鮮半島との交流の中で基盤形成されてきた。これからはいずれの国も多民族共生社会を迎えるのである。

一三〇〇年も前に上野三碑は、地元の人、渡来人、東北地方の俘囚とされた人々による共生社会の中で生まれ、現在まで守り続けられた。また中国から受容した漢字文化は、漢文ではなく日本語の語順で表記する方法で日常の口頭世界を巧みに文章表記することを可能としたことが六八一年の山上碑によって明らかになった。

一三〇〇年前の記録・記憶を現在まで地域社会が守り続け、そのメッセージを未来の世界へ発信することのできる記憶遺産として世界にアピールする価値が十分にあるであろう。

二〇一七年十月三十一日、ユネスコ（国連教育科学文化機関）は、国内候補の古代石碑群「上野三碑」（群馬県）と日韓の団体が共同申請した「朝鮮通信使に関する記録」を「世界の記憶」として正式登録することを決定した。

古代の年号が刻まれた鳥居
富士山噴火への安穏の願い

後世に伝えられる「貞観六年」——富士山噴火と宇波刀神社の鳥居

前章で取り上げた上野国は、濃密な渡来文化が古代の三碑をうみだしたといえる。古代甲斐国も巨麻郡など渡来人の集住の地であったので、石碑が地下に埋れているかもしれないが、今のところ残念ながら、山梨県内では古代の石碑は見つかっていない。

石碑ではないが、文字が刻まれている石造りの鳥居に注目してみたい。北杜市明野町上手（旧北巨摩郡明野村）宇波刀神社に石造鳥居が現存している。鳥居は旧北巨摩地域に集中する石造鳥居のうちでも、かなり早い時期のもので、一四世紀ごろの建立とされ、県指定文化財である。この鳥居の左柱に「貞觀六年」と刻まれている。この「貞觀（観）六年」（八六四年）という年紀は後世の追刻ではあるが、石に刻んだ県内最古の年紀である。その追刻の真相を明らかにしてみたい。

この追刻した経緯と年代には諸説あるが、神社の参道に立てて神域を示す鳥居の柱に追刻するには一定の意義・祈願などが込められているとみるべきであろう。甲斐国において「貞観六年」といえば、まず、富士山の貞観大噴火を想起するであろう。

富士山の噴火は過去二〇〇〇年に四三回起こっており、歴史書などに記録されているものは、延暦噴火（八〇〇～八〇二年）、貞観噴火（八六四～八六六年）、宝永噴火（一七〇七年）である。山頂からの火山灰と溶岩の総量は、延暦噴火が約八〇〇〇万立方メートル、貞観噴火が一四億立方メートル、宝永噴火が七億立方メートルとされ、貞観噴火は桁はずれに大規模であったことがわかる。

貞観六年（八六四）五月、富士山の大噴火によって、膨大な量の溶岩が森林地帯を焼き払い、本栖湖な

宇波刀神社の石造鳥居（高さ2.53×幅1.88メートル）と境内（山梨県北杜市）

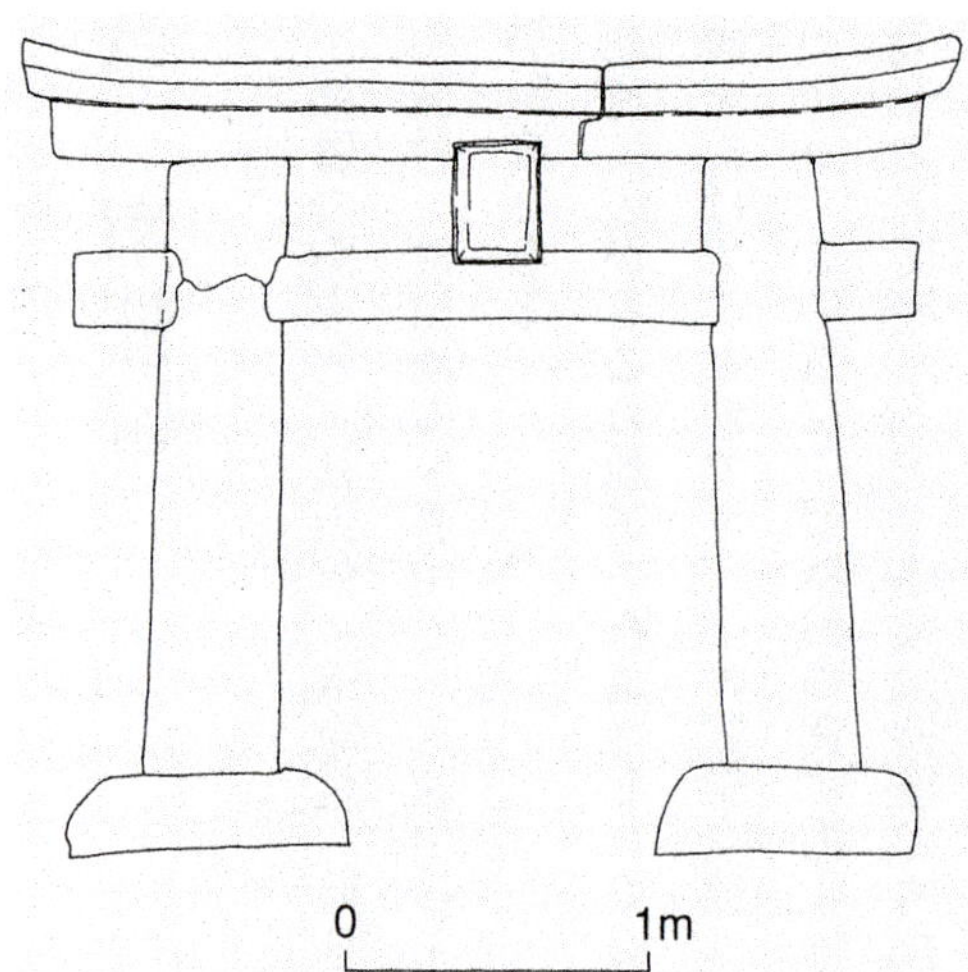

宇波刀神社の石造鳥居（『山梨県史　資料編7　中世4　考古資料』2004年より）
「貞観六年」（864）と年紀が刻まれている。この石の鳥居は14世紀ごろの造立で、年紀は追刻されている。

神社側から見た石造鳥居に追刻「貞観六年」の場所を示した合成写真

追刻「貞観六年」の拓本

追刻「貞観六年」の文字部分

どに流れ込んだ。貞観大噴火から一〇〇〇年を経て再生した大森林こそが〝青木ヶ原樹海〟である（荻原直樹「駿河湾を豊かにする富士山の湧水」『BIOSTORY』二二号、二〇一四年による）。この大噴火の五年後、貞観十一年（八六九）にマグニチュード八・三以上の貞観大地震が起こったことは、二〇一一年三月の東日本大震災が約一一〇〇年前の貞観大地震と類似していると報道されたことにより広く知られるようになった。この噴火は古代の正史『日本三代実録』に詳細に記録されている。「貞観六年」は古代の人びとの記憶と歴史書の記録によって後世にまで伝えられていったのであろう。

火山噴火と神社の密接な関係

歴史書によると、列島各地の火山噴火のたびに、その原因を山に関わる神社への崇敬や奉納などを怠ったこととされている。神社と火山噴火は密接な関係にあった。貞観大噴火の際も、貞観六年八月五日の富士山噴火は浅間明神の神職の禰宜や祝らが斎敬（身を清めつつしむこと）を怠ったことによるとされ、そこで謝り鎮めるため甲斐国に奉幣が命じられた。また、諸国の国司らにも富士山噴火による災害は列島各地の神社の破損や祭礼行事をおろそかにしたことの責任が問われている。さらに、貞観七年（八六五）十二月九日、甲斐国八代郡の郡役人伴真貞の託宣（神のおつげ）により、同郡家の南に浅間明神の祠を立てて官社としている。

格式ある宇波刀神社

宇波刀神社は、甲斐国巨麻郡内の官社、いわゆる「式内社」の一つである。式内社とは『延喜式』（平安時代の法令集）の神名帳に記載されている神社をさす。神名帳は、官社（中央の神祇官の管轄神社）の国郡別登録簿である。官社とされた神社は祈年祭（中央では神祇官、諸国では国府において穀物の豊作を祈る祭り）の奉献物に預かり、社殿の管理などについて神祇官・国司の監督を受けるのである。

甲斐国の式内社二〇座

山梨郡九座

神部神社	物部神社	甲斐奈神社
黒戸奈神社	金桜神社	松尾神社
玉諸神社	大井俣神社	山梨岡　神社

巨麻郡五座

神部神社	穂見神社	宇波刀神社
倭文神社	笠屋神社	

八代郡六座

佐久神社	弓削神社	表門神社
浅間神社	中尾神社	鋳衝神社

富士山への畏敬の念を込めて

宇波刀神社の建つ北杜市明野の地は、真正面に富士山を仰ぎ見る絶好の地である。二〇一五年九月三十日、宇波刀神社の現地調査を山梨県立博物館の堀内真・海老沼真治の両氏と北杜市教育委員会の方々とともに実施した。追刻された「貞観六年」の四文字は丁寧に刻まれたものであった。また何より驚いたのは、現在は神社境内からは人家に遮られてしまっているものの、丘陵上から真正面にそびえる富士山はまさに息をのむような美しさと、手を合わせずにはいられないほどの神々しい見事な姿だ。この宇波刀神社は富士山逢拝所（ようはいじょ）（はるか遠くから拝む場所）として建てられたのではないか。そのことを傍証するのが、境内に立つ明治十一年（一八七八）の宇波刀神社の由緒を記した石碑である。石碑には、

かけまくも、かしこき、この宇波刀神社はもと清和天皇貞観八年二月二十八日従五位上を授け奉られ、また延喜式にも載せられて最も古き神社になむ有りける。（中略）あなかしこきこの大御神あなたふときこの

宇波刀神社

明治十一年夏、浅間神社宮司兼大講義源朝臣八代駒雄　謹　誌（つつしみてしるす）

と記されている。石碑の作者が浅間神社の宮司であることに驚いた。富士山信仰の拠点である浅間神社と宇波刀神社との深い関係を明確に読みとること

宇波刀神社がある山梨県北杜市明野町から望んだ富士山

ができる。各地の火山噴火による災害のたびに神社の破損や祭礼行事をおろそかにしたことの責任がしばしば問われている。

宇波刀神社は、古代における甲斐国巨麻郡内の格式ある式内社である。近世の宝永大噴火（一七〇七年）前後か、それ以降か、おそらく富士山に対する畏敬の念を込めて、宇波刀神社の石造鳥居に、「貞観六年」という文字を、富士山の史上最大の大噴火の記録・伝承に基づいて安穏を願って刻んだのではないだろうか。

1878（明治11）年の宇波刀神社由緒書の石碑（左は明治11年の部分の刻書）

はんこと文書行政

古代国家の権威を象徴する

国印の復元

山梨県立博物館の人気の来館記念用スタンプは古代印「甲斐国印」である。古代の国印の実物は一点も遺（のこ）されていないので「甲斐国印」は復元製作品である。諸国から奈良の都の中央官庁に提出された公文書類は一定の保存期間後、廃棄された。東大寺写経所という役所では、廃棄された行政文書の紙背（しはい）を利用して、写経所の業務を記録した。それが奈良の正倉院宝庫に多数の宝物とともに、表裏あわせて一万数千通にも達する正倉院文書とよぶ文書類である。正倉院に所蔵されている正倉院文書や絹・麻など織物に捺（お）された印のあと（印影（いんえい））によって各国の国印を確認できる。甲斐の国印は、天平宝字五年（七六一）に中央に提出された「甲斐国司解（げ）」（上申書）に捺された印影から複製した。印面以外の鈕（ちゅう）（つまみ）などの形状は、現存する郡印や軍団印などを参考に復元している。

今、一般に「はんこ」とよぶ印章は、紀元前五〇〇〇年ごろのメソポタミアの農耕社会で発明されたといわれている。石・粘土・骨・金属などを材料として、それに絵や文字を刻んで粘土や布などに捺して所

篆書体で記された「甲斐国印」（山梨県立博物館 復元製作）

麻布に捺された「信濃国印」
（正倉院宝物）

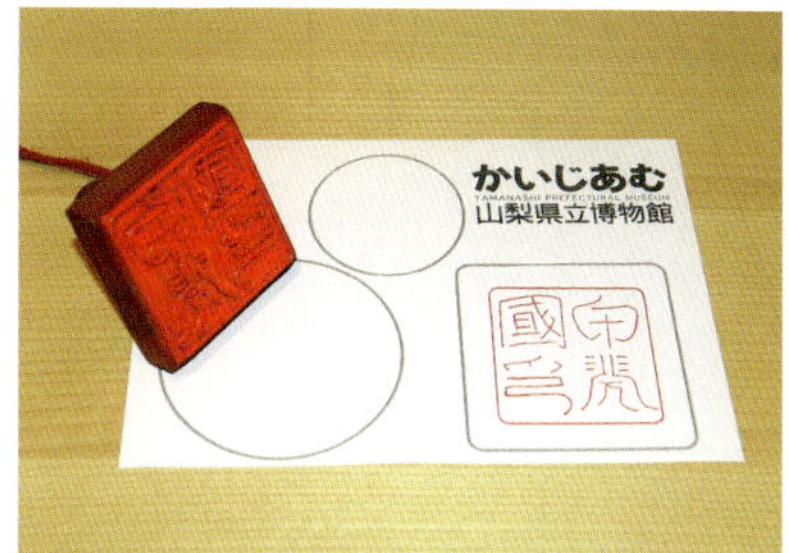

山梨県立博物館の来館記念スタンプ
（山梨県立博物館提供）

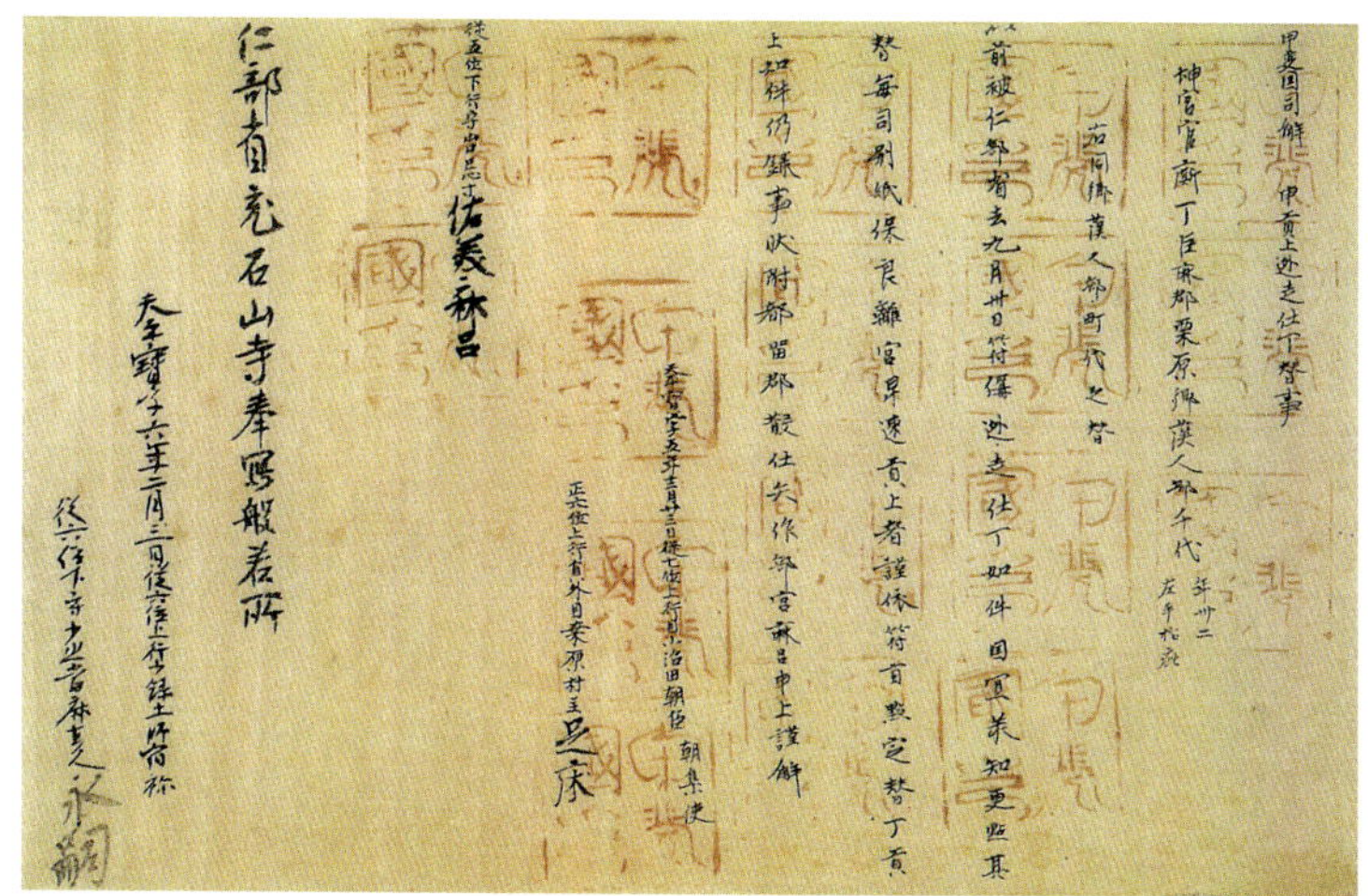

甲斐国司解（正倉院文書、正集第18巻）

有物の表示としたが、ほかに呪術的な護符（お守り札）の役割もあったようである。

古代中国のはんこ——書体の統一

中国の古印は青銅の鋳造印で、秦の始皇帝（在位紀元前二四七～前二一〇年）の代から漢代（紀元前二〇二～紀元後二二〇年）にかけて公印が制度化され、中央集権国家の権威のシンボルであった。

そもそも中国の秦の始皇帝が全国統一（紀元前二二一年）後に最も重視したものの一つが、文字の統一だった。始皇帝は、皇帝の詔勅（命令文書）などには篆書体を使うこととした。ところが、篆書体は曲線が多く、短時間に多くの文字を書く場合にはかなり不便な書体だった。そこで役人たちが文書作成用として篆書の曲線を直線に改めてより速く書けるように工夫した書体として隷書が考案された。この隷書は、随代（五八一～六一八年）になると楷書体となった。

隷書（漢代の曹全碑より）

篆書（秦代の銅権に記された文字より）

古代日本のはんこ

　わが国では、古代国家の確立過程で大宝二年（七〇二）には大宝律令を施行し、本格的な文書行政の開始とともに天皇の印「天皇御璽」をはじめとする公印が作られた。印文は篆書体で、大きさは天皇印が方三寸（約九センチ）、太政官印が方二寸半（約七・五センチ）、諸司印（民部省・大蔵省など）が方二寸二分（約六・六センチ）ある。大宝四年に全国一斉に鋳造された諸国印は方二寸（約六センチ）であり、役所の格付けによって、しだいにその大きさを減ずるのが公印の制度である。

　国印は、歴史書『続日本紀』大宝四年（慶

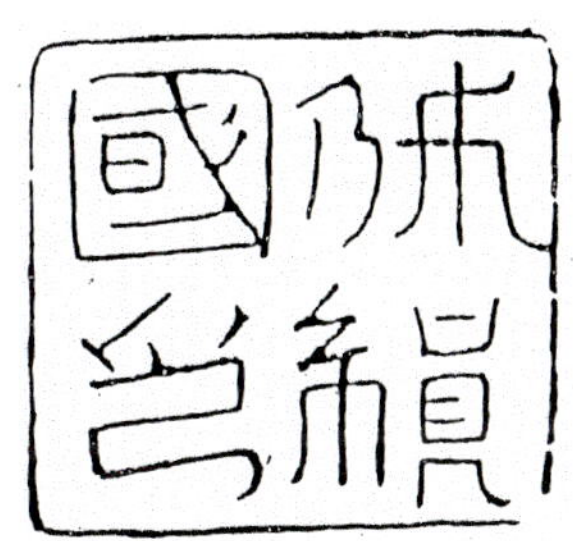

天平3年（749）
［慶雲元年（704）初鋳のもの］

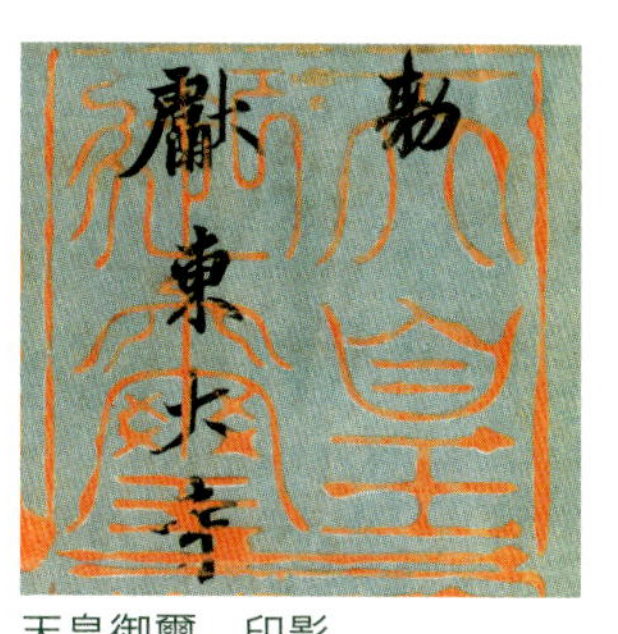

天皇御璽　印影
（方三寸〈9ｾﾝﾁ〉篆書体、正倉院文書「大小王真跡帳」より）

天平感宝元年（749）

延久元年（1069）

「伊賀国印」3期の変遷
（いずれも方2寸〈6ｾﾝﾁ〉篆書体）

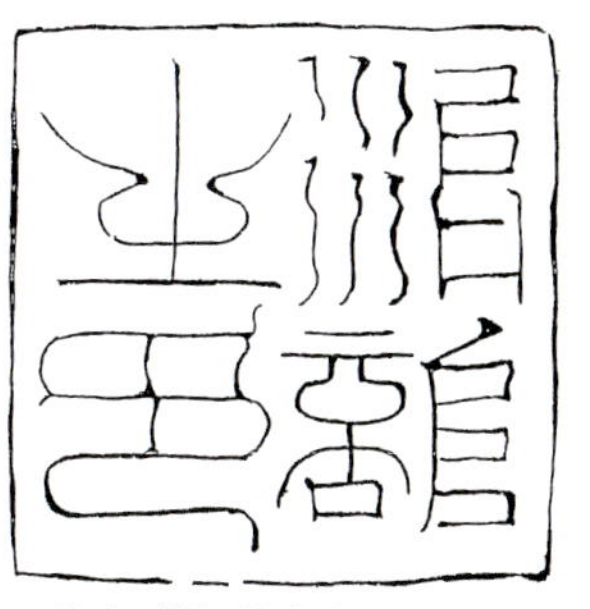

八省印「治部之印」印影
（方二寸二分〈6.6ｾﾝﾁ〉篆書体）

雲元年、七〇四）四月九日条に「鍛冶司をして諸国印を鋳しむ」とあることから、大宝四年、中央で製作され、各国に配布されたことがわかる。最古の正倉院文書である大宝二年度の西海道戸籍（筑前・豊前・豊後国）には、この時にはじめて鋳造された国印が捺されているので、戸籍の完成は大宝四年四月以後である。一方、同じ大宝二年の御野（美濃）国戸籍には、国印が捺されていないことから、国印鋳造（慶雲元年）以前に戸籍が完成し、中央へ提出されていたのである。

古代の国印の実物は存在しないが、国印鋳造の原料や工程などは、古代の法令書『延喜式』に記されている。その記載によると、国印は青銅、すなわち銅と錫との合金による鋳造の印であることがわかる。

大宝四年に鋳造された国印は五〇年ほどで改鋳されていることが公文書に捺された各国の国

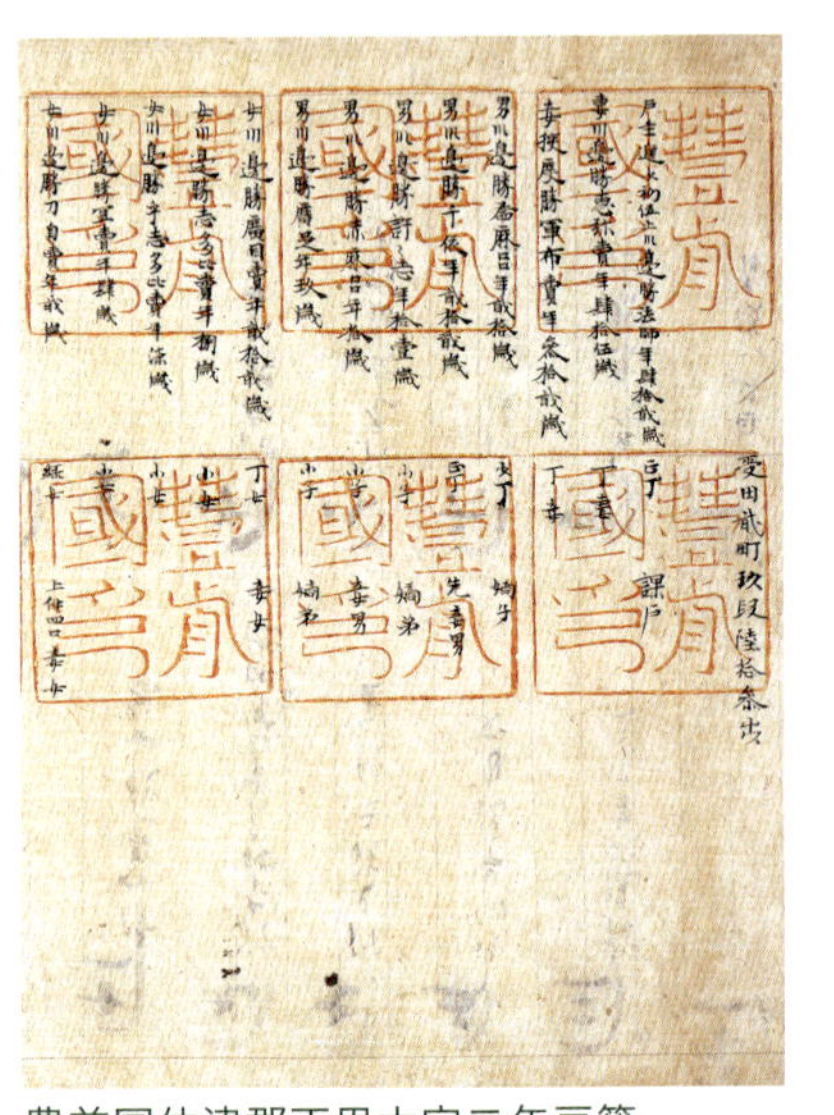

豊前国仲津郡丁里大宝二年戸籍
（正倉院文書）

御野国加毛郡半布里大宝二年戸籍
（正倉院文書）

印の印影の変化で確認できる。ここに例示した伊賀国の場合、歴史書によると、中央政府に次のような理由で改印を申請している。それは長年使用してきた国印の文字がけずり減って使うことができないということであった。青銅製の国印がけずり減ってしまうほど膨大な公文書に捺す古代の文書行政のすさまじさは驚くばかりである。戸籍の一通でも明らかなように全面に捺されている。戸籍は一つの里に一巻作られ、一里約一四〇〇人分にすべて捺印し、しかも戸籍は同じものを三通作成し、二通を中央へ提出し、一通を国に留めておくことと定められていた。五〇年でけずり減るのもうなずけるであろう。

国印鋳造と二文字の国名

古代国家における諸国名は、七世紀後半の各国の成立期には一～三文字で表記されていた。大宝四年、はじめて諸国印が鋳造された際、印面の片側に二文字で国名、もう片側に「國印」の二文字の計四文字と定められた。そのため、ここではじめて国名は二文字で記さなければならなくなった。その際に、その二文字は「科野」を「信濃」とするなど、良い意味のもの（吉祥語）を選んで使用した。「无耶志」→「武蔵」、「上毛野」→「上野」、「下毛野」→「下野」、「遠水海」→「遠江」など。

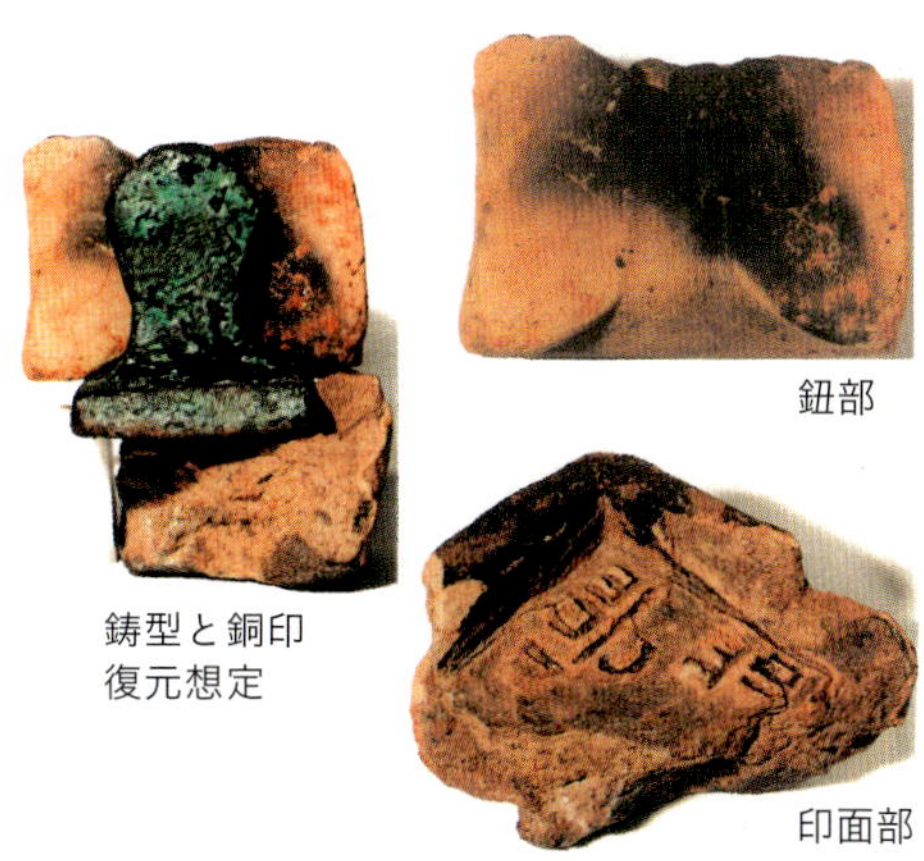

銅印鋳型「磐城郡印」（福島県いわき市番匠地遺跡出土、原資料・いわき市教育委員会蔵）
右上はつまみ「鈕（ちゅう）部」、右下は印面部。左は鋳型と銅印の復元想定。

現在も「甲斐」をはじめ、全国各地で市名・駅名・会社名・商品名などに幅広く使用されている二文字の国名は、大宝四年（七〇四）の国印鋳造の際にはじめて表記されたものである。

漆が遺した古代文書

漆紙文書の語る地域社会

権力者に保護された漆

磁器が英語で中国の国名・チャイナ（china）とよばれているのに対して、漆器はジャパン（japan）と表記され、漆の国・日本を代表する工芸品である。樹液を採取できる漆は、日本をはじめ、中国・ベトナム・タイ・カンボジア・ビルマなど、東アジアから東南アジアにかけての地域にのみ生育する。

漆はいうまでもなく、漆の木から採取された樹液である。日本で最古の植物としての漆は福井県三方上中郡若狭町の鳥浜貝塚縄文時代草創期の出土木材（一九八四年発掘）が二〇一二年、放射性炭素年代測

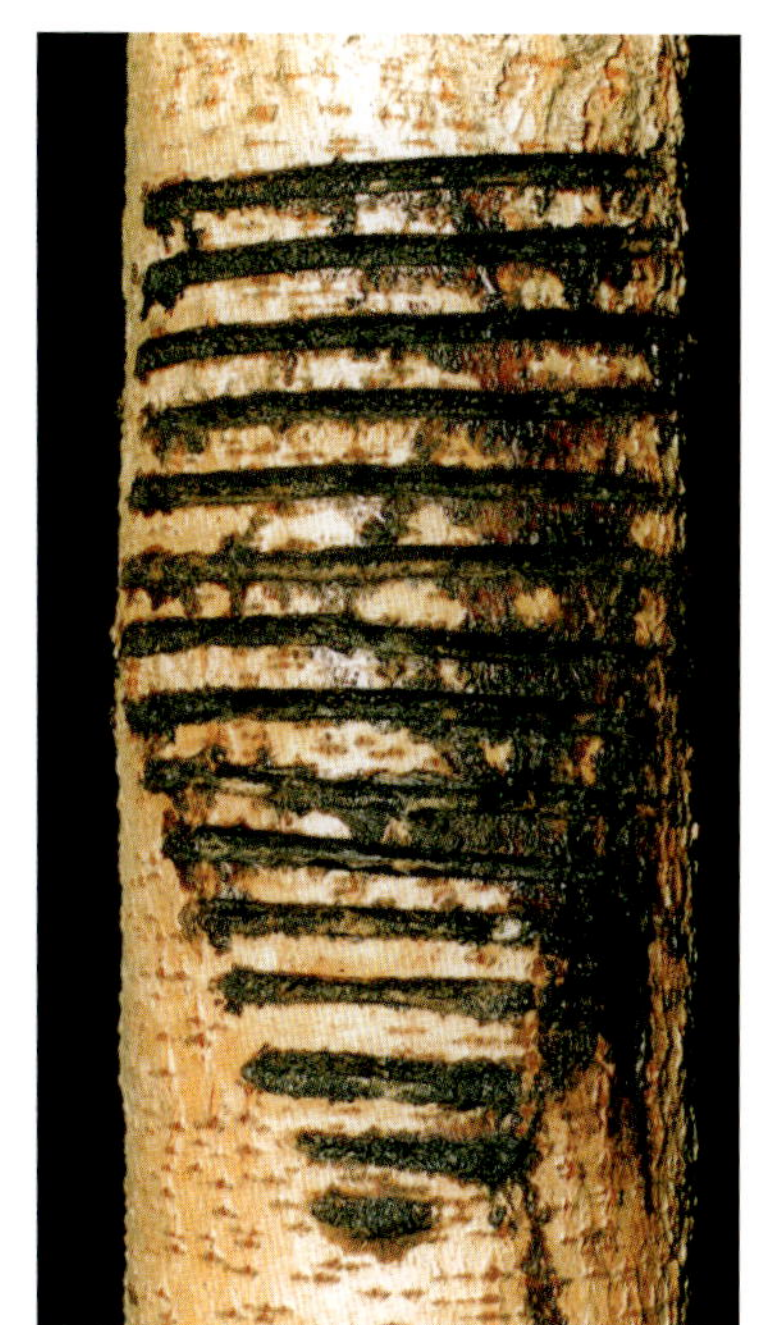

漆を採った掻き傷

定によって一万二六〇〇年前の資料であることがわかった。漆から樹液を採取して製作された漆製品としての最古の資料は、直接年代が測定された日本列島最古の漆製品は、二〇一七年段階では、石川県七尾市三引遺跡の七二〇〇年前と測定された赤漆塗竪櫛（たてぐし）である。また、東京都東村山市下宅部（しもやかべ）遺跡では、縄文時代後期の漆採取のための掻（か）き傷を残す漆の木が、低湿地の杭（くい）として使用されていた。古代国家は、法令により、各戸の等級にしたがって、養蚕用の桑と漆を植えさせたほど、重要視していたのである。その後も、漆は貴重な塗料・接着剤などとして各時代の権力者により保護されてきた。

戦国から江戸時代にかけては、甲斐国内の漆の栽培に関する史料が遺（のこ）されている。東八代郡境川村（さかいがわむら）（現笛吹市境川町）に伝わる桑原家文書の武田家朱印状（しゅいんじょう）には次のように記載されている。永禄三年（一五六〇）十二月十七日に、東山梨郡の西保地区（現山梨市牧丘町）五〇盃（はい）をはじめ、甲斐国内各地から、武田家に五日以内に漆を納入するよう命じている。

さらに『甲陽軍鑑（こうようぐんかん）』によると、永禄十一年（一五六八）には武田信玄が織田信長に越後国あり明（現新潟県村上市）のろうそく三〇〇〇挺（ちょう）、熊の皮一〇〇〇枚とともに「うるし千桶（おけ）」という多量の漆を送っている。元亀二年（一五七一）にも、織田信長の再々の所望に答えて、甲斐国の「うるし三千盃」を送って

漆掻きの風景
（寺島良安編『和漢三才図会』より）

いる。

江戸～明治時代の漆の主要産地として、陸奥国二戸・越後国岩船などとともに、甲斐国では「南巨摩」があげられている。

現在は、日本で使用する漆液はほとんど中国などから輸入され、日本産の漆は国内使用量の二%にも達していない。このわずかな国産漆は、外国産のものよりも透明で光沢が美しいので、高級な漆器の仕上げの塗りには欠かせないのである。

【釈文】

漆五十盃（五〇盃）
西保（牧丘）
弐拾盃（二〇盃）
牛奥（塩山）
弐十盃
江草（須玉）
弐拾盃
亀沢（敷島）
弐拾盃
隼（牧丘）
弐拾盃
平林（富士川）
（下段は写真で逆さに書かれている部分）

拾盃（一〇盃）
七覚（中道）
以上
如右めし漆、
五日之内二可納
者也、仍如件、
庚申（永禄三年）
極月十七日
触口
喜七
彦八
甚次郎
又三郎

5日以内に漆を納入するよう命じた武田家朱印状
（桑原家文書、個人蔵、山梨県立博物館提供）
上下の真ん中で折って使われていた。

漆の特殊な性質と漆紙文書

漆は木製品などに塗り、いったん乾くと強靱である。漆が乾くメカニズムは実に興味深い。洗たく物を乾かすのとは、まったく反対に湿気が必要なのである。漆が乾くというのは、漆が多量の酸素を吸入して、ゴム質に含まれているラッカーゼという酵素の働きによって酸化作用が行われ、液体が固体になって硬化する（「乾く」）。そのため、年間を通じて、漆が乾くのがもっとも早いのは梅雨の時期である。

　漆膜は塩酸、硫酸、さらには金など貴金属をも溶かす王水につけても変化せず、現代科学をもってしても、漆を溶かす化学物質はまったくない。ほとんど無敵にみえる漆の唯一の弱点は太陽光線、具体的には紫外線である。たとえば、県内の寺社でよく見かける漆塗りの柱や壁材が白茶けているのは、長いあいだ紫外線を浴びてきたために、漆の劣化を招いたからである。

　古代東北地方の行政・軍事の中心であった多賀城跡の発掘調査において、一九七〇年に地面に張りついた皮状の遺物が出土した。この皮状の遺物は紙に漆が染み込んで遺存したものであることが、その八年後

漆を入れた曲げ物容器とふた紙
（復元、多賀城市教育委員会提供）
ふた紙は公文書の反故紙を利用している。

に判明した。

漆はほこりやちりを極度に嫌う。漆塗りの作業で、漆を良好な状態に保つために、役所の公文書の反故（ほご）を漆液の表面に密着させてふたをするのである。この〃ふた紙〃は塗り作業の時は、はずされて捨てられる。しかし、漆が染み込み、すっかりコーティングされた紙は、漆の力により、地下にあっても腐食することはない。これが紙が地下に遺る所以（ゆえん）であり、漆紙文書（うるしがみもんじょ）と名づけられ、古代の貴重な文字資料となっているのである。

漆紙文書は東北各地の城柵（じょうさく）遺跡をはじめとして全国各地の遺跡（宮都・国府・郡家（ぐうけ）などの古代役所跡）から相次いで発見され、その中でも、常陸国（ひたち）（茨城県）国府の附属（ふぞく）工房跡とされる鹿の子（かのこ）C遺跡からは最高の二八九点出土している。その二八九点の中に、八世紀後半当時の常陸国全体の人口数を集計した文書が含まれていた。その文書をもとに算出された常陸国の戸籍に登載していた総人口は約二二万四〇〇〇〜二四万四〇〇〇人と推定されている。一般公民の男女比は、男八万三一六八人に対して、女一〇万六五八二人と、女性が男性を上回っている。この常陸国の人口をもとに、八世紀後半の日本全国の人口は、約五四〇〇〜五九〇〇万人と推定される。当時、六六ヵ国二島（壱岐島・対馬島）、約五九二郡、約四〇〇〇郷であったので、全国の人口を約五六〇〇万人とすると、一郷当りの人口は約一四〇〇人となる。ちなみに常陸国の郷数は一五三郷もある。

これをもとにすると、八世紀代の甲斐国の人口は山梨・八代・巨摩・都留四郡、三一郷の規模であったことから、一四〇〇人×三一郷＝四万三四〇〇人と推計される。現在（二〇一九年）の山梨県の人口八二万人に対して、一二〇〇年前は五万人弱だったのである。

漆紙文書が伝える生々しい記録——出羽国の死亡者名簿

もう一例としては、古代国家の北の鎮守の中心であった秋田城跡（秋田市）から出土した九世紀半ばの一年間の死亡者名簿をあげておきたい。この帳簿は都へ上申されるものではなく、秋田城内で実際に事務処理に活用されたものである。その内容は前の年の七月から次の年の六月までの一年間の死亡した人を書き記したもので、死亡した人のウジ名をみると、「高志公」（越後国）、「江沼臣」（加賀国）のように、北陸道地域から出羽（でわ）国内へ移住した人びとである。この死亡帳によれば、戸主高志公（名を欠く）の戸では一年間に六人も死亡するという異常さである。死亡年月日と老若男女をみると、女性と老人が前年九月ごろから十二月までの間に死亡し、翌年の六月ごろに成人男子が死亡している。

秋田城跡出土漆紙文書（秋田市立秋田城跡歴史資料館蔵）

九世紀前半は、日本古代史上でもまれにみる天変地異の続いた時期である。富士山の三回の噴火をはじめ、各地の火山の噴火・大地震・異常気象と思われる長雨や風水害による凶作、さらには疫病などに連続して襲われ、飢饉（ききん）が続発した時期である。特に、出羽国では飢饉にたびたび襲われた。死亡帳の死者全体をみると、地震や疫病のように一時に死亡しているのではなく、凶作が続き体力と食糧のない女性や老人が相次いで亡くなり、当時の税の負担者であった成人男子が最後までわずかな食糧を食いつないだが、翌年六月にはついに死亡したと推測することができるのではないか。

このような秋田城内の事務処理用の帳簿が、その遺跡から漆紙文書として出土したことは、中央政府が編纂（へんさん）した歴史書ではうかがい知ることのできない地域社会の実態を生々しく伝

秋田城跡出土漆紙文書書き起こし図

える衝撃的な資料の発見といえよう。

あらゆる条件下で遺存

山梨県内においても、韮崎（にらさき）市宮ノ前遺跡から九世紀ごろの漆紙文書の小断片が出土している。宮ノ前遺跡は、古代の巨摩郡内の主要な役所とされている。その役所の公文書が廃棄され、漆工人が〝ふた紙〟として使用したものであろう。その漆紙文書は、「奈」または「祭」と読める一文字を確認できるのみではあるが。

漆紙文書とならぶ古代の出土文字資料である木簡（もっかん）の場合は、井戸・溝・池や低湿地など一〇〇〇年以上、つねに水を湛（たた）えた遺構からのみ出土する。発掘調査担当者はそうした遺構にあたると木器や木簡などの検出をある程度予測して調査に臨むことができる。一方、漆紙文書は、低湿地でも高燥地でもあらゆる条件下で遺存するのが

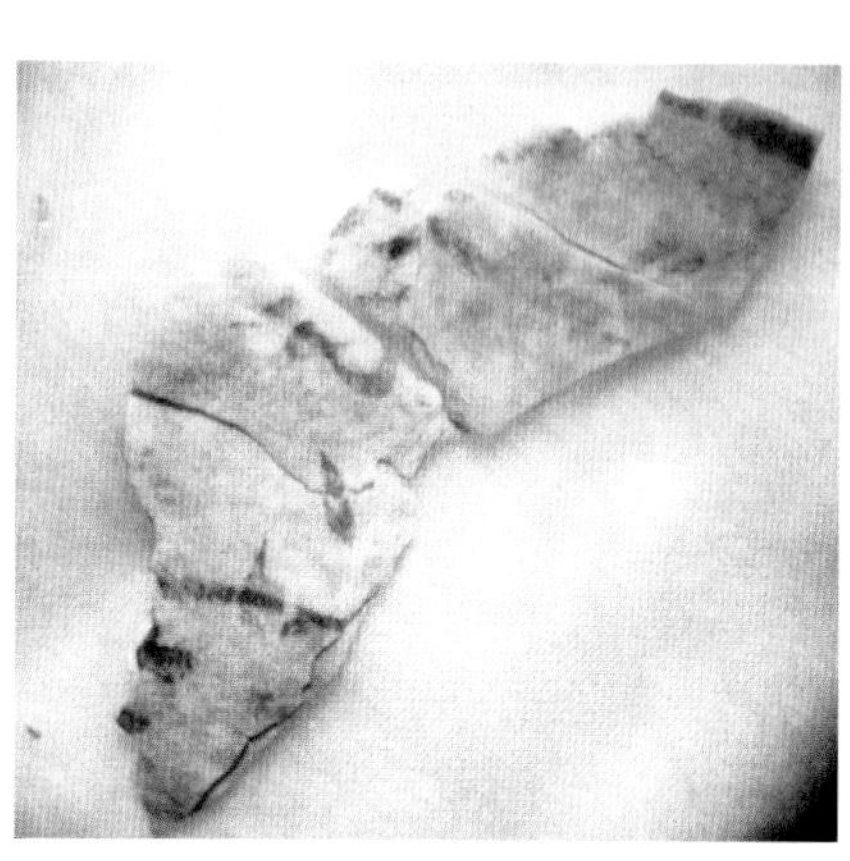

宮ノ前第3遺跡から出土した漆紙文書
(赤外線テレビカメラ写真、韮崎市教育委員会提供)

利点であるが、調査する場合、出土する可能性の予測を困難にする。また、地面に張り付いた状態の場合、土と同色なだけに遺物として認識しにくいことも難点である。

甲斐国の戸籍などの諸帳簿や暦、手紙、土地売買証文など、古代の紙に書かれた文書が漆の力によって県内各地の地中に数多く埋もれているであろう。古代から漆の主要な産地と考えられる甲斐国において、古代史の新たな一ページを飾る漆紙文書、さらには中世の漆紙文書の発見を楽しみに待ちたいと思う。

赤外線が解明する歴史資料

墨書の解読への絶大な威力

見えないものを映し出す技術

二〇一六年四月、江戸東京博物館で開かれていた「レオナルド・ダ・ヴィンチ――天才の挑戦」展を見学した。展示の中心は、万能の天才レオナルド・ダビンチの、飛行機の原理を解明したことで知られる直筆ノート「鳥の飛翔に関する手稿」と、日本初公開の油彩画「糸巻きの聖母」などである。糸巻きの聖母は、聖母マリアに抱かれて幼子イエスが十字架の形をした糸巻き棒を握りしめ見つめている作品である。その絵の赤外線調査が近年、ロンドンで実施された。

その結果、画面左側の谷や川、木々などの風景の下に、二つの場面が下書き線で描かれていたことが判明した。一つは、建物の入り口の大きなアーチの前に動物と人物の一団が見え、さらにもう一つは、聖ヨセフが赤子用歩行器を作り、二人の女性がそこに幼子イエスを導こうとしている場面を描いていることが赤外線の威力で絵の具の下に確認できた。

漆紙文書を解読する

漆塗りの作業では常に漆を良好な状態に保つために、和紙を漆液の表面に密着させてふたをする。漆工人の用いる「ふた紙」は漆にコーティングされたことによって地下に遺存するが、出土する漆紙文書の表面は当然のことながら漆に覆われており、風化もしているため、肉眼では文字を読み取ることが難しい。

一九七七年、宮城県多賀城跡ではじめて漆紙文書が発見されたが、解読するためには、水を張ったシャーレの中に漆紙文書を置き、顕微鏡用の強いライトをあて、浮かんでくる文字を読

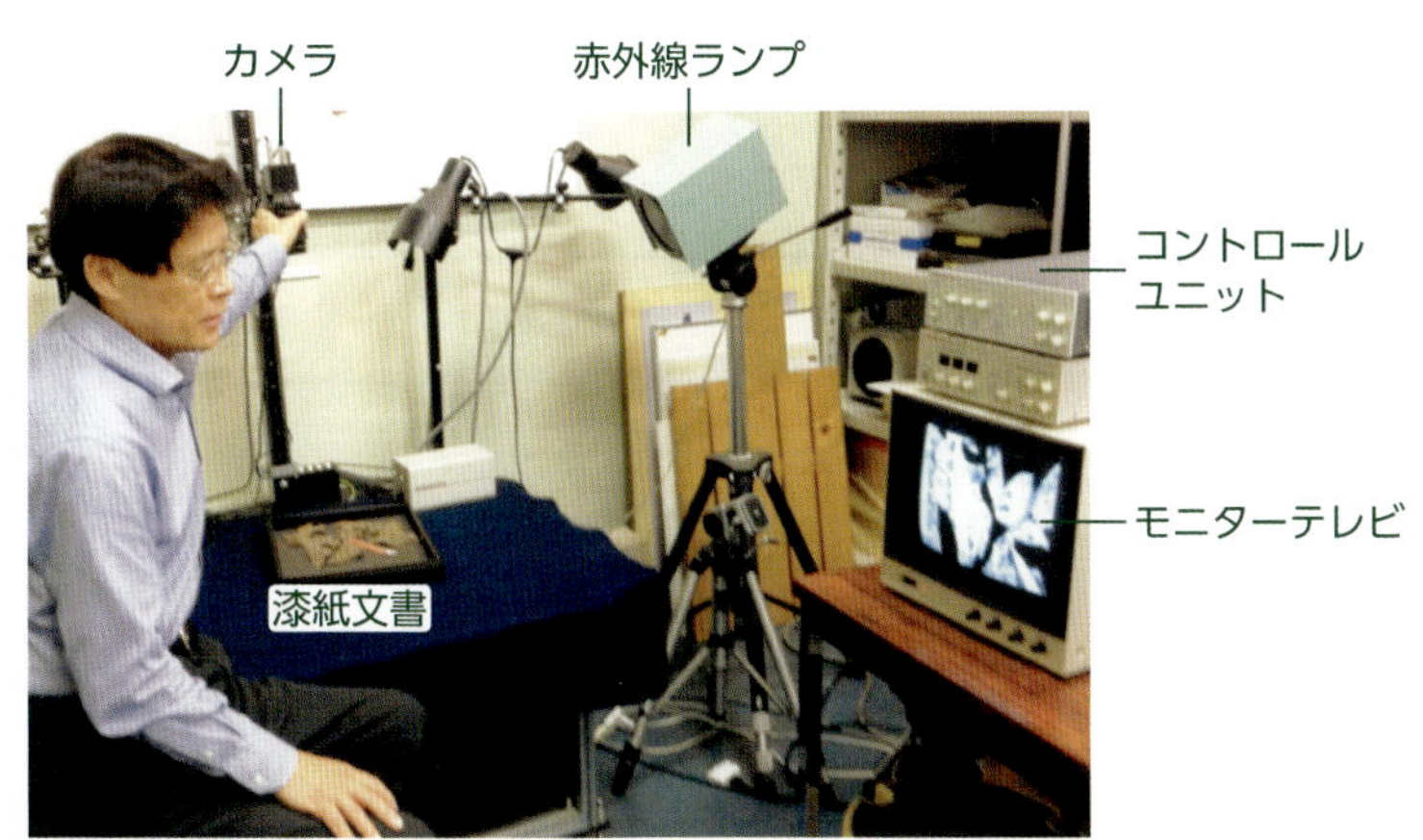

古代出土文字資料の赤外線テレビカメラによる調査風景

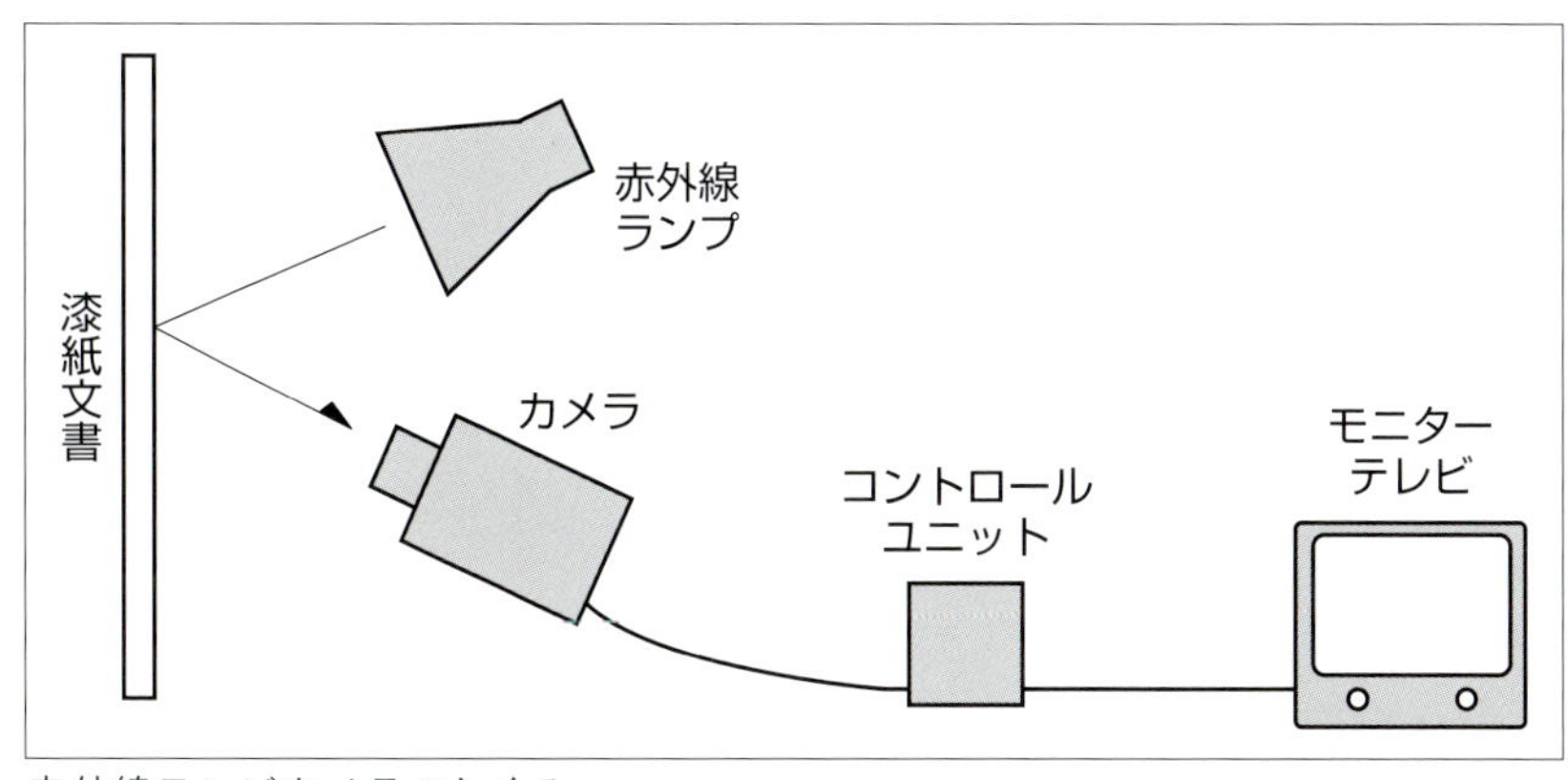

赤外線テレビカメラのしくみ

み取った。水中に置くのは表面の乱反射を防いで読みやすくするためである。当時は赤外線テレビカメラで見ることはなかったため、この方法で解読に取り組んだが、墨痕の薄い文字は、朝からじっと見ていて夕方になってやっと読めるなど、悪戦苦闘した。また、第三者に伝えるためには写真を提示しなければならない。

そこで、これまでにも絵画や棟札（むなふだ）（棟木に打ちつける工事の由緒・建築主・工匠・年月日などを記した札）などの文化財調査に利用されてきた赤外線テレビカメラを漆紙文書の解読作業にはじめて使用することにした。

人間の視覚器官、すなわち肉眼は、波長が〇・三八〜〇・七七マイクロメートル（一マイクロメートルは一〇〇〇分の一ミリ）の範囲（可視光（かしこう））の電磁波（光）を感知することができる。一方、赤外線用ビジコン（撮像管）の感度は〇・八〜一・四マイクロメートルであり、墨書の検出において肉眼よりはるかに高い検出力を発揮する。赤外線用ビジコンは操作が簡単で、普通のテレビにそのまま接続するだけで、赤外線カメラの映像が映し出され、その映像を撮影することができるのである。

赤外線が明らかにした古代の暦

次に紹介する山形県米沢市大浦B遺跡出土の漆紙文書は、漆を入れた曲げ物容器のふた紙が漆の付着した部分のみ円形に遺存した具体的な例として良い見本となる資料である。そのうえ、漆の付着が厚いため肉眼では解読困難なもので、赤外線テレビカメラの威力がよくわかる。

〔八〇四年〈延暦二十三〉暦の十二月の一〇日分を復元〕

十八日己未火破 鷙鳥 厲疾　大歳位
十九日庚申木危 辟臨 沐浴　大歳位月徳祠祀壊垣破屋伐樹解除□
廿　日辛酉木成 沐浴　大歳位謝土祀井解除除服吉
廿一日壬戌水収　大歳位漁猟種蒔吉

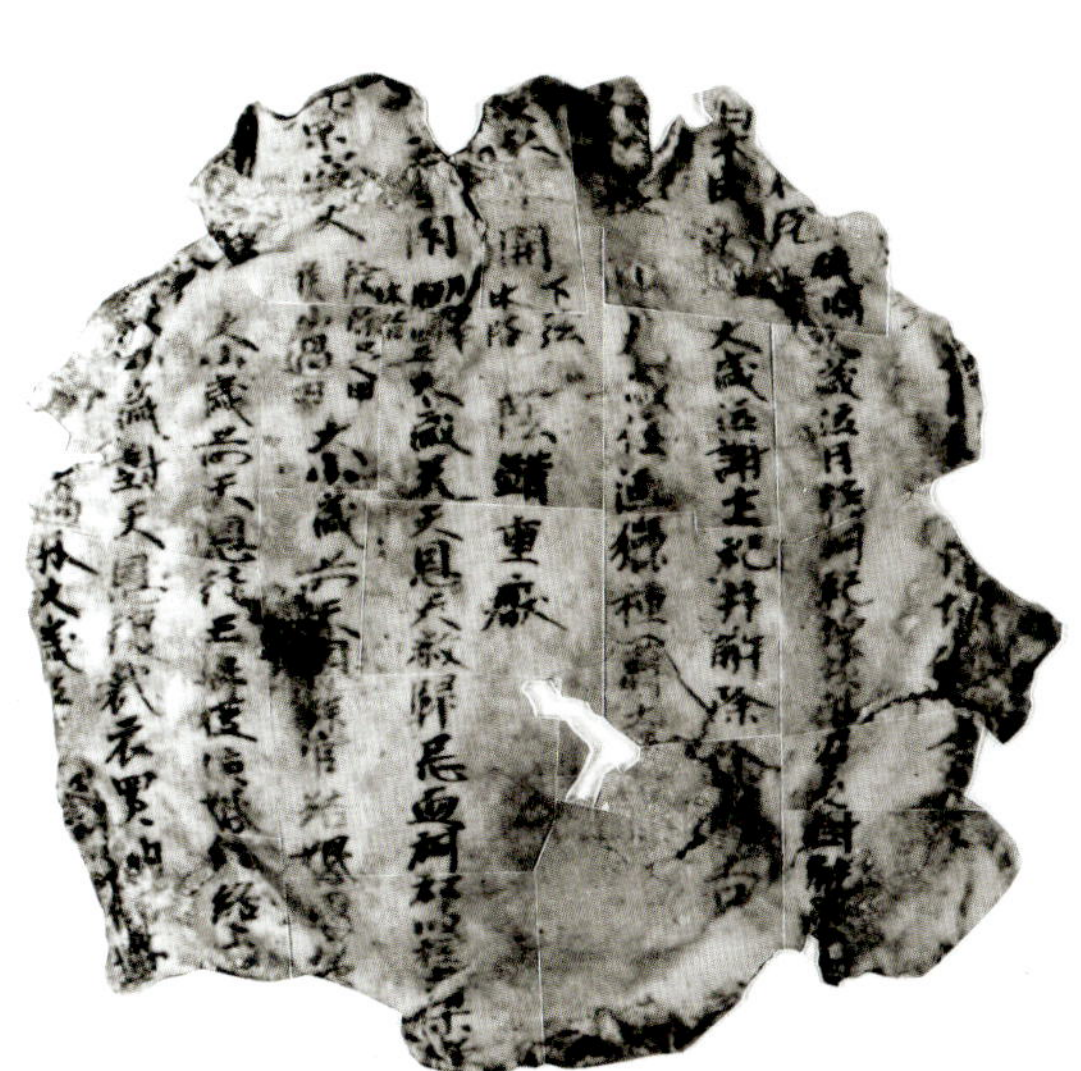

延暦二十三年暦の実物（上）と赤外線テレビカメラ写真（下）
（山形県米沢市大浦B遺跡出土漆紙文書、米沢市教育委員会提供）

廿二日癸亥水開 下弦 沐浴　陰錯重厭
廿三日甲子金閇 水澤 腹堅 沐浴　大小歳前天恩天赦帰忌血祠祀□□上梁
（脱行）廿四日乙丑金建　大小歳前
廿五日景(丙)寅火除 除足甲 候小過内　大小歳前天恩拝官結婚
廿六日丁卯火満　大小歳前天恩往亡□□□□経絡
廿七日戊辰木平　大歳前小歳対天恩復裁衣買納
廿八日己巳木定 立春正月節 東風解凍　候小過外大歳位□□

大浦B遺跡は郡家（郡役所）の出先機関と想定されている。この漆紙文書は古代の暦である。暦は「具注暦」とよばれ、暦面を上・中・下の三段に分けて暦日の下に吉凶・禍福などの暦注を具備した暦のことである。

古代における具注暦は毎年中央の陰陽寮（吉凶などの占いや天文を担当する役所）で作成した。十一月一日に作成した翌年の暦を天皇に奏上し、そののち中務省を経て中央の諸官庁と諸国（国府）に一本ずつ配布され、「頒暦」（頒はわけるの意）といわれた。頒暦は天皇が時をも支配したことを示す。しかし頒暦の実態は、諸国から書記官らが都に上り、書写して持ち帰っていた。その国府に備え置かれた具注暦一本は、さらに国府内の諸機関や国分寺、そして郡家・駅家などにも書写され、備えられた。

山形県米沢市の大浦B遺跡出土の暦は延暦二十三年（八〇四）暦の十二月のうち十八日～二十八日までの一一日分が遺存したものである。ただ、郡家さらにその出先機関で年末に短時間で書写したために二十四日、一日分を脱行してしまったのではないか。

最新技術で位牌の文字も解読

山梨県立博物館では二〇一六年三月に、カメラメーカーの協力を得て、新しく開発された赤外線照射装置を内蔵したカメラで、汚れや風化によって肉眼では識別しにくい奉納額の墨文字を読み取ることができた。笛吹市八代町熊野神社の奉納額を、地域の方のご協力で、野外で桃収穫用作業車まで出動していただき、県博の中野賢治学芸員、西願麻以学芸員が撮影し、解読した。奉納額に記された県内各地の方が詠んだ俳句と奉納した「明治二七年甲午四月」（明治二十七年は一八九四年）という年月日まで明確に読み取ることができた。この額に記載されている俳句の冒頭部分のうち不鮮明な第二句を除いた二つの句と詠み人（住所を含む）を紹介したい。

〈羽洲園選〉

花に嵐静過ても寝つけたる　金生村　虎遊

陽炎を踏て登るや芦の山　高家村　山外

（「金生村」は東八代郡金生村、一九四二年に合併で錦生村、現笛吹市御坂町）

（「高家村」は現笛吹市八代町高家）

県博には、先述の赤外線テレビカメラ一式と同種のものが調査室に設置されている。

私も国立歴史民俗博物館勤務の時、全国各地の出土文字資料の解読作業を長年実施したが、時には千葉県内の市民の方から、お盆直前に、先祖の位牌（いはい）の文字が長年の線香の煙や煤（すす）が付着して読めないのでみてほしいと持ち込まれ、赤外線テレビカメラで読んで感謝されたこともある。遺跡から出土した文字資料だけでなく、寺社や個人蔵の品などで墨文字が不明になった資料が県博に持ち込まれ、赤外線テレビカメラと学芸員の解読力により、甲斐国、山梨県そして個人の歴史・文化が解明されることを期待したい。

山梨県笛吹市八代町熊野神社の奉納殿での赤外線カメラ撮影風景（山梨県立博物館提供）

通常のカメラで撮影した熊野神社の奉納額（部分）
（リコージャパン株式会社撮影、山梨県立博物館編集、下の写真も同じ）

〔拡大部分〕
金生村　虎遊
砂川原　静波
高家村　山外

赤外線カメラで撮影した熊野神社の奉納額（部分）
左下の赤枠が不鮮明だった場所で、右上の枠内が拡大写真。

万葉仮名から仮名へ

日本語文字表記のうつりかわり

文字文化の受容

文字を持たなかった日本は、中国から漢字を受け入れ、古代朝鮮の多大な影響を受けつつ、日本語の文字表記を実現していった。紀元前後から邪馬台国の卑弥呼のような為政者が中国との外交上（交易を含む）の必要性から、漢字や漢文の使用にたけた渡来人に外交文書を作成させていたとみられる。五世紀にはヤマト王権の王は、代々中国に使いを派遣し、「倭国王」として

「ワカタケル大王」を「獲加多支鹵」（右）、「磯城宮」を「斯鬼宮」と記す（左）。
いずれも埼玉県稲荷山古墳出土鉄剣銘文（5世紀後半、文化庁蔵、埼玉県立さきたま史跡の博物館提供）

の地位を中国の王朝から承認された。いわゆる「倭の五王（讃、珍、済、興、武）」（武王は雄略天皇のこと）の時代になってはじめて文字は国内政治にも用いられるようになる。

地方豪族がヤマトの王に仕えた由来を刀剣に文字で記した代表例が埼玉県行田市の稲荷山古墳から出土した「辛亥年（四七一年）」銘鉄剣である。稲荷山鉄剣銘文から、雄略天皇と推定される「獲加多支鹵」大王やその皇居「斯鬼」宮（奈良県桜井市磯城）など、人名や地名などの固有名詞を漢字の音によって表記する方法は五世紀には確立されていたことが明らかとなった。

日本語の音に漢字を充てる——万葉仮名の誕生

さらに、固有語と同様に漢字一字一音で表記したのが和歌である。大阪市中央区の難波宮跡から出土した七世紀中ごろの木簡に、次のような一一文字が記されていた。

「皮留久佐乃皮斯米之刀斯（春草の始めの年）」

これは和歌の冒頭とみられる部分で、漢字を一字一音で表記しているが、このように漢字をそのまま充てて使う文字を仮名文字といい、『万葉集』に多く用いられていることから万葉仮名という。「仮名」とは漢字「まな（真名）」に対する「仮（か）りの字（な）」という意味である。万葉

難波宮跡出土の歌木簡の赤外線カメラ写真。「皮留久佐乃皮斯米之刀斯」（7世紀中ごろ、大阪市文化財協会蔵）

仮名は日本語を表記するために表音文字として用いた漢字で、「波流（春）」「也麻（山）」のように、その漢字本来の意味とは異なる日本語の音を書き記したものである。この万葉仮名は送り仮名や読み方を表す用途に使われているうちに、しだいに省略形を生み出していった。これが仮名の起りである。仮名のうち、平仮名は漢字の崩し字からきており、片仮名は漢字の筆画の一部を取り出して独立させたもの（阿→阝→ア、伊→亻→イ、宇→宀→ウなど）である。

画期となった『古今和歌集』

和歌を含む歌謡は、本来文字によらず音を伴う口誦文芸とされている。和歌ははじめ、声を出して音で伝えたものだけに、漢字、楷書体にはなじまない。

平仮名が成立するのは、万葉仮名の一字一音の表記からそれを崩した草書体（そうしょたい）の仮名という意味の草仮名（そうがな）ができ、その後さらに簡略化され、平仮名になった、というのが定説である。しかし近年、仮名文字の歴史を精力的に究明している日本書道史の名児耶（なごや）明氏によると、七五〇年ぐらいから一〇〇年ほどのあいだ、万葉仮名、草仮名、平仮名が共存し、さまざまな形の文字が並行していたのではないかという。

奈良時代から一〇〇年以上かけて使われてきた文字の中から簡略な文字を使って表記し、平仮名が整

熟田津尓船乗世武登月待者潮毛可奈比沼今者許藝乞菜

万葉仮名で書かれた額田王の歌（『元暦校本万葉集』巻第1—8、東京国立博物館蔵）。「熟田津（にきたつ）に船乗りせむと月待てば潮もかなひぬ今は漕（こ）ぎ出でな」

理・成立したのはおそらく『古今和歌集』（延喜五年〈九〇五〉ごろ）が大きな画期となった。さらに藤原定家が紀貫之自筆本『土左（佐）日記』（承平五年〈九三五〉ごろ）を臨書したものによって、平仮名の成立をほぼ確認できると考えられている。その点からも、平仮名が成立したのが九〇〇年ごろだという今までの定説は妥当であろう。

『古今和歌集』は、最初の勅撰和歌集（天皇や上皇の命により編集された歌集）として、延喜五年、醍醐天皇の勅により紀貫之、紀友則、凡河内躬恒、壬生忠岑が選集を開始したとも、成立させたともいわれている。『万葉集』以後、約一世紀にわたり一二〇余人、およそ一一〇〇首の和歌を収める。

この序文には、漢文で書いた「真名序」と、仮名で書いた「仮名序」の二種類がある。また、伝存する『古今和歌集』の写本はす

藤原良相（ふじわらのよしみ、813～867年）邸宅跡出土の墨書土器（9世紀後半、京都市蔵）

草仮名墨書土器（富山県射水市赤田Ⅰ遺跡出土、9世紀後半、射水市教育委員会蔵）

べて平仮名だけで書かれている。現存最古の写本は一一世紀の高野切まで下る。収録された和歌は、優美繊細な歌風で、理知的で、掛詞（「あき」秋・飽き、「うき」浮き・憂き）や縁語（古今和歌集の一首「糸による物ならなくに別れ路の心ぼそくも思ほゆるかな」では「よる」「ほそく」は糸の縁語）などの技巧を用いて婉曲に表現している。こうして『古今和歌集』は貴族の基本的な教養として重んじられたのである。

『土左日記』にみる仮名文字

平仮名の成立に関わるもう一つの作品が紀貫之の『土左（佐）日記』である。延長八年（九三〇）から承平四年（九三四）にかけて、貫之は土佐国（高知県）に国司として赴任していた。その任期を終えて京へ帰る貫之ら一行の五五日間の旅路を、書き手を女性に仮託し、ほとんどを仮名で日記風に綴った作品である。当時の男性の日記は日々の公務を綴ったもので漢文であったが、和歌は男女ともに仮名文字を用いていたので、紀貫之は、自身の得意な文字である仮名文字を用いたとするのが有力な説とされている。『土左日記』の成立は承平五年（九三五）ごろとされている。『土左日記』は鎌倉時代までは、京都蓮華王院の宝庫に納められていたが、後に足利将軍家の所蔵となり、その後、消息不明となったという。鎌倉時代初期の歌人で「小倉百人一首」の選者として知られている藤原定家が嘉禎元年（一二三五）、『土左日記』の紀貫之自筆本を臨書したものが国宝として現存する。これは草仮名ではなく、連綿体の平仮名で書かれている。連綿体とは、草書や行書、仮名文字を続けて書く書体のことをいう。

和歌が刻まれた新発見の土器

甲州市ケカチ遺跡出土の和歌刻書土器

刻書土器が出土した大型竪穴建物と歴史的環境

刻書土器が出土した山梨県甲州市ケカチ遺跡は、東側に重川、西側にその支流である塩川が流れ、両河川に挟まれた南北に細長い扇状地に立地している。日当たりの良い緩やかな南斜面で肥沃な土壌、かつ水はけも良く、古代の地方豪族が拠点を構える条件を十分に備えた地といえよう。

甲州市教育委員会・昭和測量株式会社による発掘調査は国道四一一号から塩山バイパス（市道）へとつながる東西方向の道路建設に伴い実施された（調査期間二〇一五年九月〜一六年七月）。その結果、奈良・平安時代の竪穴建物が一〇〇軒近く検出された。また南北方向に並行する二条一対の溝で東

甲州市ケカチ遺跡とその周辺

西幅約七五メートルに区画されている。しかも区画内の竪穴建物四〇軒はすべて区画溝の主軸方向とほぼ同一という計画性の高さが読みとれる。

刻書土器が出土した竪穴建物は、一辺が約八メートルにおよぶ大型なもので、建物を廃棄した時の埋土から須恵器製の硯と鉄製の錘が出土している（八世紀後半〜九世紀）。硯は黒墨と朱墨（分析の結果、ベンガラ＝酸化第二鉄の赤色）両用の二面硯といわれる貴重なものである。錘も物品の計量用のものでサビを含めて約九六グラムある。

約七五メートルの東西溝で方形に区画されたとすれば、当時、一町＝一〇七メートルのおよそ三分の二町（約七二メートル）近くの方形の官衙（役所）または居

4本主柱で一辺約8メートル。
床面積50平方メートルを超えるか。
二面硯、鉄製錘（8世紀後半～9世紀）
和歌刻書土器（10世紀半ば）
区画溝
鉄製錘
二面硯
和歌刻書土器
区画溝
75メートル

和歌刻書土器などが出土した大型竪穴建物などと区画溝

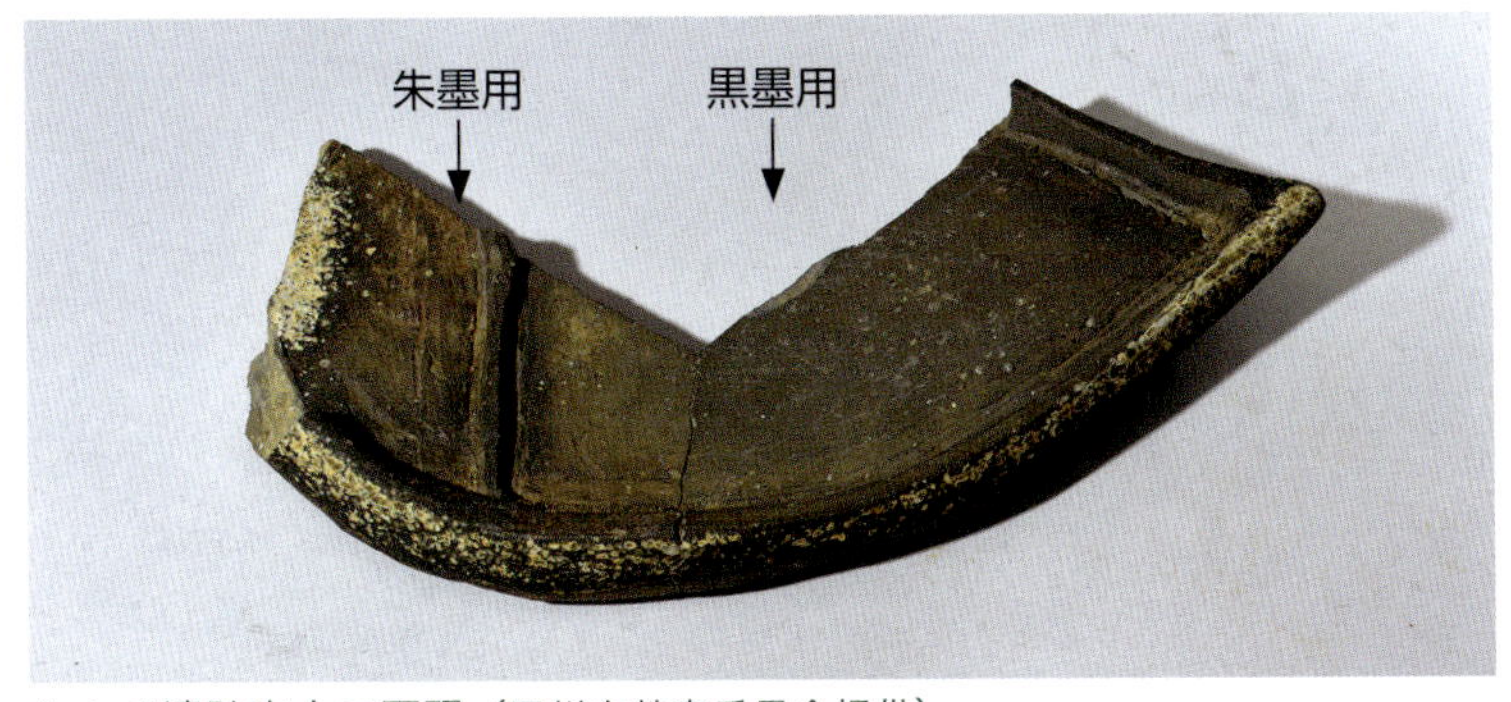

ケカチ遺跡出土二面硯（甲州市教育委員会提供）

館域となるであろう。掘立柱建物のような居館本体は今回の調査区の北または南に展開するのではないかと想定される。また当時は二面硯も錘も、役所または地方豪族の居館などでの使用に限られていた。特に二面硯は公文書などの本文（墨）と追筆（朱）にもっぱら用いられるものである。

両河川に挟まれた南北に細長い扇状地上の本遺跡の南北に、二つの注目すべき歴史的施設が存在している。一つは、本遺跡の南西方向約四〇〇メートルのところに、伝承によれば、大同二年（八〇七）に紀伊国（和歌山県）から勧請（かんじょう）（神仏の分身、分霊を他の地に移して祭ること）されたとする熊野神社がある。本殿二棟（鎌倉期）は国重要文化財に指定されている。熊野山信仰の起源は定かではないが、奈良時代には霊の

鉄製の錘（ケカチ遺跡大型竪穴建物跡出土、甲州市教育委員会提供）

〔参考〕二面硯（大宰府政庁周辺官衙跡出土、九州歴史資料館提供）

国・死者の国という神話伝承をもとに信仰を集め、平安時代には神と仏は一体であるという神仏習合の考えが広まり、本宮の神が阿弥陀、新宮の神が薬師、那智社の神が千手観音と同一であるとみなされるようになった。

　平安時代後期（一一世紀）、都において、現世と来世の浄土を求める信仰が流行し、熊野は都より一番近い浄土として広く信仰を集めるようになった。歴代の天皇や上皇も信仰し、とくに後白河法皇は生涯に三三回も熊野を詣でたと伝えられている。熊野信仰は都ばかりでなく全国各地に広まった。熊野三山協議会の調べでは、全国に熊野神社は三一三五社あるという。甲州市熊野神社も地元の有力者によって勧請されたのであろう。

　もう一つは、本遺跡の北東約八〇〇メートルのところの史跡「於曽屋敷」がある。於曽屋敷は『甲斐国志』（文

ケカチ遺跡近くにある熊野神社
（甲州市教育委員会提供）

於曽屋敷の想像図（甲州市教育委員会提供）

化十一年〈一八一四〉完成）に「於曽四郎屋敷」（下於曽村）の項で詳述されているが、四辺とも二重の土塁で囲まれ、西・南の二方向に虎口（城館の出入り口）が存在していたとされる。近年の測量調査によると、屋敷地（内側の土塁内）は、やや変形の長方形を呈し、南辺八二メートル、東辺一〇九メートル、北辺九六メートル、西辺一二一メートルである。『山梨県史』（資料編7）では、三枝守国の三男守継は「隠曽介」（「介」は国司の次官）を称していて、同人は於曽屋敷に拠ったものと思われ、次いで於曽氏を称したのは加賀美遠光の子で、於曽四郎経光、於曽五郎光俊の名が知られると記している。

考古学的にみた年代

刻書土器は、土器の内面に右三分の一ほどを余白とし、仮名文字を五行に分けて追い込み書きで、三一文字をヘラ書きしている。後掲の「解読検討委員会」の長谷川千秋氏は、右半分に余白を設ける書式は平安宮左兵衛府跡出土和歌墨書土器（右側が欠損）などに共通すると指摘している。

この「和歌刻書土器」の年代は、年紀が記載されていないことから、土器作製技法に基づく考古学的土器編年によらなければならない。

考古学の平野修氏（帝京大学文化財研究所）は、ケカチ遺跡「和歌刻書土器」の年代について、次のような見解を示している。

　奈良時代になると甲斐国では、「甲斐型土器」という国単位に主体的に分布する土師器が生産されるようになる。甲斐型土器の定義は、坏系の成形・調整方法については、回転（ロクロ）使用で、胎土には赤色粒子を含み緻密で、色調は土師器らしく赤みを帯び、体部外面のヘラケズリやヘラミガキによる調整技法、みこみ部や体部内面の暗文や底部の糸切痕などが顕著にみられる。暗文とは、土器の成形後の生乾きの表面を滑らかな器具で擦って施文し、光沢のある線部分と地になるいわば影の部分とのコントラストを利用した文様である。これら土器作製技法は、時間が下るにつれて簡略化されていく。

ケカチ遺跡の当該土器は、体部・底部の手持ちヘラケズリ調整がなく未調整で、口縁部の形態は玉縁状を呈する。色調は赤味を帯び、胎土には赤色粒子を含み緻密である。こうした技法的・形態的特徴から甲斐型

甲州市ケカチ遺跡出土「和歌刻書土器」（甲州市教育委員会提供）

土器の終焉段階に位置付けられる土器と判断される。

この年代は甲斐型土器と一緒に出土している美濃地方からもたらされた灰釉陶器（大原二号窯式）の年代から、一〇世紀中葉段階と考えられる。

結局のところ、「和歌刻書土器」は一〇世紀中ごろの〝甲斐型土器〟であり、墨書したのではなく、生乾き状態にヘラ先で三一文字（一文字は半画分欠損）を刻書した後に、国府直営の窯業所で焼成したものである。

解読検討委員会による検討

仮名文字資料の解読については、甲州市教育委員会は、「解読検討委員会」（委員長・平川南）を二〇一七年五月に設置した。

解読検討委員会（所属等、二〇一七年当時）

【解読検討委員】
石田　千尋　　聖心女子大学・中央大学兼任講師（国文学）
大隅　清陽　　山梨大学教授（歴史学）
鈴木　景二　　富山大学教授（歴史学）
長谷川　千秋　　山梨大学教授（国語学）
福井　敦哉　　帝京大学書道研究所所長（書道史）
平川　南　　山梨県立博物館館長
人間文化研究機構理事（歴史学）

【解読検討協力者】
名児耶　明　　公益財団法人五島美術館学芸部長（書道史）
平野　修　　帝京大学文化財研究所研究員（考古学）
多田　一臣　　東京大学名誉教授（国文学）
矢田　勉　　東京大学准教授（国文学）
佐野　光一　　國學院大学教授（書道史）

仮名文字資料の解読については、これまで全国各地の古代遺跡の出土仮名資料調査を実施されてきた鈴木景二氏を中心に歴史学・考古学・国文学・国語学・書道史の研究者による意見交換に基づき釈文の最終案をまとめた。

ケカチ遺跡刻書土器検討会および外部協力者による解読案は、次に示すとおりである。

【解読案】

一行目　われによりおもも
二行目　ひく□（、又はる）らむしけい
三行目　とのあはすや□（み）※「み」は欠損部分のため推定
四行目　なはふくる
五行目　はかりそ

【和歌】

A案

我（われ）により
思ひ繰（くく）らむ
絓糸（しけいと）の
逢（あ）はずやみなば

更くるばかりぞ

〔A案の現代語訳案〕
私の方から思いを括り合わせよう。しけ糸のように、縒り（寄り）合う（逢う）ことのないまま離ればなれで終わってしまうならば、ただ更けていく（年が過ぎる）ばかりです。

B案

我によりﾞ
思ひ暮るらむ
絓糸の
逢はずやみなば
更くるばかりぞ

〔B案の現代語訳案〕
私のせいで、あなたは日がなもの思いをし続けていることだろう。しけ糸のように縒り（寄り）合う（逢う）ことのないまま離れ離れで終わってしまうならば、ただ更けてゆくばかりの夜になるが（そうならぬよう今宵は逢おうではないか）。

【字母】

和礼尓与利　於毛比久ヽ(留)良无　之計以止能
われにより　おもひくゝ(る)らむ　しけいとの
安波数也見奈波　不久留波可利所
あはすやみなは　ふくるはかりそ

A案について、検討協議会で鈴木景二氏は「我により思ひくくらん」は、『万葉集』に、例えば

白玉の　間開けつつ　貫ける緒も　くくり寄すれば　後も合ふものそ　（巻一一―二四四八番）

のように、玉の緒が切れたり間があいても、括り寄せればまた合わせられるということに喩えて、思う人との再会を期する歌と解釈できるのではないかと指摘された。

なお、「しけいと」は、繭の外皮の繊維を引き出して集めたもので、不揃いでほぐれやすい粗悪な糸を指すとされる。

「しけいと」の和歌については、石田千尋氏が詳細に検討された。

摂政左大臣家にてときどきあふといふことをよめる　源顕国朝臣
我が恋は賤のしげいとすぢ弱み絶えまは多くくるは少なし
（『金葉和歌集』恋下・五一四、十二世紀前半）

「しけいと（絓糸）」フシ（節／伏）・タユ（絶）・クル（繰／来、暮）・タツ（断）・スジ（筋）・ヨル（撚／寄）・カク（掛）・ミダル（乱）・ムスブ（結）等が縁語として詠みこまれる。

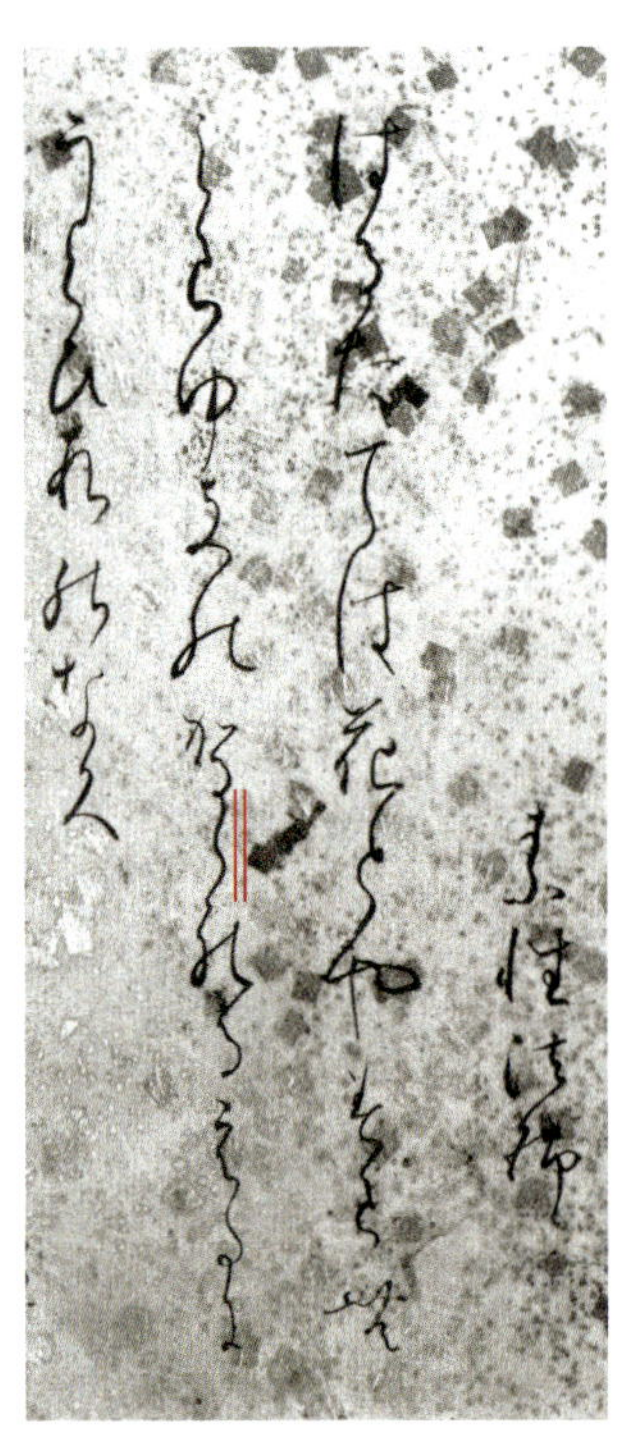

「ゝ」の字形
（元永本『古今和歌集』東京国立博物館蔵より）

素性法師
はるたてば花とやみらむ
しらゆきのかゝれるえだに
うぐひすのなく

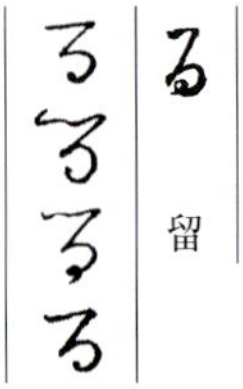

る
留

「和歌刻書土器」連綿体の字画

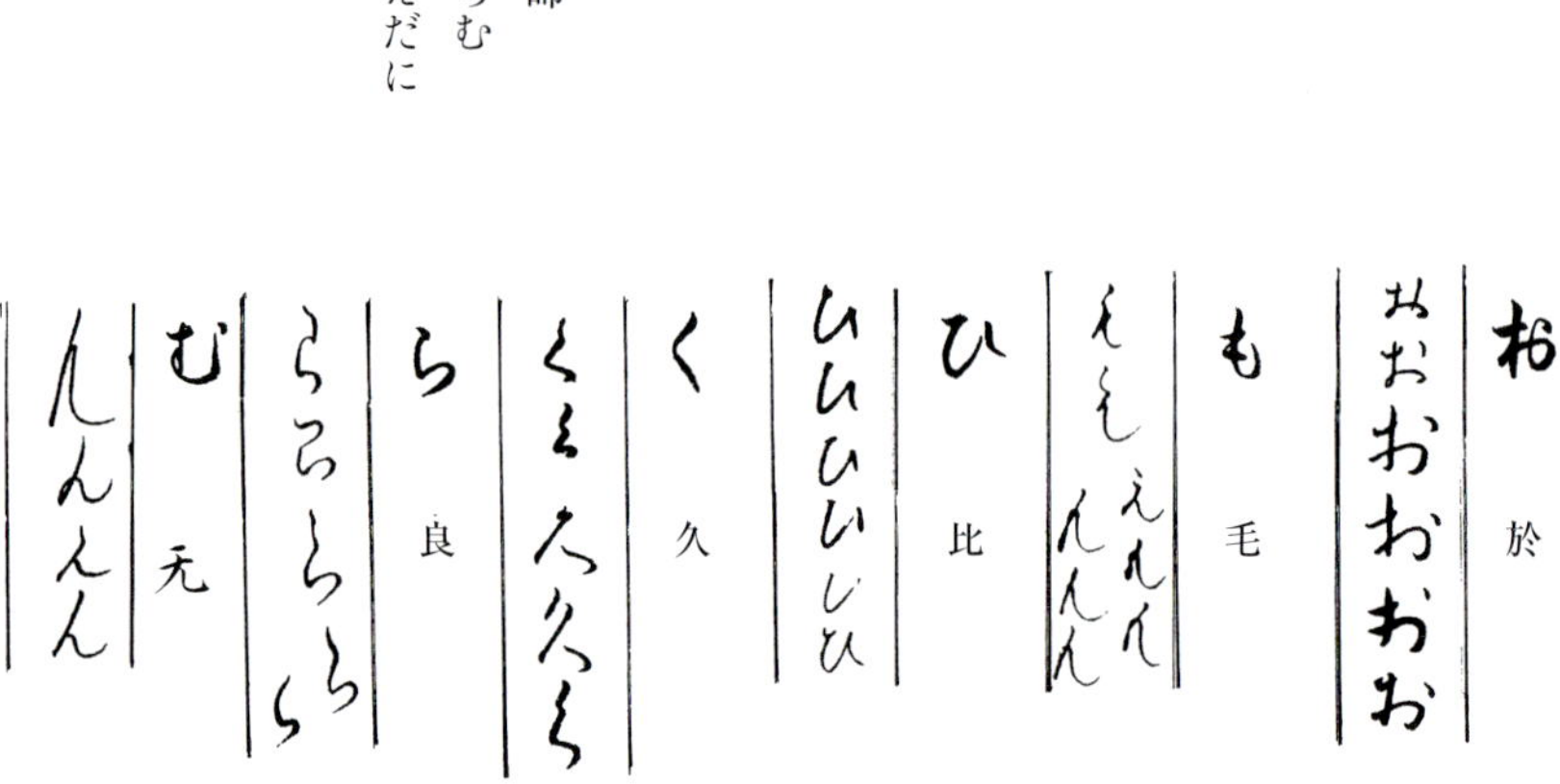

お 於
も 毛
ひ 比
く 久
ら 良
む 无

『五体字類』「仮名変体」より

以上の検討からケカチ遺跡出土の刻書土器は、一〇世紀中葉の仮名文字による和歌を記したものと判明した。そこで本資料は〝山梨県甲州市ケカチ遺跡出土の「和歌刻書土器」〟と称することとした。

右の最終案に基づいて、二〇一七年八月二十五日に報道発表、九月三日に甲州市・甲州市教育委員会主催「古代史しんぽじうむ「和歌刻書土器の発見」ケカチ遺跡と於曽郷」（甲州市民文化会館ホール）が実施された。

連綿体の字画から文字を確定

以下、「土器に刻まれた和歌」「誰が和歌刻書土器を持っていたか」「平仮名の成立」は、公表後、筆者が連載の「古代史の窓」、二〇一八年八月二十六日講演「第一四回若手研究者支援プログラム　仮名文字―万葉仮名と平仮名―」（奈良女子大学古代学・聖地学研究センター）等で明らかにした私見に基づいて記述するものである。

なお、「解読検討委員会」では、和歌をA案・B案と併記して公表したが、A・B案は、「於毛比久□良无」の□を躍り字「ゝ」か「留」かのいずれかで歌意も変わる。そこで、鈴木景二氏と筆者は和歌の解釈以前に連綿体の□の前後の文字の字画を確定し、躍り字「ゝ」か「留」かのいずれかを判定するべきであるとした。右に示す参考資料からも、前後の「久」と「良」の字画を確定すると、残された字画は「留」ではなく、「ゝ」と判断すべきであろう。

土器に刻まれた和歌

宴で詠まれた惜別の歌

どのような場で土器に和歌を記したのか

甲州市ケカチ遺跡で発見された「和歌刻書土器」は、どのような場面で作成されたのであろうか。

古代の国府においては、恒例・臨時行事に、数々の饗宴の場が設定された。その代表例としては、元日の朝拝の儀式で、国司が天皇の名代となって国内のすべての郡の役人（郡司）らの賀礼を受け、その後に饗宴が行われた。

大伴家持が越中国守（富山県）に赴任していた時の饗宴の様子は『万葉集』によって詳細に知ることができる。まず、毎年行われる「四度の使」（国司が、

下野国府「介館（国の次官の宿舎）」遺構（栃木県教育委員会提供）
国府の中心・政庁から南大路を南へ300㍍ほどの地点の西側で発見された介館と推定される建物群。

行財政の報告をするため「四度公文」という四種の帳簿を携えて上京する使い）の餞別（せんべつ）、帰国した折の慰労の宴（うたげ）、都からの使者の歓迎の宴など、国府内の国司の館では饗宴が繰り返されている。家持が越中守（かみ）としての五年の任（通常、国司の任期は四年）を終えて都へ戻るときの越中国内で行われた饗宴は次の通りである。

天平勝宝三年（七五一）八月五日に家持は帰京することになったので、その前日の四日に、国厨（くにくりや）（国庁に付属して調理、供膳をつかさどる所）の酒食を介（すけ）（国司の二等官）の館に用意し、送別の宴を開

下野国府“介館”遺構で出土した墨書土器「介」（栃木県教育委員会提供）

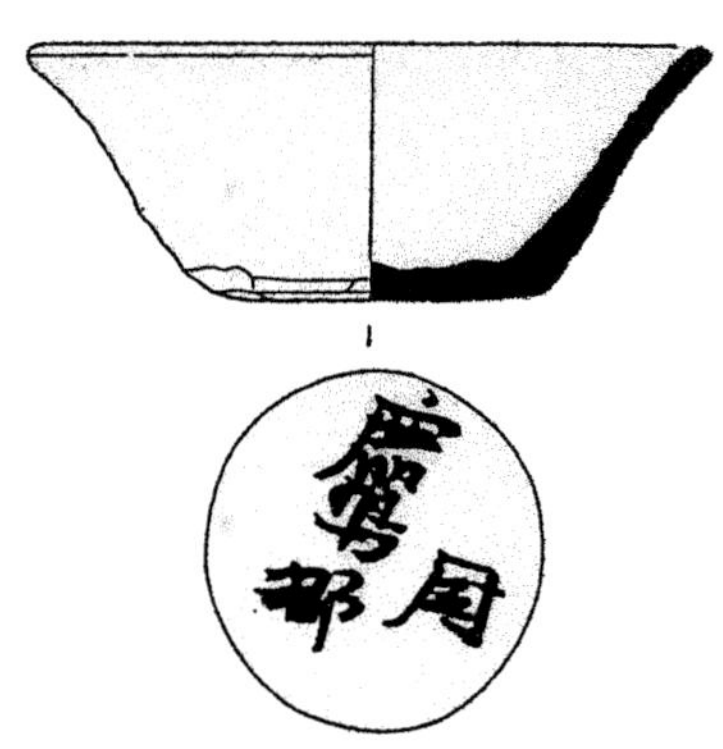
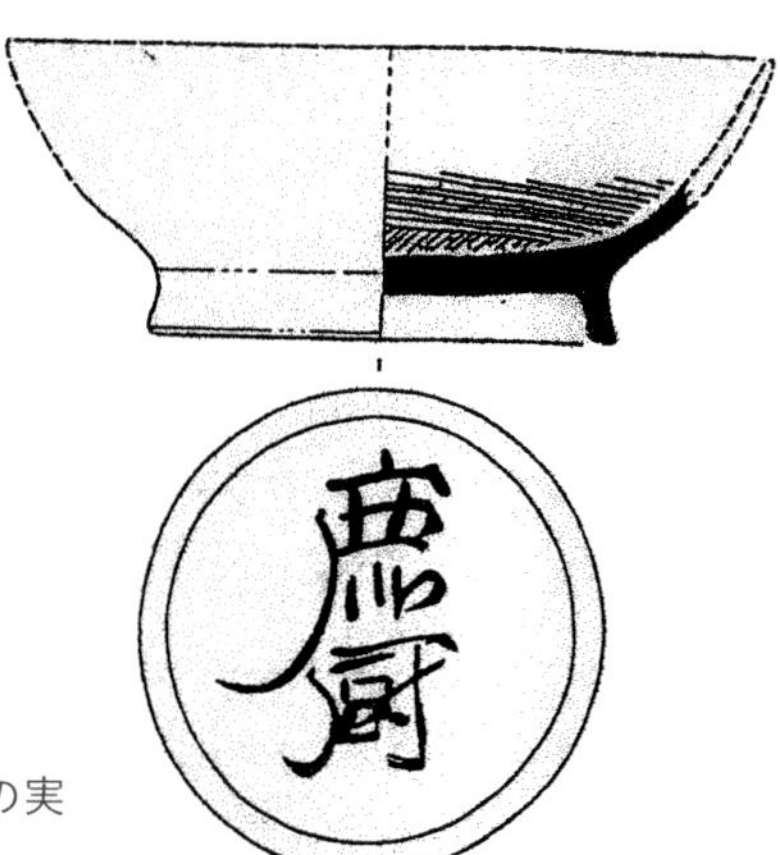
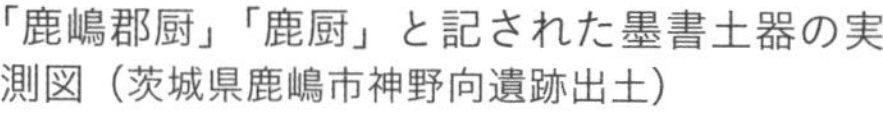

「鹿嶋郡厨」「鹿厨」と記された墨書土器の実測図（茨城県鹿嶋市神野向遺跡出土）

催した。この時、家持が詠んだのが次の和歌である。

しなざかる　越に五年　住み住みて　立ち別れまく　惜しき夕かも

（『万葉集』巻一九―四二五〇番）

（しなざかる〈越の枕詞〉越中に五年も住み続けて今宵立ち別れようとすると名残惜しいことです）

国司の介の歌が記されていないが、家持が、介の盃を捧げる歌に答えたのが次の一首である。

玉桙の　道に出で立ち　行く我は　君が事跡を　負ひてし行かむ

（同巻一九―四二五一番）

（玉鉾の〈道の枕詞〉旅路に出立して行くわたしは、あなたの業績をしっかりと背負って行きましょう〈その業績を奏上いたします〉）

家持は五日の寅の刻（午前四時前後）に旅路についた。その時、国司の介以下の諸官人は皆一緒に見送った。さらに、国府が所在する郡・射水郡の大領（長官）の門前の林中にあらかじめ送別の宴が用意されていた。

また、饗宴の場で土器に和歌を記すことも貴族社会の文化であった。

恋歌風に仕立てた惜別の歌

「かわらけ」とは釉をかけない素焼きの陶器のことで、酒宴の意味もある。日本最初の長編物語（全二〇巻）『宇津保物語』吹上・上の章に次のような話が収められている。

紀伊国（和歌山県）牟婁郡に神南備種松という大富豪がおり、娘が宮仕えをして嵯峨天皇の寵愛をうけて源涼を生み亡くなった。種松は母を亡くした孫のために吹上に大邸宅を造営した。そこに京の貴族（源仲頼少将ら）を招き盛大な宴が催され、紀伊の守や権守（正官に対して権の守）も同席している。帰郷の日が近づくと吹上の宮で仲頼少将らの送別の宴が催され、種松は豪勢な贈り物も用意した。その模様を次のように記している。

あるじの君（源涼）、土器をとりて、かくのたまう（土器に和歌を記す）。「かたらはぬ　夏だにも来る今日しもや　ちぎりし人の　別れゆくらん」（頼んだわけでもないのに夏が来る、四月一日の今日という日に、どうして親しくなった方々は行ってしまうのだろう）

これに対し、少将（仲頼）は次の歌を返している。

かへれども　君をこふべき　ころもをや　きれども夏は　うすき袂を（夏は来ても、あなたは情が薄いでしょうよ。それにひきかえ私たちは、たとえ離れようともあなたを恋い慕って、頂いた着物を着て懐かしがるでしょう）

餞別の宴における歌は、離れていて逢うことの叶わない相手を思い、恋歌風に仕立てられた惜別の歌と

かわらけ

なっている。

石田千尋氏は公表後も積極的にB案に基づいて論を展開され、「ケカチ遺跡出土刻書土器の和歌」（『中央大学文学部紀要』第二二一号、二〇一八年二月）で結論として、「去り行く自分を〈男〉に、残る相手を〈女〉に措定し、〈男〉が〈女〉の心中を忖度して配慮を示した恋歌に仕立てられていることや、文末に用いられるゾ（終助詞）に「上位の者が下位の者に強く指示する」という教示の意が含まれることなどを総合すると、具体的には甲斐国守を想定できようか」と述べられている。

一方のA案は次の通りである。

我により　思い繰らむ　絓糸の　逢はずやみなば　更くるばかりぞ

（私の方から思いを括りあわせよう。絓糸のように縒り〈寄り〉合う〈逢う〉ことのないまま離ればなれで終わってしまうならば、ただ更けていく〈年が過ぎる〉ばかりです）

この「和歌刻書土器」の歌は、甲斐国守が離任にあたり、A・B案とも恋歌仕立てではあるが、上記『万葉集』および『宇津保物語』の他の国守などの離任歌も参照するならば、これからの強い結びつきを願望するA案に妥当性を見出せるのではないか。しかも、土器に墨書ではなく、生乾き状態で和歌一首を

天平2年（730）、大宰府のトップ大宰帥だった大伴旅人（たびと、家持の父で歌人）の邸宅で催された梅花の宴の再現（山村延燁製作、公益財団法人古都大宰府保存協会蔵）
西海道九国三島の国司らによる和歌の競詠が行われた場面。

刻書し、その後に国府直轄の土器窯で焼成し、参加者に進呈しているとすると、墨書ではなく、あえて刻書したのは、相互の恒久的な篤い思いを込めてのことかと推測される。

甲斐国と和歌文化

ところで、最初の勅撰和歌集『古今和歌集』の四人の選者、紀友則、紀貫之、凡河内躬恒、壬生忠岑のうち、二人が甲斐国に関わっている。凡河内躬恒は三十六歌仙の一人で、『古今和歌集』に六〇首も収められており、寛平六年（八九四）に甲斐権少目（国司の四等官）に任じられている。甲斐国へ下向する途上で詠んだのが次の歌である。

「夜をさむみ　おくはつ霜を　はらひつつ　草の枕に　あま
たたびねぬ」

（夜はひどく冷え込み、草葉に初霜が置く。その霜を払いながら草を枕に何度も目覚めてはまた寝たことだ）

昌泰元年（八九八）閏十月、このころ、陽成上皇の使者として壬生忠岑が甲斐国へ下向する。『忠岑集』に収めた歌一首は次のものである。

「かひのくににまかる、まかりまうしに。『きみがため
いのちかひへぞ　われはゆく　つるてふこほり　ちよをうる

百人一首の凡河内躬恒
（菱川師宣画『小倉百人一首』国立国会図書館蔵）

なり』」

〈きみ〈陽成上皇〉のため、都留という郡では千代〈千年〉の命を売ってるそうなので、それを買いに行く〉

「甲斐」と「買ひ」を掛け、「都留」は「鶴」に通じることから、長寿、めでたさのシンボルとして使われる歌枕である。

九～一〇世紀、甲斐国には、和歌の文化が浸透しつつあったのではないか。

誰が和歌刻書土器を持っていたのか

地方官人三枝氏の勢力から考える

於曽郷を支配した三枝氏

ケカチ遺跡も含めて、熊野神社や於曽屋敷（一二世紀後半以降）などの一帯は、甲州市塩山下於曽とよばれ、古代の「山梨郡於曽郷」に比定される。

六世紀から七世紀に古代国家の体制が整えられていった。倭国の支配者は地域社会を治めるために、日本列島各地にミヤケ（屯倉）とよばれる直轄領を設置し、中央の王族やウジ（氏）のもとで、生産物を納めさせ、労働の義務を負わせた。その負わされた人びとを部とよび、三枝部を統括したのが山梨郡を本拠地とした三枝氏である。三枝部は福草部とも書き、五世紀末の顕宗朝の時に設置された。「福草」は『延喜式』に「瑞草」――祥瑞（めでたいことの前触れ）としての草――とあり、古代の百科事典『和名類聚抄』では薬草の和名として「佐木久佐」の語がみえる。

歴史書『続日本後紀』承和十一年（八四四）条に、山梨郡の郷人として三枝直平麻呂という人物がみえる。古代国府所在の山梨郡に、三枝部の現地管轄者としての三枝直氏が存在していたことがわかる。この三枝氏はその後、奈良・平安時代を通じて大きな勢力を誇った。

『山梨県史』（通史編1）に山梨県の歴史研究の先駆者の一人である磯貝正義氏の見解が引用されている。磯貝氏は、甲斐国において古代氏族の中で三枝氏のみが院政期（一一世紀後半〜一二世紀）まで没落せずに勢力を維持した理由として、国衙に参上して仕えていたことを挙げている。

一〇世紀以降に国司制度が乱れ、国司は京都にあって任国に下らず、代理者として派遣した目代が在庁官人（国衙行政の実務に当たった現地の役人）とよばれる地方豪族を指揮して国務を総括した。在庁官人には、介や掾といった国司の官名を肩書とする者がいた。

一九六二年、東山梨郡（現甲州市）勝沼町柏尾の白山平で六基の経塚（経典の埋納地）が発見され、そのうちの二号経塚から出土した康和五年（一一〇三）銘の経筒には、二七行で七八三文字が記されていた。この埋経事業は、「惣行事三枝宿禰守定・同守継」「権介守清」の名がみえ、三枝氏が仏事の惣行事を務めていること、柏尾山寺（大善寺の前身）が三枝氏の氏寺であったと考えられることなどから、在庁官人三枝氏が大きな役割を果たしたとされている。

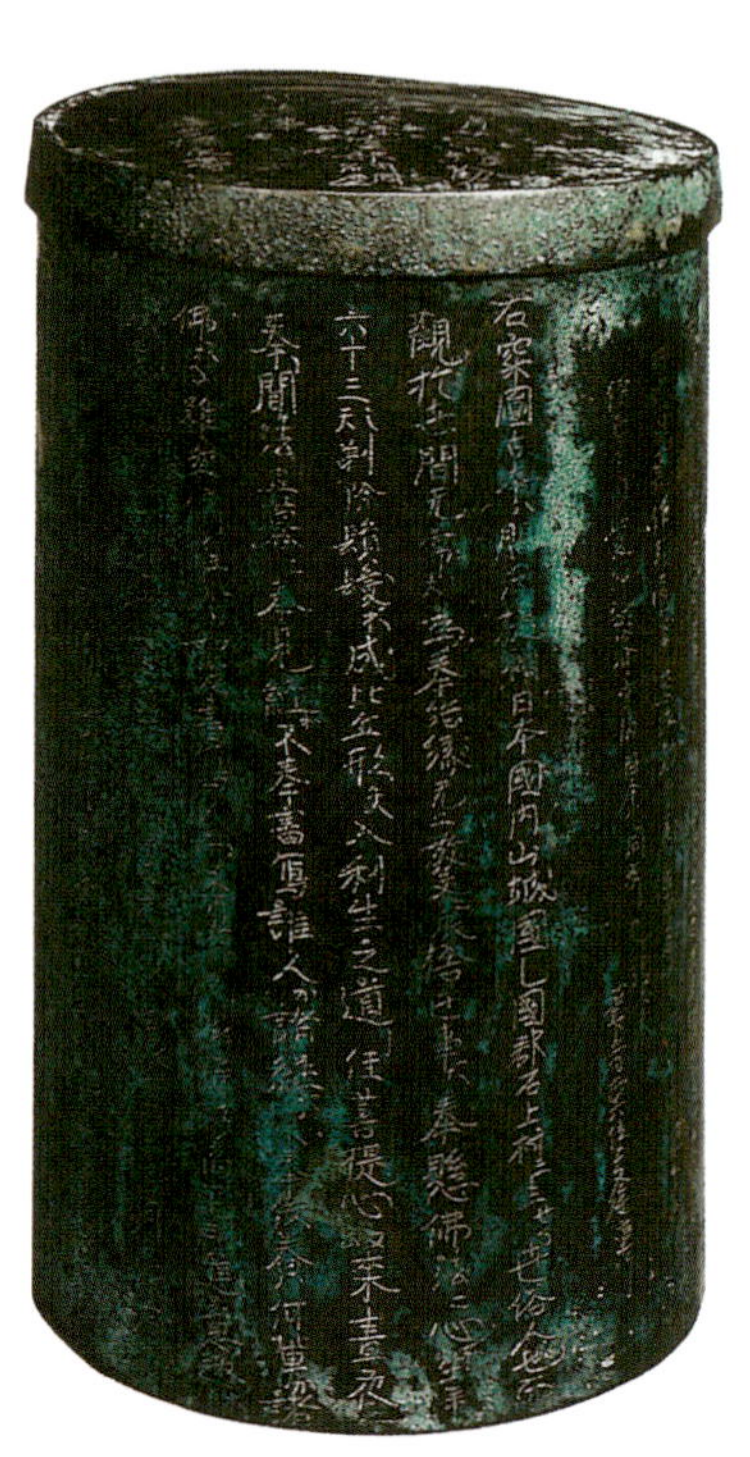

甲州市柏尾経塚出土の康和5年（1103）銘経筒（東京国立博物館蔵）

京都でも活躍した三枝氏

同寺所蔵の「三枝氏系図」には、三枝氏が「野呂介」「隠曽介」といった「地名+介」の称号を名乗ったことがみえる。このような国司の官名は、あくまでも在庁官人としての肩書であり、一般に正式な除目（任官選考の議）で任じられたものではなかった。

また、三枝氏の活躍が京都にまでおよんでいることを物語る文書も遺されている。康和元年（一〇九九）の「甲斐国東寺封戸所済勘文」という文書である。封戸制とは古代の給与制度で、皇族や貴族など（封主）に割り当てた公戸（封戸）の調・庸の全額、租の半分（天平十一年〈七三九〉以降は全額）、さらに成年男子を労役（仕丁）として給付した。この文書は、京都の東寺（教王護国寺）への封戸納入の決算書、甲斐守藤原行実の租税として納入した物資（済物）に関わるものである。

その作成者の甲斐国雑掌が、三枝成安。国雑掌は在京の役職であり、各国から中央の役所や寺社などに済物を納入する際に、納入先との間の決算を担当する国側の窓口を務める重要な役職である。計算や文書処理に長け、監査の作法や京都の状況に通じている必要があるので、通常は中央の下級官人が用いられることが多い。

この勘文は、在庁官人としての三枝氏が国雑掌となっていることを示す貴重なものである。三枝氏が京都に出仕し、京都と任国の連携に活躍していたことがわかる。この文書は一一世紀末のものであるが、三枝氏が独自に公務、宴、そして京の文化、そのなかに和歌の世界に触れる機会を十分に有していたと想像されよう。

八〜一〇世紀のケカチ遺跡、そして熊野神社、於曽屋敷が展開する甲斐国山梨郡於曽郷の支配者は三枝氏と想定することが現段階では最も妥当性が高い。磯貝氏が指摘する氏族の中で、三枝氏のみが院政期まで没落せずに勢力を維持した理由として国衙への参仕を挙げたことからも明らかなように、京から来た国司がその任を終え、国司の館で催された送別の宴に参加した三枝氏が国司から贈呈された「和歌刻書土器」を於曽の居館に持ち帰ったという想定も成り立つのではないか。

甲斐国雑掌三枝成安解　申注進造東寺御封所済勘文事
合　　　定七百五十五段
承徳二年料五十烟　所当永布四百卅八段
〈中略〉
右、所済注進如件
康和元－壬九月　　　雑掌三枝成安

国雑掌三枝成安の活躍を示す「甲斐国東寺封戸所済勘文」（東寺百合文書、京都府立京都学・歴彩館蔵）
二面硯の黒墨と朱墨の使用例でもある。

平仮名の成立
和歌刻書土器の意義

平仮名成立時期を立証する「和歌刻書土器」

二〇一七年九月三日開催の「古代史しんぽじうむ「和歌刻書土器の発見」ケカチ遺跡と於曽郷」のレジュメ資料に掲載の鈴木景二氏の一〇世紀頃のおもな仮名資料は、次のとおりである。

平安時代というと、『古今和歌集』などに収められた和歌や源氏物語などの王朝仮名文字の隆盛という印象が強い。しかし、『万葉集』や『古今和歌集』の最古の写本（桂本万葉集・古今和歌集高野切）が一一世紀後半ぐらいのものとされるように、一〇世紀以前の仮名、それで書かれた和歌の実物資料は思いのほか僅少である。しかし近年、そうした空白の時代を埋める文字資料の出土が相次いでいる。

〔一〇世紀頃のおもな仮名資料〕（森岡隆『図説かなの成り立ち事典』二〇一六年版に追加）

九〇五年以降　因幡国司解案紙背仮名消息
九二八年頃　新潟県門新遺跡出土漆紙文書
九三八年　奝然生誕書付

九四〇年頃　　紀貫之『土左日記』（藤原定家模写）
一〇世紀前葉　茨城県小作遺跡出土墨書土器
一〇世紀前半から半ば　平安宮跡出土和歌墨書土器
九五一年頃　醍醐寺五重塔初層天井板落書
九六〇年〜九六六年　小野道風書状（『集古浪華帖』近世版本）
九六六年頃　虚空蔵菩薩念誦次第紙背仮名消息
九六六年〜一〇〇四年　稿本北山抄紙背仮名消息
一〇世紀　　鹿児島県気色の杜遺跡出土墨書土器
一〇〇四・一〇一一年　藤原道長自筆『御堂関白記』仮名和歌

右の一〇世紀頃の仮名資料に先行する九世紀代の出土資料が、現在、仮名（平仮名）の成立で種々の見解が提示されている。しかし、ケカチ遺跡出土の「和歌刻書土器」（一〇世紀中ごろ）の発見により、改めて次の三資料を再検討した結果を簡略に記すと、次のとおりである。

「多賀城跡出土仮名漆紙文書」は、一九九一年に宮城県多賀城市多賀城跡の官衙域の井戸跡から出土した。漆紙文書は、九世紀中頃に廃棄されたと推定されている。釈文は確定していないが、内容は国府関係の手紙かとされている。二行目の「承」などを除いて、書かれている文字のほとんどが仮名であるが、万葉仮名・草仮名が目立ち、平仮名文書とはいいがたい。

「平安京藤原良相（よしみ）邸宅（百花亭）跡出土仮名墨書土器」は、二〇一一年、平安京右京藤原良相西三条第（てい）（邸）の池跡から仮名文字墨書土器約二〇点が出土した。藤原良相（八一三〜八六七）は右大臣を務めた有力貴族である。約二〇点のうちで、特に最も文字数も多く、代表的な坏型土器について、検討案を示すと図のとおりとなろう。

曲線的な平仮名が多いが、草書体に近い字形（草仮名）も混じり、仮名文字の成立とはいいがたいのではないか（名児耶明・国語学の犬飼隆両氏も同様の指摘をされている）。

「富山県赤田（あかんだ）遺跡出土仮名墨書土器」は、二〇〇三年に富山県射水（いみず）市赤田Ⅰ遺跡から出土した九世紀後半とされる墨書土器は、射水市教育委員会ではこれを「草仮名墨書土器」と公表しており、妥当な判断といえるであろう。

先にも紹介した名児耶明氏が指摘するように、七五〇年ぐらいから一〇〇年ほどの間、万葉仮名、草仮名、仮名が共存し、さまざまな形が並行していたのではないか。奈良時代から一〇〇年以上かけて使われてきた文字の中から連綿体などの流れにも適した簡略な文字を使って表記し、仮名が整

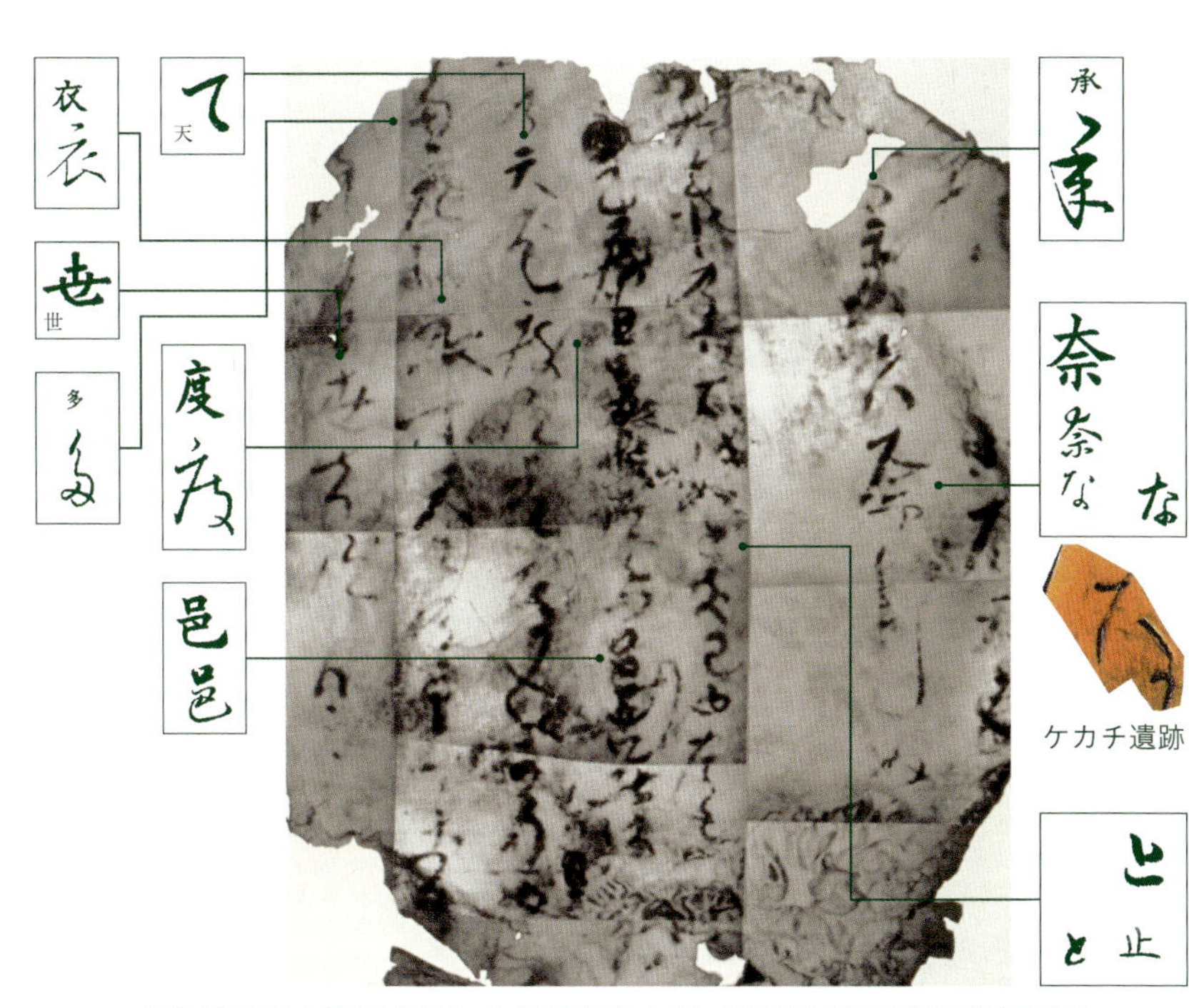

多賀城跡出土漆紙文書にみえる仮名文字（宮城県多賀城調査研究所蔵）

理・成立したのは九〇〇年ごろだという今までの定説は妥当であろう。

平仮名の成立に深く関わるのは、和歌とともに文書・典籍（書籍）に漢字の字間や行の脇に小さな文字で添えられている送り仮名や返り点などの符号（訓点という）も考慮しなければならない。その訓点は墨書のほかに、角筆（象牙や竹の先を細く削った用具）の尖った先端を紙などに押し当ててへこませて記しているものもある。

その角筆研究の第一人者が甲府市出身の国語学者小林芳規氏（広島大学名誉教授）である。小林氏は①宇多天皇直筆の「周易抄」（八九七年ごろのもの）の平仮名、

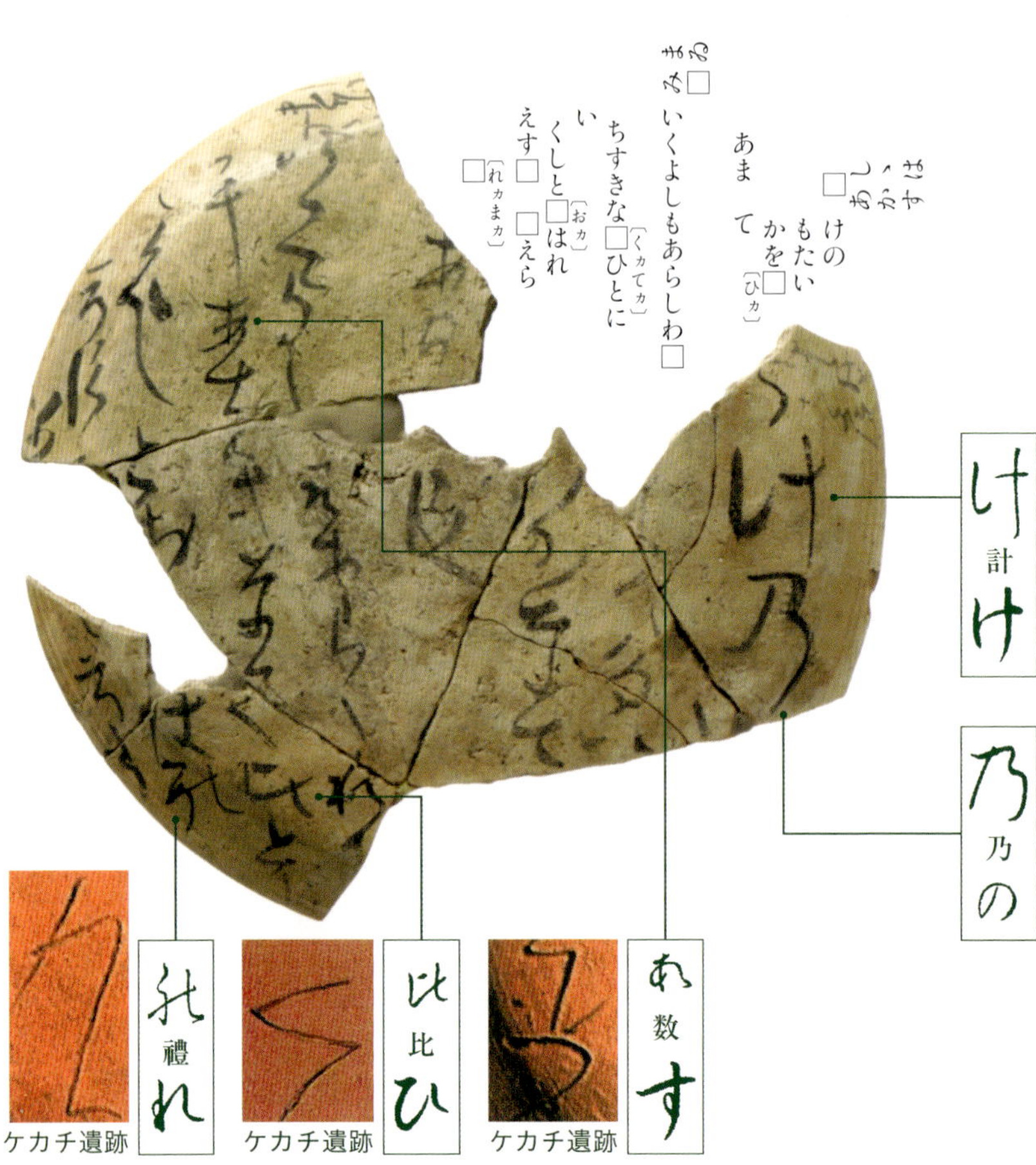

平安京藤原良相邸宅跡出土仮名墨書土器にみえる仮名文字（京都市蔵）

②訓点の仮名を主に平仮名で施した一〇世紀書写の経典、③京都・醍醐寺五重塔（九五一年創建）初層の天井板に落書された平仮名の和歌、の三つの資料から、九世紀末から一〇世紀前半までには、平仮名が文字として成立したとしている。

ケカチ遺跡出土の「和歌刻書土器」の三一文字（一文字は一部欠損）と紀貫之筆『土左日記』の藤原

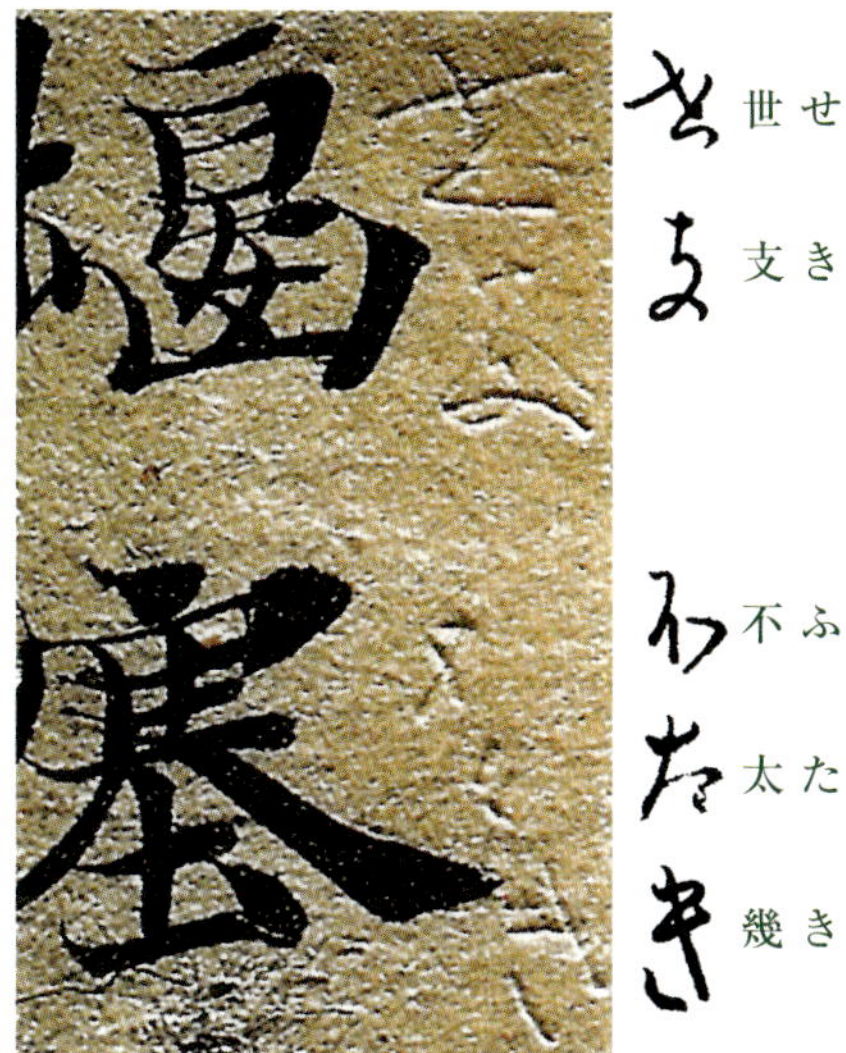

訓点の仮名を平仮名で記した例
角筆で紙面を凹ませて書き入れられている。
（石山寺蔵『沙弥十戒威儀経』、10世紀書写）

❶和 わ
❷数 す
❸礼 れ
❹可 か
❺久 く
❻止 と
❼於 お
❽利 り
❾无 む

〈釈文〉
わすれかたく、ゝちをし
きこと、おほかれと、
えつくさす、とまれ
かうまれ、とくやりてむ

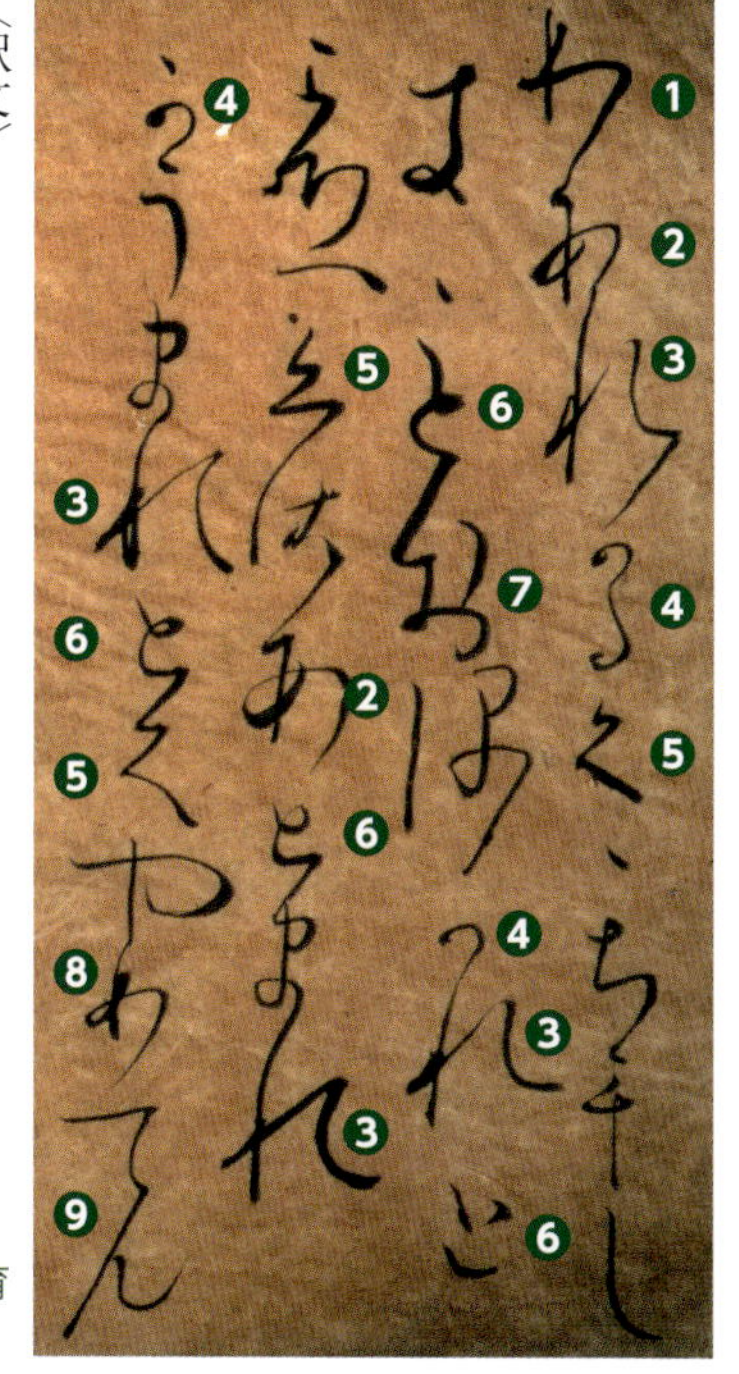
字母が「和歌刻書土器」と一致する例
（『土左日記』藤原定家写し、1235年、巻末、前田育徳会蔵）

定家写しの巻末部分で字母（じぼ）（仮名のもとになった漢字）と字形を比較した結果、共通した事例は表1の通りである。藤原定家・為家父子による『土左日記』の写しと、ケカチ遺跡の「和歌刻書土器」の字母・字形がきわめて近似しているのではないか。

和歌一首を連綿体の平仮名文字で書いた「和歌刻書土器」の登場により、平仮名文字の成立時期はきわめて明瞭となったのではないか。万葉仮名は、七世紀に和歌の文字表記で使用され、八世紀『万葉集』で体系化し、その後、一〇〇年間、草仮名、平仮名と試行と整理をくり返しながら、字母、字形が整い、一〇世紀に入り、勅撰和歌集『古今和歌集』さらに、その選者・歌人の紀貫之の『土左日記』で仮名が成立した。その仮名文化の成立とともに地方への普及の実態が、和歌一首三一文字を記した完形の刻書土器の発見で決定的に証明されたとみてよいであろう。

仮名文字は、世界に誇るべき日本の文化遺産といってよいだろう。

寸　春　数　須　寿

「す」の字母例

『土左日記』、ケカチ遺跡「和歌刻書土器」とも「数」を使用

表　字母が「和歌刻書土器」と一致する例

定家本〈巻末部分〉（32文字と比較）

仮名	字母	例数
り	利	1例
く	久	4例
す	数	2例
れ	礼	4例
と	止	4例
ゝ	ゝ	1例
わ	和	1例
か	可	3例
お	於	1例
む	无	1例

第三部
文字文化の広がり

文字からみた日本と朝鮮の交流

石碑・木簡と文字文化の広がり

「上野三碑」が伝える文字文化の伝播

このところの緊迫した東アジア情勢、なかでも朝鮮半島の動向は、これまでの日本の歴史のなかで最も密接な関係の隣国だけに、大変気がかりである。今後良好な関係に向かうことを祈念し、文化交流の基盤ともいうべき文字を中心に「古代日本と朝鮮の文化交流」について述べてみたい。

一六三ページの「「世界の記憶」・上野三碑（こうずけ）」では、世界記憶遺産登録申請の上野三碑（群馬県高崎市）が「世界の記憶」にふさわしい価値があることを紹介した。

古代中国における石碑は、紀元前二二一年、中国を統一した秦（しん）の始皇帝（しこうてい）が、古くから神聖な山とされていた泰山（たいざん）（山東省）に石碑を建て、秦の歴史の偉大さと自己の功績をたたえる文章を刻ませたのが始まりとされている。この中国の石碑文化は、朝鮮半島には五世紀以降広く伝播し数多くの石碑が建てられた。現在も一〇年に一基の割合で発見されている。例えば、二〇〇九年に慶尚北道浦項市の道路工事現場で、立ち退いた民家の柱の土台石をひっくり返したら碑文が刻まれており、それは、朝鮮三国（高句麗（こうくり）・

7世紀の東アジア

朝鮮半島の古代石碑と主な木簡（7・10・11）・文房具(9)出土地の位置図

百済・新羅）のうちの新羅碑の中で最も古い五〇一年の石碑（中城里碑）であった。日本列島では、七世紀半ばから九世紀まで含めても、わずか一八基しか現存せず、戦後の列島各地の発掘調査や開発工事などでも一基も発見されていない。

石碑は外に建て多くの人に碑文を知らせるものであるから、習熟した文字社会を前提条件とする。残念ながら、古代中国・朝鮮にくらべて古代日本は文字文化が十分に普及していたとはいえない状態であった。

日本の一八基のうち三基が上野国西部（高崎市）に近接して立つ山上碑（六八一年）、多胡碑（七一一年）、金井沢碑（七二六年）である。

この「上野三碑」の形状をみると、山上碑と金井沢碑は硬い安山岩をあまり加工しないで使用している。こうした碑は中国にはほとんど見られないが、朝鮮半島では、忠清北道丹陽郡・赤城碑（五四五年ごろ）や慶尚南道昌寧郡・昌寧碑（五六一年）など、新羅碑に碑面のみを加工したものが多くある。多胡碑は硬い砂岩であり、その形状は中国の唐代に盛んにつくられた碑の上に笠石をかぶせた「蓋首」とよばれる形に属する。

しかし中国の蓋首は装飾性が高く、むしろ朝鮮半島の新羅王が領域拡大に成功後、巡幸先の山頂などに建てた朝鮮半島北東部にある「真興王磨雲嶺碑（五六八年）」などに近似している。「上野三碑」はいずれも古代朝鮮の石碑にそのルーツを求めることができる。

五世紀後半以降、上野国の豪族たちは、朝鮮半島から技術者を受け入れて、馬の飼育や鉄器・須恵器・瓦・絹織物などの生産を推し進めた。さらに渡来人は文字（漢字）や、仏教などの新しい文化を伝えることで、地元の人びととともに特色ある地域文化を形成した。「上野三碑」も文字文化の浸透した地域ゆえに建立されたのであろう。

さらに、古代国家から異民族とされた東北地方の蝦夷（実際は異文化集団を核とする人びと）は国家に服属すると俘囚とよばれ、強制的に列島各地に移住させられた。上野国西部三郡にも「俘囚郷」が設置された。

上野国の西部地域は、地元の人、朝鮮半島からの渡来人、東北地方から移住させられた人などからなる多民族・多文化共生の社会である。また、江戸時代に、日本を訪れた朝鮮通信使（一五〜一九世紀、朝鮮国王が日本に派遣した使節で、両国の文化交流の上で大きな役割を果たした）が朝鮮に持ち帰った多胡碑拓本は、朝鮮から中国へも伝わり、中国の書家がその書風を高く評価したとされている。

こうした一三〇〇年前のアジア諸国の文化交流の足跡が三つの石碑に刻まれ、その後の交流も記録・記憶され、現在まで地域社会が守り続けてきた。

国連教育科学文化機関（ユネスコ）は、二〇一七年一〇月三十一日、上野三碑を「世界の記憶」（世界記憶遺産）に登録したと発表した。すでに登録されているベートーベン「交響曲第九番手書楽譜」（ドイツ）、『アンネの日記』（オランダ）などの仲間入りを果たしたのである。さらに、韓国の釜山文化財団とNPO法人・朝鮮通信使縁地連絡協議会（長崎県対馬市）が共同申請した「朝鮮通信使に関する記録」も「世界の記憶」に登録された。日本と朝鮮の文化交流を示す「上野三碑」と「朝鮮通信使」の二つの資料が同時に「世界の記憶」に登録され、現在そして未来の社会へメッセージを伝える意義はきわめて大きいといえよう。

「朝鮮国信使絵巻」上巻
（部分、江戸時代、17〜18世紀、長崎県立対馬歴史民俗資料館蔵）

古代日本の文字文化——朝鮮との共通性

漢字文化の発祥の地である中国では、紀元前二〇〇年ごろに秦の始皇帝が漢字の書体を、皇帝の書は篆書体、臣下の書は隷書体と定め、文字を政治支配の具として使用した。文字をもたなかった日本列島では、紀元前後から、邪馬台国の卑弥呼のような為政者が中国との外交上の必要性から、漢字・漢文による外交文書を作成したとみられる。

五世紀にはヤマトの王は代々、中国の南朝に遣使し、「倭国王」の地位を中国の王朝から承認された。その「倭の五王」の時代になってはじめて文字は国内政治に用いられるようになる。ヤマトの王から地方豪族に下賜された鉄剣に銘文が刻まれていた最古の例が、千葉県稲荷台一号墳から出土した五世紀半ばの「王賜」銘鉄剣である。この剣には「王賜」などの六文字（推定一二文字の構成）が記されていた。その後、地方豪族が王に仕えた由来を刀剣や鏡に文字で記すようになったが、その代表例が埼玉県稲荷山古墳から出土した「辛亥年」（四七一年）銘鉄剣や、熊本県江田船山古墳から出土した五世紀後半の鉄剣の銘文などである。

この段階で早くも日本語、特に地名や人名などの固有名詞を表現する手段として漢字の音を利用している点が注目される。稲荷山鉄剣銘では、ヤマト政権の王の宮の所在地、磯城地方を「斯鬼（シキ）」、人名を「半弖比（ハテヒ）」、「多加利（タカリ）」などと表記し、江田船山鉄剣銘では、人名を「无利弖（ムリテ）」「伊太加（イタカ）」などと表記している。二つの銘文で「加（カ）」「弖（テ）」「利（リ）」など共通した字音を用いていることが興味深い。

また近年、日本と韓国の古代遺跡から多くの出土文字資料が発見され、日本（倭）と古代朝鮮との共通する文字文化の実態が明確になってきた。古代朝鮮では、釜山郊外の茶戸里遺跡から、紀元前一世紀後半ごろの筆などの文房具が出土している。古碑も四一四年建立とされる高句麗の広開土王碑（中国吉林省）をはじめとして、六世紀代の慶尚南道浦項市・中城里碑（五〇一年）、迎日・冷水里碑（五〇三年）、蔚珍郡・鳳坪碑（五二九年）など、数多く存在している。

さらに、韓国各地の遺跡（慶尚南道咸安郡、城山山城跡など）からの木簡の出土例も増えている。現段階では八〇〇点ほどであるが、きわめて注目すべき資料が確認されており、日本の木簡は七世紀代以降なのに対し、韓国木簡は六世紀代以降と、先行している。古代日本の木簡のあり方を考える上で韓国木簡の検討が不可欠であるといえる。

「日本固有」の国字・国訓

その韓国木簡や石碑などの出土文字資料で明らかになってきたのが、国字、国訓の実態である。中国から導入した漢字ではなく、日本で新たにつくり出した漢字を国字という。江戸中期の政治家で儒学者でもある新井白石（甲府藩主徳川綱豊〈後の六代将軍家宣〉に学問を講じた）が文字に関する概説書『同文通考』の中で、国字八一字を挙げている。現在、諸橋轍次（都留文科大初代学長）著『大漢和辞典』（大修館書店）では一四一字を国字とする。よく知られている国字としては峠、畠、辻、籾、鞆、笹、鰯、杣、糀、榊などがある。

その国字の一つとして挙げられているのに虫偏の「蚫」がある。アワビは通常「鮑」「鰒」と書く。

「鮑」の文字は日本では八世紀の地誌『肥前国風土記』松浦（まつら）郡内の海産物として「鮑、螺（にし）、鯛」などと記載している。ところが近年の韓国内の出土木簡に「鮑」の文字が確認できた。その木簡は八世紀のもので、韓国慶尚北道慶州市にあった新羅（統一新羅六八四～九三五年）の宮廷庭園・雁鴨池（がんおうち）から出土し、「生鮑」（なまアワビ）と記されていた。

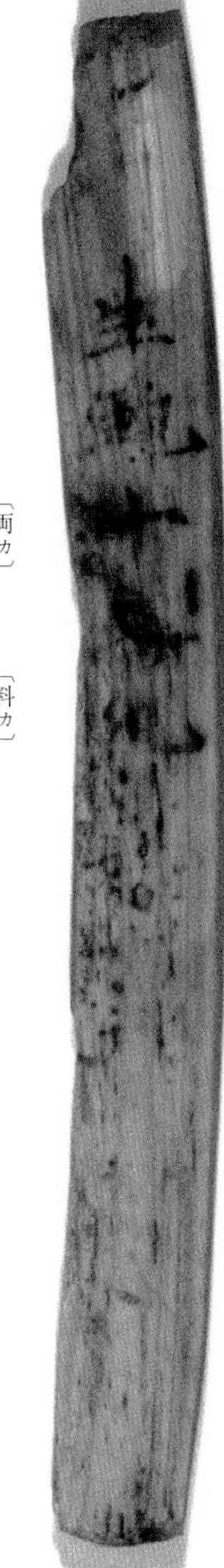

古代朝鮮で「鮑」の字が書かれた木簡（韓国・雁鴨池出土、長さ二〇・八×幅二・二×厚さ一・一チセン、韓国国立慶州博物館蔵）

・生鮑（鮑）十□〔両カ〕九月□□□〔料カ〕（表のみ）

□白田畓

『大漢和辞典』では「畓」の項に「国字」であることが記され、意味として「はた。はたけ。白と田の合字。白は水無く乾いている意で、乾田の義とする」とある

韓国・昌寧郡の新羅真興王拓境碑（561年、高さ300×幅176センチ）

□水田二形得七十二石　在月三十日者

畓一形得六十二石

韓国・羅州の伏岩里遺跡出土木簡（長さ18.5×幅2.7×厚さ0.6センチ）

もう一例、国字「畠」を取り上げてみたい。新羅では、五六一年の慶尚南道昌寧郡・新羅真興王（しんこうおう）拓境碑には「白田畓」とあり、畠は「白田」と二文字、水田は「畓」と一文字で表記している。百済時代の全羅南道羅州市・伏岩里（ふくがんり）遺跡出土木簡では、「水田」と「畠」とあり、この場合は水田は二文字、「畠」は一字で記されている。すなわち国字「畠」はすでに六世紀代の新羅と七世紀の百済に用例が確認できる。国字「蚫」「畠」は朝鮮半島の使用例が先行もしくは同時期に確認できることが明らかとなり、「蚫」「畠」とも国字とはいえないであろう。

国訓とは漢字本来の字義（文字の意味）ではない日本独自の読み方とされてきたものである。その例として、「鎰」は漢字としては「イチ」「イツ」とよみ、金属の重さをはかる単位であり、「かぎ」の意味はない。『大漢和辞典』では、「鎰」の解説の最後に日本での意味として「かぎ」が挙げられている。

中国で「かぎ」は「鑰」の字を用いる。日本の「鎰」の実例は、平城京二条大路（にじょうおおじ）出土木簡（八世紀前半）の片面に「東門鎰」、もう片面に「東殿門鎰」と記している。文字通り東殿門（東門）の鎰に付けていた木札である。韓国では慶尚北道慶州市の雁鴨池出土の鉄製カギに刻まれた銘文は「合零（ごうれい）

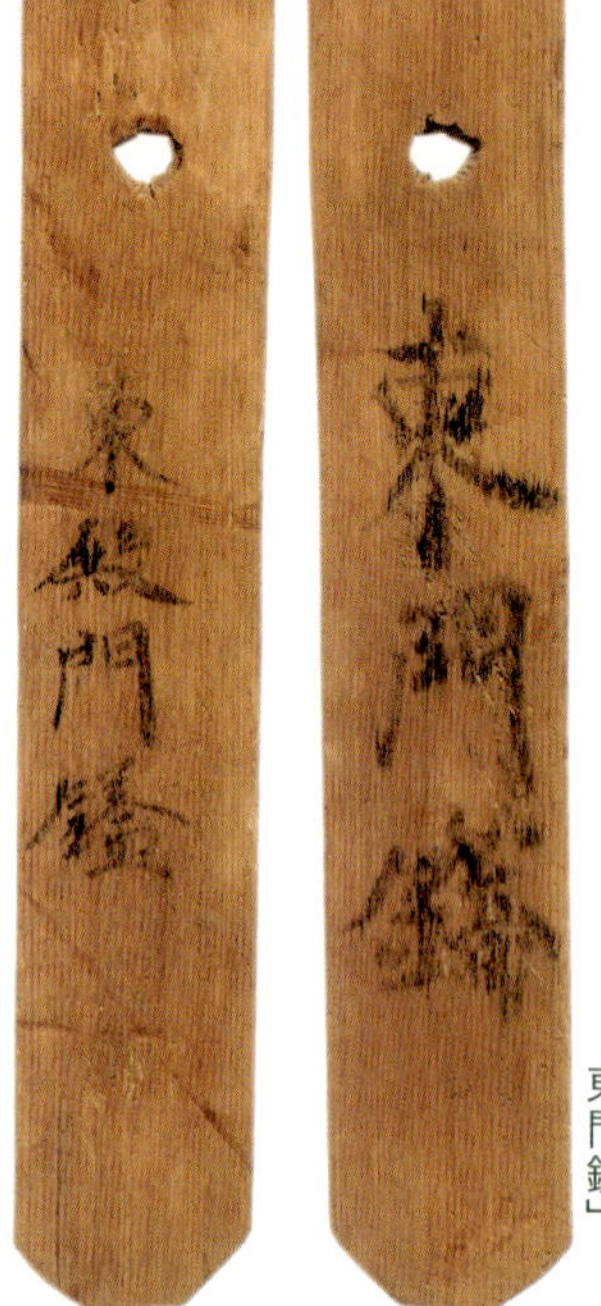

「東門鎰」　「東殿門鎰」

平城京二条大路出土木簡
（長さ17.5×幅3.4×厚さ0.3㌢、奈良文化財研究所蔵）

五月廿六日椋食□□之下椋有（以下欠）

韓国慶州・皇南洞遺跡出土木簡
（8世紀前半、表のみ）

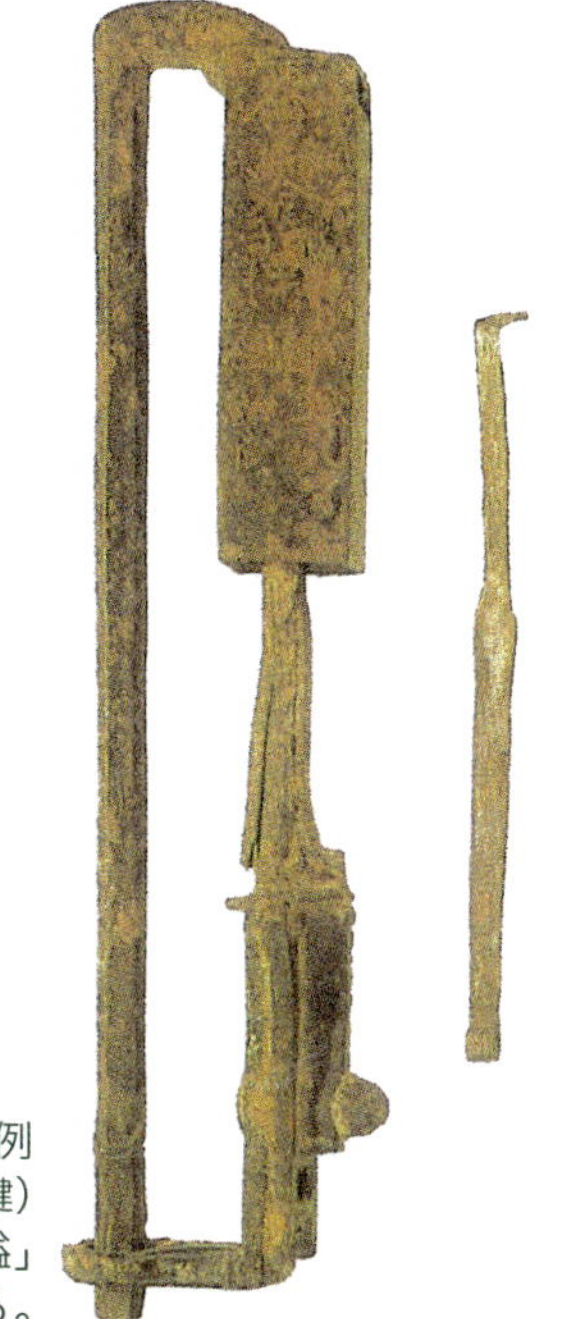

古代朝鮮の「鎰」の例
（韓国慶州・雁鴨池出土鉄製鍵）
中央上部に「合零闉鎰」
と刻まれている。

「□〔寅〕年白日椋稲遺人（以下略）」
※白日椋はシライ（地名）の倉

福岡県小郡市
井上薬師堂遺跡出土2号木簡
（長さ44.6×幅4.5×厚さ0.7㌢、上部のみ。
九州歴史資料館提供、中村一郎撮影）

闡鎰」とある。第三、四文字は「ひらく(闡)かぎ(鎰)」。「鎰」は日本、朝鮮とも「かぎ」の意味で使われている。

国訓のもう一例を挙げると「椋(くら)」がある。古代日本では「椋」はクラ(倉、蔵)の意味で用いられている(図版の福岡県小郡市の井上薬師堂遺跡木簡〈七世紀後半〉の「白日椋」を参照)。しかし中国では、「リヤウ」とよみ、木の名、「むくの木」の意味しかない。それゆえ「椋(くら)」は日本の国訓とされてきた。新羅では、慶州・皇南洞遺跡から、「五月二十六日、クラ(下椋、仲椋)から食料(米)を取り出した」という木簡(八世紀前半)が出土した。雁鴨池からも、硯に「椋司(くらのつかさ)」と墨書されたものが発見されている。

底部銘文

硯

韓国慶州・雁鴨池出土墨書「椋司」硯
(8世紀、径16.5㌢)

日朝交流でもたらされた文字文化

国字「蚫」「畠」、国訓「鎰」「椋」いずれも中国の漢字に字形および字訓（意味）はなく、古代日本の書物などに記載例があることから、日本独自に考案された文字・意味として国字・国訓とみなされてきた。国字・国訓は江戸時代以降、現在に至るまで日本の誇る独自の文化として強調されてきた。その過程で欠落していたのが朝鮮半島の歴史・文化であろう。

漢字・石碑などのふるさとである中国との交流だけでは見えてこない実態は、多くの文化が朝鮮半島を単に経由するだけでなく、半島内で十分に咀嚼（そしゃく）され、日朝交流のなかで日本にもたらされたということであろう。さらにいえばそうした文字文化の中には日本独自の文化として高められてきたものもあろう。その一例が二〇一七年発見された甲州市ケカチ遺跡出土の「和歌刻書土器」の仮名文字である。

一九九二年、山梨県と韓国・忠清北道は姉妹県道を提携、さらに二〇〇八年、山梨県立博物館は忠清北道の道庁所在地で文化都市・清州市にある韓国国立清州博物館と学術交流協定を締結した。両博物館は二〇一八年秋、韓国で「忠清北道と山梨の古代内陸文化」をテーマとする国際学術会議を開催し、今後両地域に関わる展覧会の開催計画も協議した。

山梨県立博物館と学術交流協定を締結した韓国国立清州博物館の館長（左）に記念品を渡す筆者
(2008年、山梨県立博物館提供)

主な参考文献

『萬葉集』全四冊（新編日本古典文学全集6～9、校訂・訳者　小島憲之・木下正俊・東野治之）小学館、一九九四～九六年
阿辻哲次『図説　漢字の歴史』大修館書店、一九八九年
京都府立山城郷土資料館『文字のささやき―京都府出土の文字資料―』（展示図録41）二〇一八年
甲州市教育委員会文化財課『古代史しんぽじうむ「和歌刻書土器の発見」ケカチ遺跡と於曽郷』二〇一七年
甲州市・甲州市教育委員会・昭和測量株式会社『后畑西・ケカチ遺跡―市道下塩後22号線建設に伴う発掘調査報告書―』（甲州市文化財調査報告書第26集）二〇一七年
国立歴史民俗博物館『古代日本　文字のある風景―金印から正倉院文書まで―』朝日新聞社、二〇〇二年
国立歴史民俗博物館『国際企画展示　文字がつなぐ―古代の日本列島と朝鮮半島―』二〇一四年
国立歴史民俗博物館『企画展示　ＵＲＵＳＨＩふしぎ物語―人と漆の１２０００年史―』二〇一七年
小林芳規『図説　日本の漢字』大修館書店、一九九八年
佐藤信編『日本と渤海の古代史』山川出版社、二〇〇三年
杉本一樹『正倉院宝物　181点鑑賞ガイド』新潮社、二〇一六年
名児耶明・高橋裕次『仮名文字と料紙の美―和様文化を味わうために―』モリサワ、二〇一四年

奈良女子大学古代学・聖地学研究センター編『仮名文字―万葉仮名と平仮名―報告集』（第14回若手研究者支援プログラム）二〇一九年
南條佳代「藤原良相邸跡出土墨書土器の仮名表記に関する考察Ⅱ」『京都語文』第24号（佛教大学国語国文学会）二〇一六年
町田誠之『和紙と日本人の二千年―繊細な感性と卓越した技術力の証明―』ＰＨＰ研究所、一九八三年
三上喜孝『日本古代の文字と地方社会』吉川弘文館、二〇一三年年

＊本書は右記の文献以外にも多くの先行研究の成果に依っているが、主な関係文献に限り掲載した。

第二部　人びとの祈り

水の神・龍王への祈り―雨乞い・止雨祈願の木簡―（2012年2月29日・3月1日）
屋敷神をまつる―官衙・貴族の邸宅から―（2012年3月31日）
年始めにおこなう神事――年の吉凶を占う―（2012年4月28日・5月1日）
生きつづける竈神―火への信仰と祭祀―（2012年5月31日・6月1日）
まじないのことば「急急如律令」―願いの成就を祈る―（2012年11月29・30日）
魔よけの記号―東アジアに広がる共通の願い―（2013年2月27・28日、3月29日）
道祖神信仰はどこからきたか―外来の呪術的要素と道の祭祀―
（2012年1月17～19日）
富士山への信仰と壺―末法思想と経典埋納―（2011年1月20～22日）
古代の贈答品―餞別に贈られた名馬―（2011年9月29日）
古代の相撲―宮廷行事と力士たち―（2010年11月30日・12月1日）

第三部　文字文化のひろがり

偽作とされた多賀城碑―古代石碑の世界１―（2015年7月30・31日）
東アジアのなかの多賀城碑―古代石碑の世界２―（2015年8月27・28日）
「世界の記憶」・上野三碑―古代石碑の世界３―（2015年9月30日・10月1日）
古代の年号が刻まれた鳥居―富士山噴火への安穏の願い―（2015年10月29・30日）
はんこと文書行政―古代国家の権威を象徴する―（2015年11月26・27日）
漆が遺した古代文書―漆紙文書の語る地域社会―（2010年8月31日・9月1日）
赤外線が解明する歴史資料―墨書の解読への絶大な威力―（2016年4月27・28日）
万葉仮名から仮名へ―日本語表記のうつりかわり―（2017年9月28・29日）
和歌が刻まれた新発見の土器―甲州市ケカチ遺跡出土の和歌刻書土器―
（2017年11月29日に大幅に加筆のうえ再構成）
土器に刻まれた和歌―宴で詠まれた惜別の歌―（2017年10月26・27日）
誰が和歌刻書土器を持っていたのか―地方官人三枝氏の勢力から考える―
（2017年11月30日）
平仮名の成立と普及―和歌刻書土器の意義―
（2018年2月28日に大幅に加筆のうえ再構成）
文字からみた日本と朝鮮の交流―石碑・木簡と文字文化の広がり―
（2018年1月25～27日）

初出一覧

本書は、『山梨日日新聞』文化欄の連載「古代史の窓」（2009年7月〜2018年3月。全187回）をもとに、原題、構成等を改め再編集したものである。以下、括弧内に掲載日を記した。

第一部　文字を書く

役人の文字の習熟度―誤字・脱字にみる階層差―（2015年4月30日・5月1日）
村人と文字―豊穣・延命への祈り―（2015年5月28・29日）
文書と口頭伝達―読み上げることの意味―（2015年6月25・26日）
木簡の大きさと格付け―長さにみる権威―（2012年9月27・28日）
墨書土器は何を伝えてくれるのか―神仏への願いと文献にない地名―（2010年9月30日・10月1日）
権威をしめす則天文字―古代社会に広まった特殊文字―（2012年10月31日・11月1日）
ヤマト王権と「海の道」―人面土器の受容と道教的世界の広がり―（2014年5月29・30日）
筆・硯・墨の素材と製法―文房四宝１―（2015年1月28〜30日）
和紙の種類と製法―文房四宝２―（2015年2月25・26日）
長さを測り、線を引く―物差しと定規―（2015年3月26・27日）

著者略歴

一九四三年　山梨県に生まれる
一九六五年　山梨大学学芸学部卒業
一九九〇年　文学博士（東京大学）
国立歴史民俗博物館館長、山梨県立博物館館長を経て、
現在、人間文化研究機構 機構長、国立歴史民俗博物館名誉教授、山梨県立博物館名誉館長

〔主要著書〕
『漆紙文書の研究』（一九八九年、吉川弘文館）
『墨書土器の研究』（二〇〇〇年、吉川弘文館）
『古代地方木簡の研究』（二〇〇三年、吉川弘文館）
『全集 日本の歴史2 日本の原像』（二〇〇八年、小学館）
『東北「海道」の古代史』（二〇一二年、岩波書店）
『律令国郡里制の実像』上・下（二〇一四年、吉川弘文館）

新しい古代史へ2
文字文化のひろがり
東国・甲斐からよむ

二〇一九年（令和元）十月二十日　第一刷発行

著　者　平川（ひらかわ）南（みなみ）
発行者　吉川道郎
発行所　株式会社 吉川弘文館
郵便番号一一三―〇〇三三
東京都文京区本郷七丁目二番八号
電話〇三―三八一三―九一五一〈代〉
振替口座〇〇一〇〇―五―二四四
http://www.yoshikawa-k.co.jp/

印刷・製本・装幀＝藤原印刷株式会社

ISBN978-4-642-06843-7

新しい古代史へ

平川 南
HIRAKAWA Minami

全3巻

A5判／各2500円（税別）

文字は何を語るのか？
今に生きつづける列島の古代文化

古代の人びとはそれぞれの地域でいかに生きていたのか。
さまざまな文字資料からその実像に迫る。
新発見のトピックを織り交ぜ、古代の東国、特に甲斐国を舞台に分かりやすく解説。
地域から古代を考える新しい試み。

① 地域に生きる人びと

——甲斐国と古代国家

地域社会の支配拠点であった国府、税の徴収などの地方行政、氏族と渡来人の活動の実態——。古代の国家と地域の社会はいかなる関係にあったのか。甲斐国を舞台に全国各地の事例も含め、地域から古代を考える新しい試み。

② 文字文化のひろがり

——東国・甲斐からよむ

木簡、漆紙文書、墨書・刻書土器や碑文のさまざまな文字。戸籍などの公文書にみる文字の権威や、現代にも残る祈り・まじないの原像、仮名成立を解く新たな発見など、地中から甦った文字資料が豊かな古代社会を語る。

続刊

③ 交通・情報となりわい

——甲斐がつないだ道と馬

吉川弘文館